David Badger

1000 Sudoku

Kniffliges für Könner

Sudoku 9x9:

Das Feld ist in neun kleine 3x3-Quadrate unterteilt. Die fehlenden Zahlen sind so zu ergänzen, dass die Ziffern 1 bis 9 in jeder Spalte, jeder Zeile sowie in jedem der 3x3-Quadrate nur einmal vorkommen.

Die kopfstehende Auflösung finden Sie direkt auf jeder Seite.

1-500 schwer
501 bis 1000 sehr schwer

3x3-Quadrat Spalte

3	4	1	8	6	2	7	9	5
2	6	9	4	7	5	3	1	8
8	7	5	3	9	1	2	6	4
1	5	7	9	2	4	6	8	3
4	2	8	6	1	3	5	7	9
6	9	3	7	5	8	4	2	1
9	3	6	1	4	7	8	5	2
5	1	4	2	8	6	9	3	7
7	8	2	5	3	9	1	4	6

Zeile

ISBN 9783748152248
Herstellung und Verlag BoD Books on Demand, Norderstedt

1

5								8
		9		6	5		4	2
	2	6			4	1		
6				1				
4		3		2		9		
			6		9	7		4
			1					
	5				2			
				7			1	

2

4		9	8			2		
	7	3	9			8	6	
						3		
7		5					2	9
2	1		5		9	7		
				1				
			6	8				
							7	3
5	9		2					

3

								5
			2	5		4	1	7
8					7		9	
	3			8	4	7		
					2			
			7			8	6	
7					5			
	1			7	3			8
	5	9					7	1

4

		4				2	9	
9			2					3
				4			8	7
				6		9	3	
	4	8		3		6	5	
2			7	1	6			
								5
6	3			5	4	7		

1

5	3	4	2	9	1	6	7	8
8	1	9	7	6	5	3	4	2
7	2	6	3	8	4	1	9	5
6	9	5	4	1	7	2	8	3
4	7	3	5	2	8	9	6	1
2	8	1	6	3	9	7	5	4
9	6	8	1	5	3	4	2	7
1	5	7	9	4	2	8	3	6
3	4	2	8	7	6	5	1	9

2

4	5	9	8	3	6	2	1	7
1	7	3	9	2	4	8	6	5
6	8	2	1	5	7	3	9	4
7	6	5	3	4	8	1	2	9
2	1	4	5	6	9	7	3	8
9	3	8	7	1	2	5	4	6
3	4	7	6	8	1	9	5	2
8	2	1	4	9	5	6	7	3
5	9	6	2	7	3	4	8	1

3

1	2	7	4	6	9	3	8	5
9	6	3	2	5	8	4	1	7
8	4	5	3	1	7	6	9	2
6	3	1	5	8	4	7	2	9
4	7	8	6	9	2	1	5	3
5	9	2	7	3	1	8	6	4
7	8	4	1	2	5	9	3	6
2	1	6	9	7	3	5	4	8
3	5	9	8	4	6	2	7	1

4

8	5	4	1	7	3	2	9	6
9	6	7	2	8	5	4	1	3
1	2	3	6	4	9	5	8	7
5	1	2	4	6	7	9	3	8
7	4	8	9	3	1	6	5	2
3	9	6	5	2	8	1	7	4
2	8	5	7	1	6	3	4	9
4	7	1	3	9	2	8	6	5
6	3	9	8	5	4	7	2	1

5

				8	6		4	
					4			9
8		9	7				3	
	2			6	9			4
9				4	7			
3				2			8	6
			5				2	1
					8			
5		3					6	

6

	1		3		6	4		
2		3			8			
					9		3	
1				5		9		
	6							
				6			8	
				4	2		7	3
3	8					1		
5	4	2			7	6		

7

	5	4	2					
	6				5			
9						1	7	
2	9		5					
	4	1			8			6
					4		3	9
				8				1
					3	9		
	8				1		5	3

8

								1
6		3		1			7	
7					8	6		2
	5		2	3	7	9		
		9					1	
	2							
8			5			4	6	
	3			8				
		2	3			7	5	

5

2	3	5	9	8	6	1	4	7
7	6	1	2	3	4	8	5	9
8	4	9	7	5	1	6	3	2
1	2	8	3	6	9	5	7	4
9	5	6	8	4	7	2	1	3
3	7	4	1	2	5	9	8	6
6	8	7	5	9	3	4	2	1
4	1	2	6	7	8	3	9	5
5	9	3	4	1	2	7	6	8

6

8	1	9	3	7	6	4	5	2
2	5	3	4	1	8	7	6	9
4	7	6	5	2	9	8	3	1
1	2	8	7	5	3	9	4	6
9	6	5	2	8	4	3	1	7
7	3	4	9	6	1	2	8	5
6	9	1	8	4	2	5	7	3
3	8	7	6	9	5	1	2	4
5	4	2	1	3	7	6	9	8

7

1	5	4	2	7	9	3	6	8
3	6	7	8	1	5	4	9	2
9	2	8	4	3	6	1	7	5
2	9	3	5	6	7	8	1	4
5	4	1	3	9	8	7	2	6
8	7	6	1	2	4	5	3	9
7	3	5	9	8	2	6	4	1
4	1	2	6	5	3	9	8	7
6	8	9	7	4	1	2	5	3

8

2	4	5	6	7	3	8	9	1
6	8	3	9	1	2	5	7	4
7	9	1	4	5	8	6	3	2
1	5	8	2	3	7	9	4	6
3	7	9	8	6	4	2	1	5
4	2	6	1	9	5	3	8	7
8	1	7	5	2	9	4	6	3
5	3	4	7	8	6	1	2	9
9	6	2	3	4	1	7	5	8

9

3	7			8		2		
5				1	3			
		8	2				7	
	6						3	
	4		3	2				
		7	1	5	6		8	9
6	2				1	5		
				3				1
				9	4			

10

3				2			4	1
1		4		7				
	9					8		
2					4		5	3
7								
		1	5					9
	7				9		8	
	5		2	6			7	
		8	7					

11

4		7		9			1	
	6				1			3
1			2		6		7	
	3	1			9			
6								4
				3				
					3			2
5		9			2		6	7
		8						9

12

9						7		
	4							8
			7	1	3	5		
				9	8	6	5	
	7			3				1
		8	6			9		
				2			7	
		1	4				2	
	2	7			5		8	

9

3	7	6	4	8	9	2	1	5
5	9	2	7	1	3	8	4	6
4	1	8	2	6	5	9	7	3
8	6	5	9	4	7	1	3	2
1	4	9	3	2	8	6	5	7
2	3	7	1	5	6	4	8	9
6	2	3	8	7	1	5	9	4
9	8	4	5	3	2	7	6	1
7	5	1	6	9	4	3	2	8

10

3	8	7	9	2	6	5	4	1
1	2	4	8	7	5	9	3	6
5	9	6	3	4	1	8	2	7
2	6	9	1	8	4	7	5	3
7	3	5	6	9	2	4	1	8
8	4	1	5	3	7	2	6	9
6	7	2	4	1	9	3	8	5
9	5	3	2	6	8	1	7	4
4	1	8	7	5	3	6	9	2

11

4	8	7	3	9	5	2	1	6
9	6	2	7	8	1	5	4	3
1	5	3	2	4	6	9	7	8
8	3	1	4	6	9	7	2	5
6	9	5	1	2	7	8	3	4
2	7	4	5	3	8	6	9	1
7	1	6	9	5	3	4	8	2
5	4	9	8	1	2	3	6	7
3	2	8	6	7	4	1	5	9

12

9	1	5	2	8	4	7	6	3
7	4	3	9	5	6	2	1	8
8	6	2	7	1	3	5	9	4
2	3	4	1	9	8	6	5	7
6	7	9	5	3	2	8	4	1
1	5	8	6	4	7	9	3	2
3	9	6	8	2	1	4	7	5
5	8	1	4	7	9	3	2	6
4	2	7	3	6	5	1	8	9

13

		2			8	4		5
					2	3		
	8						7	6
8	3	4	1		7			
		7					5	
1			2	3				8
					6	8		
				7		5		
2		6						7

14

						9	3	
		9		8				1
			7					
	7	5		1	6			
	8							
	4		5					
3	6			5	1			9
1					9	6	2	
	9	2		3	4	1		8

15

6	1							7
9		8			7	3		4
		4	8			1		5
			1	4		6		
	2			8	9			
4					2			
8	3					5		
			3					6
			7	5		4		

16

		1				9		
			8	2			1	
5						8		3
	6	3	4	5	2	1		
		5						
1					7			
3			6	9		7		8
		4	2					5
		6			5	3		

13

6	7	2	3	1	8	4	9	5
5	4	9	7	6	2	3	8	1
3	8	1	4	9	5	2	7	6
8	3	4	1	5	7	6	2	9
9	2	7	6	8	4	1	5	3
1	6	5	2	3	9	7	4	8
7	9	3	5	2	6	8	1	4
4	1	8	9	7	3	5	6	2
2	5	6	8	4	1	9	3	7

14

8	2	7	1	6	5	9	3	4
5	3	9	4	8	2	7	6	1
4	1	6	7	9	3	2	8	5
9	7	5	3	1	6	8	4	2
2	8	3	9	4	7	5	1	6
6	4	1	5	2	8	3	9	7
3	6	8	2	5	1	4	7	9
1	5	4	8	7	9	6	2	3
7	9	2	6	3	4	1	5	8

15

6	1	3	4	9	5	2	8	7
9	5	8	2	1	7	3	6	4
2	7	4	8	3	6	1	9	5
7	9	5	1	4	3	6	2	8
3	2	6	5	8	9	7	4	1
4	8	1	6	7	2	9	5	3
8	3	7	9	6	4	5	1	2
5	4	9	3	2	1	8	7	6
1	6	2	7	5	8	4	3	9

16

4	8	1	5	3	6	9	7	2
6	3	7	8	2	9	5	1	4
5	2	9	1	7	4	8	6	3
9	6	3	4	5	2	1	8	7
2	7	5	9	1	8	4	3	6
1	4	8	3	6	7	2	5	9
3	5	2	6	9	1	7	4	8
7	1	4	2	8	3	6	9	5
8	9	6	7	4	5	3	2	1

17

	2	7						
9				3	1			
5			4		2			
7	5		8					6
8	6						2	4
1		4		2			8	7
		5	3					1
					4	3		5
4	8						6	

18

	9		1					
		5	3	8				2
2		3			6	7		
							5	
			6					9
3	5	9		7			6	1
9						2	7	
7	6		5					
		2			4	1	3	

19

				7	9			
	3				6		1	7
	5	6	4					
						6	3	
4							9	
	6	9	5			7		
	1	2			5			
		8			3			
	4			9	8	5		

20

2		4				7		
		5					8	3
			4					9
7		9	6		3	2	4	5
4			5			3		
5				4		6	2	1
			9			5	3	
		6		2		8	9	4

3	2	7	6	5	8	4	1	9
9	4	6	7	3	1	2	5	8
5	1	8	4	9	2	6	7	3
7	5	2	8	4	9	1	3	6
8	6	9	1	7	3	5	2	4
1	3	4	5	2	6	9	8	7
2	9	5	3	6	7	8	4	1
6	7	1	2	8	4	3	9	5
4	8	3	9	1	5	7	6	2

17

6	9	8	1	2	7	5	4	3
4	7	5	3	8	9	6	1	2
2	1	3	4	5	6	7	9	8
1	2	6	9	4	3	8	5	7
8	4	7	6	1	5	3	2	9
3	5	9	2	7	8	4	6	1
9	3	4	8	6	1	2	7	5
7	6	1	5	3	2	9	8	4
5	8	2	7	9	4	1	3	6

18

2	8	1	3	7	9	4	5	6
9	3	4	8	5	6	2	1	7
7	5	6	4	2	1	3	8	9
1	7	5	9	8	4	6	3	2
4	2	3	6	1	7	8	9	5
8	6	9	5	3	2	7	4	1
3	1	2	7	4	5	9	6	8
5	9	8	2	6	3	1	7	4
6	4	7	1	9	8	5	2	3

19

2	3	4	8	5	9	7	1	6
9	7	8	1	3	6	4	5	2
1	6	5	2	7	4	9	8	3
6	5	3	4	8	2	1	7	9
7	8	9	6	1	3	2	4	5
4	2	1	5	9	7	3	6	8
5	9	7	3	4	8	6	2	1
8	4	2	9	6	1	5	3	7
3	1	6	7	2	5	8	9	4

20

21

7		2			1	5		
	4	9	3			6	7	8
5				7				4
		3						
				9	8			
		5			6	4		9
			9	4	7	1		6
				2				5
6								

22

	7						3	5
	9	8				1		
3		5					7	
2				7		3		8
1			8	3		2		
		9		2	1			
			9	1	3	7	8	
9	6	3			2	4	5	

23

			1			4		5
				9	4			2
1	6					3		
3		2		4		6		
					6			
	7		2		9			
	2	3			7			
		1	9				2	
		5		8		9		

24

					7	1		
		2					6	
8	7	5			2			3
			4	8		3		
		8	3	6				
					9			
9	1			3				7
3				9		6	4	
			1		6			5

21

7	8	2	4	6	1	5	9	3
1	4	9	3	5	2	6	7	8
5	3	6	8	7	9	2	1	4
8	9	3	5	1	4	7	6	2
4	6	7	2	9	8	3	5	1
2	1	5	7	3	6	4	8	9
3	5	8	9	4	7	1	2	6
9	7	1	6	2	3	8	4	5
6	2	4	1	8	5	9	3	7

22

4	7	2	1	9	8	6	3	5
6	9	8	3	5	7	1	4	2
3	1	5	2	6	4	8	7	9
2	4	6	5	7	9	3	1	8
1	5	7	8	3	6	2	9	4
8	3	9	4	2	1	5	6	7
7	8	1	6	4	5	9	2	3
5	2	4	9	1	3	7	8	6
9	6	3	7	8	2	4	5	1

23

2	3	9	1	6	8	4	7	5
8	5	7	3	9	4	1	6	2
1	6	4	7	2	5	3	9	8
3	9	2	8	4	1	6	5	7
4	1	8	5	7	6	2	3	9
5	7	6	2	3	9	8	4	1
9	2	3	4	1	7	5	8	6
6	8	1	9	5	3	7	2	4
7	4	5	6	8	2	9	1	3

24

6	3	9	8	4	7	1	5	2
1	4	2	9	5	3	7	6	8
8	7	5	6	1	2	4	9	3
7	9	1	4	8	5	3	2	6
4	2	8	3	6	1	5	7	9
5	6	3	7	2	9	8	1	4
9	1	6	5	3	4	2	8	7
3	5	7	2	9	8	6	4	1
2	8	4	1	7	6	9	3	5

25

2	1		3		5			8
	7					1	4	
				7		2		
	4	1			9	5		
			6					
5	9				3			
			1			8		3
			2	4			9	
1	8			3			2	4

26

		6			4			
				9	8		2	
	4			5			9	3
	1			7		2		
			8		2		5	
	7	8				6	4	
		4			3			5
	3			4		9	1	
			1				6	

27

		1	8				9	2
	5	3			9		6	8
2				6	1			
	1		7				2	
	3		6					
	7					3	5	4
					2			9
	8				6		7	
			3				1	5

28

	7	1		4	9	3		6
2		8	6	7		9	1	
3		9		8		7		4
	3	7						
8								7
				9	7	6		
	8			3				
6					5	4		
								9

25

2	1	4	3	6	5	9	7	8
6	7	3	9	8	2	1	4	5
9	5	8	4	7	1	2	3	6
3	4	1	8	2	9	5	6	7
8	2	7	6	5	4	3	1	9
5	9	6	7	1	3	4	8	2
4	6	2	1	9	7	8	5	3
7	3	5	2	4	8	6	9	1
1	8	9	5	3	6	7	2	4

26

9	8	6	2	3	4	5	7	1
3	5	1	7	9	8	4	2	6
7	4	2	6	5	1	8	9	3
6	1	5	4	7	9	2	3	8
4	9	3	8	6	2	1	5	7
2	7	8	3	1	5	6	4	9
1	6	4	9	2	3	7	8	5
8	3	7	5	4	6	9	1	2
5	2	9	1	8	7	3	6	4

27

6	4	1	8	7	3	5	9	2
7	5	3	4	2	9	1	6	8
2	9	8	5	6	1	4	3	7
8	1	4	7	3	5	9	2	6
5	3	2	6	9	4	7	8	1
9	7	6	2	1	8	3	5	4
3	6	7	1	5	2	8	4	9
1	8	5	9	4	6	2	7	3
4	2	9	3	8	7	6	1	5

28

5	7	1	2	4	9	3	8	6
2	4	8	6	7	3	9	1	5
3	6	9	5	8	1	7	2	4
4	3	7	1	5	6	8	9	2
8	9	6	3	2	4	1	5	7
1	5	2	8	9	7	6	4	3
9	8	4	7	3	2	5	6	1
6	2	3	9	1	5	4	7	8
7	1	5	4	6	8	2	3	9

29

4				3				
					2	9		3
			8					1
8				7		1	9	
2			5					
			3	1			8	5
6		1			8	4		9
				5	1		2	
		9	4					8

30

				5				
8		6		1				4
	5	9			7	3	8	
	9						7	8
2				7				3
	7	5	2					
5		2		4				6
			1			4	3	
	1	4			6			7

31

	4	9		3	7			8
	5						3	
3		7						4
		8		2				
1	2			9				
					1		5	3
					4			
		5		6				1
		3	1				4	7

32

9						7		
		8					5	4
	7		3		4	8	2	
	3					4		
		6				9		5
				3		1	8	
1								7
			6	9		5		8
				2	7			

29

4	9	7	1	3	5	8	6	2
1	8	5	6	4	2	9	7	3
3	6	2	8	9	7	5	4	1
8	5	3	2	7	6	1	9	4
2	1	4	5	8	9	6	3	7
9	7	6	3	1	4	2	8	5
6	3	1	7	2	8	4	5	9
7	4	8	9	5	1	3	2	6
5	2	9	4	6	3	7	1	8

30

7	3	1	8	5	4	6	9	2
8	2	6	3	1	9	7	5	4
4	5	9	6	2	7	3	8	1
1	9	3	4	6	5	2	7	8
2	4	8	9	7	1	5	6	3
6	7	5	2	3	8	1	4	9
5	8	2	7	4	3	9	1	6
9	6	7	1	8	2	4	3	5
3	1	4	5	9	6	8	2	7

31

2	4	9	5	3	7	1	6	8
8	5	1	6	4	9	7	3	2
3	6	7	2	1	8	5	9	4
5	3	8	7	2	6	4	1	9
1	2	4	3	9	5	8	7	6
7	9	6	4	8	1	2	5	3
6	1	2	9	7	4	3	8	5
4	7	5	8	6	3	9	2	1
9	8	3	1	5	2	6	4	7

32

9	4	3	2	5	8	7	6	1
2	1	8	9	7	6	3	5	4
6	7	5	3	1	4	8	2	9
5	3	1	8	6	9	4	7	2
7	8	6	1	4	2	9	3	5
4	9	2	7	3	5	1	8	6
1	6	4	5	8	3	2	9	7
3	2	7	6	9	1	5	4	8
8	5	9	4	2	7	6	1	3

33

	2	7	5			9		
3		5						
				7	4			
2					1		3	
1					7		6	9
		6		9				2
9	8		3			5		
	6						9	
7	5			1	2	6		

34

							4	6
		4	6	5	9			7
3		7			2	1		
		2		3	5			
6		5						9
7	9		4					
	3	8					2	
			5	2	7			
	7							

35

					8	3		
9	5	3				8	6	2
	6					1		4
								9
3			5			4	7	
	8	2						
	3	7	2					
1			3		7			
6				9				5

36

	3		4		2			
2			9		6	4	1	
	4	8				2	6	
			3					4
	8	2			7		9	
			1	2				
		4						
1	2				5	7		
	6			9			5	

33

6	2	7	5	3	8	9	1	4
3	4	5	1	2	9	8	7	6
8	1	9	6	7	4	2	5	3
2	9	4	8	6	1	7	3	5
1	3	8	2	5	7	4	6	9
5	7	6	4	9	3	1	8	2
9	8	1	3	4	6	5	2	7
4	6	2	7	8	5	3	9	1
7	5	3	9	1	2	6	4	8

34

8	5	9	7	1	3	2	4	6
1	2	4	6	5	9	3	8	7
3	6	7	8	4	2	1	9	5
4	1	2	9	3	5	6	7	8
6	8	5	2	7	1	4	3	9
7	9	3	4	6	8	5	1	2
5	3	8	1	9	6	7	2	4
9	4	1	5	2	7	8	6	3
2	7	6	3	8	4	9	5	1

35

2	4	1	6	5	8	3	9	7
9	5	3	7	1	4	8	6	2
7	6	8	9	3	2	1	5	4
4	7	6	1	8	3	5	2	9
3	1	9	5	2	6	4	7	8
5	8	2	4	7	9	6	1	3
8	3	7	2	6	5	9	4	1
1	9	5	3	4	7	2	8	6
6	2	4	8	9	1	7	3	5

36

6	3	1	4	7	2	5	8	9
2	7	5	9	8	6	4	1	3
9	4	8	5	1	3	2	6	7
7	1	6	3	5	9	8	2	4
5	8	2	6	4	7	3	9	1
4	9	3	1	2	8	6	7	5
8	5	4	7	6	1	9	3	2
1	2	9	8	3	5	7	4	6
3	6	7	2	9	4	1	5	8

37

8		5				9	2	4
2	4		7					
		9						
	9				8	4		6
			2	1		7		
7			9			2		
1			5		2		4	
	2	4					9	
		8					3	

38

			4		9	3		1
		4		7				6
		9	5	1				7
	2		1	4	7			9
8					6	4	5	
9				5				
1				9				
5	6							
		2	3					

39

8	9	6					7	
		3	9					
1				3		5		
		4			2		1	9
					9			
3	7	9					8	
				2		8	6	
		8		9	3	2		
	3				4			7

40

			7			5	4	2
			8		4	1	7	
		7						
5					2		9	
7	3		5					
	4						6	
		9	2		8		5	
				9		3		7
	5							

37

8	7	5	1	6	3	9	2	4
2	4	1	7	8	9	3	6	5
3	6	9	4	2	5	8	7	1
5	9	2	3	7	8	4	1	6
4	8	3	2	1	6	7	5	9
7	1	6	9	5	4	2	8	3
1	3	7	5	9	2	6	4	8
6	2	4	8	3	1	5	9	7
9	5	8	6	4	7	1	3	2

38

7	5	8	4	6	9	3	2	1
2	1	4	8	7	3	5	9	6
6	3	9	5	1	2	8	4	7
3	2	5	1	4	7	6	8	9
8	7	1	9	3	6	4	5	2
9	4	6	2	5	8	1	7	3
1	8	7	6	9	5	2	3	4
5	6	3	7	2	4	9	1	8
4	9	2	3	8	1	7	6	5

39

8	9	6	2	1	5	3	7	4
4	5	3	9	6	7	1	2	8
1	2	7	4	3	8	5	9	6
5	8	4	3	7	2	6	1	9
6	1	2	8	4	9	7	3	5
3	7	9	1	5	6	4	8	2
9	4	5	7	2	1	8	6	3
7	6	8	5	9	3	2	4	1
2	3	1	6	8	4	9	5	7

40

8	9	1	7	6	3	5	4	2
3	6	5	8	2	4	1	7	9
4	2	7	9	5	1	6	3	8
5	1	8	6	4	2	7	9	3
7	3	6	5	8	9	2	1	4
9	4	2	3	1	7	8	6	5
1	7	9	2	3	8	4	5	6
6	8	4	1	9	5	3	2	7
2	5	3	4	7	6	9	8	1

41

9	2					7		4
			6				3	
1			3		9			
				1		3		
2							8	
8		9		3	2	6		
	9	2		6			4	
		6	2					1
		8			4		7	

42

	8	3	6		4	1		
			8	5			3	
				1				9
8			7					
				3				2
2	4		1					
	2		5				1	
4							7	
		9	3			6		

43

1	7				3			
				9		8		7
8	6							
		8			7		4	
					4			3
		3				1	7	
9	3		7			4	1	
		5	1		8	6		2
			6				3	

44

3	7					6	2	
						7	4	
		4		9	1			
	1			3		4	6	
			5		6			2
				7	8			
	3			6	5	1	7	
			9			5		
1		6				2		

41

9	2	3	1	5	8	7	6	4
4	8	5	6	2	7	1	3	9
1	6	7	3	4	9	5	2	8
6	7	4	8	1	5	3	9	2
2	3	1	9	7	6	4	8	5
8	5	9	4	3	2	6	1	7
5	9	2	7	6	1	8	4	3
7	4	6	2	8	3	9	5	1
3	1	8	5	9	4	2	7	6

42

5	8	3	6	9	4	1	2	7
1	9	2	8	5	7	4	3	6
6	7	4	2	1	3	8	5	9
8	3	6	7	2	9	5	4	1
9	5	1	4	3	8	7	6	2
2	4	7	1	6	5	3	9	8
3	2	8	5	7	6	9	1	4
4	6	5	9	8	1	2	7	3
7	1	9	3	4	2	6	8	5

43

1	7	2	8	6	3	9	5	4
3	5	4	2	9	1	8	6	7
8	6	9	4	7	5	3	2	1
5	9	8	3	1	7	2	4	6
6	1	7	9	2	4	5	8	3
4	2	3	5	8	6	1	7	9
9	3	6	7	5	2	4	1	8
7	4	5	1	3	8	6	9	2
2	8	1	6	4	9	7	3	5

44

3	7	1	8	5	4	6	2	9
9	8	5	6	2	3	7	4	1
6	2	4	7	9	1	3	8	5
5	1	8	2	3	9	4	6	7
7	9	3	5	4	6	8	1	2
4	6	2	1	7	8	9	5	3
2	3	9	4	6	5	1	7	8
8	4	7	9	1	2	5	3	6
1	5	6	3	8	7	2	9	4

45

	3		2	8				
	9	2			6		3	
						5		6
		3	7					
	6				9			
4	7		3		5			2
		9						7
6				7	8		9	5
	4							

46

	9			2	3	1		
								6
6	8	2		4			9	3
9							4	7
		3					5	
					6	9		
3		4						
1		5			7			
	6	9		1	5	7		

47

		9		4	1			
7		8	9			2		
3					2	8		
				5		7		
6	8						5	
	2		6		9			8
		2	5		7		6	3
	4		2	8			7	
						5	8	

48

5		4				7		3
	3		4		6			2
8			5	3			6	
				2			3	1
	7		9					8
	4			5				6
	9		1			6		
3	8				4			
		6	2					

45

5	3	6	2	8	4	1	7	9
7	9	2	1	5	6	8	3	4
1	8	4	9	3	7	5	2	6
9	1	3	7	4	2	6	5	8
2	6	5	8	1	9	7	4	3
4	7	8	3	6	5	9	1	2
3	5	9	6	2	1	4	8	7
6	2	1	4	7	8	3	9	5
8	4	7	5	9	3	2	6	1

46

5	9	7	6	2	3	1	8	4
4	3	1	5	9	8	2	7	6
6	8	2	7	4	1	5	9	3
9	5	6	1	8	2	3	4	7
2	1	3	9	7	4	6	5	8
7	4	8	3	5	6	9	2	1
3	7	4	2	6	9	8	1	5
1	2	5	8	3	7	4	6	9
8	6	9	4	1	5	7	3	2

47

2	5	9	8	4	1	6	3	7
7	6	8	9	3	5	2	4	1
3	1	4	7	6	2	8	9	5
9	3	1	4	5	8	7	2	6
6	8	7	1	2	3	9	5	4
4	2	5	6	7	9	3	1	8
8	9	2	5	1	7	4	6	3
5	4	3	2	8	6	1	7	9
1	7	6	3	9	4	5	8	2

48

5	6	4	8	1	2	7	9	3
1	3	9	4	7	6	8	5	2
8	2	7	5	3	9	1	6	4
9	5	8	6	2	7	4	3	1
6	7	3	9	4	1	5	2	8
2	4	1	3	5	8	9	7	6
7	9	2	1	8	3	6	4	5
3	8	5	7	6	4	2	1	9
4	1	6	2	9	5	3	8	7

49

		9		3				6
5				7			4	
	6				5			3
9		4				3	2	
3		1			2			
6	7					4		
			5		1	8	3	
		5			8			1
							6	5

50

7								5
	5		2	7				
	9						1	
	2		4	1			5	
					7			6
4	3				8	9	2	
		8			3			2
	4			8			7	
	6	1			5		3	

51

6	4			8	1			
			3					
	9				2		4	
5		7			8	1	9	
	8							4
			7	5				2
			8		4		3	
	7	2		6				9
4								8

52

8		4		9			2	5
		3						
			3		4			
				8	3			
1		2	9	7				3
3	6					1	9	
				5		7		
9				6				
6		7				4	5	9

49

1	2	9	8	3	4	5	7	6
5	3	8	6	7	9	1	4	2
4	6	7	2	1	5	9	8	3
9	5	4	1	8	6	3	2	7
3	8	1	7	4	2	6	5	9
6	7	2	9	5	3	4	1	8
7	9	6	5	2	1	8	3	4
2	4	5	3	6	8	7	9	1
8	1	3	4	9	7	2	6	5

50

7	8	2	9	3	1	6	4	5
1	5	4	2	7	6	3	9	8
6	9	3	8	5	4	2	1	7
8	2	6	4	1	9	7	5	3
5	1	9	3	2	7	4	8	6
4	3	7	5	6	8	9	2	1
9	7	8	1	4	3	5	6	2
3	4	5	6	8	2	1	7	9
2	6	1	7	9	5	8	3	4

51

6	4	5	9	8	1	7	2	3
7	2	8	3	4	5	9	6	1
3	9	1	6	7	2	8	4	5
5	3	7	4	2	8	1	9	6
2	8	9	1	3	6	5	7	4
1	6	4	7	5	9	3	8	2
9	5	6	8	1	4	2	3	7
8	7	2	5	6	3	4	1	9
4	1	3	2	9	7	6	5	8

52

8	1	4	6	9	7	3	2	5
7	9	3	8	2	5	6	1	4
5	2	6	3	1	4	9	7	8
4	7	9	1	8	3	5	6	2
1	5	2	9	7	6	8	4	3
3	6	8	5	4	2	1	9	7
2	3	1	4	5	9	7	8	6
9	4	5	7	6	8	2	3	1
6	8	7	2	3	1	4	5	9

53

					7			
7		1	8	3				6
			4		6	1		5
					8			
4								
8		7	1			4	9	
1	3	6				8		9
			9			6		
	2			6			3	

54

1				9		2	5	
			4			3	7	1
	8			1	5			9
		6				9		
	2	8			9	6	1	4
			8					
	4	3				7	9	
	9			5	2			
	1		9					

55

		9						3
2				6				
		7	1			9		
5		4	6					
				7		4		5
9		8	4		3			7
1	9	5		8				
6					4		3	
					1		6	

56

		8	6					
	3					2		7
		2	1			5	9	
	1		2					4
				9				
8	6			5	4			
5	8		9					
								9
		4	8	2				3

53

6	9	5	2	1	7	3	4	8
7	4	1	8	3	5	9	2	6
3	8	2	4	9	6	1	7	5
2	1	9	3	4	8	5	6	7
4	5	3	6	7	9	2	8	1
8	6	7	1	5	2	4	9	3
1	3	6	7	2	4	8	5	9
5	7	4	9	8	3	6	1	2
9	2	8	5	6	1	7	3	4

54

1	7	4	6	9	3	2	5	8
5	6	9	4	2	8	3	7	1
3	8	2	7	1	5	4	6	9
4	5	6	2	7	1	9	8	3
7	2	8	5	3	9	6	1	4
9	3	1	8	6	4	5	2	7
2	4	3	1	8	6	7	9	5
8	9	7	3	5	2	1	4	6
6	1	5	9	4	7	8	3	2

55

8	6	9	2	4	7	1	5	3
2	3	1	9	6	5	7	4	8
4	5	7	1	3	8	9	2	6
5	7	4	6	1	9	3	8	2
3	1	6	8	7	2	4	9	5
9	2	8	4	5	3	6	1	7
1	9	5	3	8	6	2	7	4
6	8	2	7	9	4	5	3	1
7	4	3	5	2	1	8	6	9

56

9	5	8	6	7	2	3	4	1
4	3	1	5	8	9	2	6	7
6	7	2	1	4	3	5	9	8
3	1	5	2	6	8	9	7	4
2	4	7	3	9	1	6	8	5
8	6	9	7	5	4	1	3	2
5	8	3	9	1	7	4	2	6
7	2	6	4	3	5	8	1	9
1	9	4	8	2	6	7	5	3

57

	2	1		6				
		9	2		7	1		
	7					9	5	
	8		4					3
4					6			
					3	2	8	
				7		3		8
1		7	3	4				
	6							5

58

7						2		
3		5	6	9				
				1				6
	4		7			3	5	
2	5		1			8		
8	7				9		1	
			4	3		9	8	
	8						2	
1								

59

6		5						
	3		8	9				
		4		3	1	7		2
	7			5				
2								3
		9			7			
9			6		8	4		
	6	7			9	1		
		1		2				

60

		7				5	8	
	9			8				
1		8		3				7
				7			6	5
3	8		6			7		
6		1	4				2	8
8	6				1	9		
9			8		3			4

57

3	2	1	5	6	9	8	4	7
5	4	9	2	8	7	1	3	6
6	7	8	1	3	4	9	5	2
7	8	2	4	9	1	5	6	3
4	3	5	8	2	6	7	9	1
9	1	6	7	5	3	2	8	4
2	9	4	6	7	5	3	1	8
1	5	7	3	4	8	6	2	9
8	6	3	9	1	2	4	7	5

58

7	6	8	3	5	4	2	9	1
3	1	5	6	9	2	7	4	8
4	9	2	8	1	7	5	3	6
9	4	1	7	6	8	3	5	2
2	5	6	1	4	3	8	7	9
8	7	3	5	2	9	6	1	4
6	2	7	4	3	1	9	8	5
5	8	4	9	7	6	1	2	3
1	3	9	2	8	5	4	6	7

59

6	1	5	4	7	2	8	3	9
7	3	2	8	9	6	5	4	1
8	9	4	5	3	1	7	6	2
1	7	6	9	5	3	2	8	4
2	5	8	1	6	4	9	7	3
3	4	9	2	8	7	6	1	5
9	2	3	6	1	8	4	5	7
5	6	7	3	4	9	1	2	8
4	8	1	7	2	5	3	9	6

60

2	3	7	1	4	9	5	8	6
5	9	6	2	8	7	4	3	1
1	4	8	5	3	6	2	9	7
4	2	9	3	7	8	1	6	5
3	8	5	6	1	2	7	4	9
6	7	1	4	9	5	3	2	8
8	6	4	7	2	1	9	5	3
7	5	3	9	6	4	8	1	2
9	1	2	8	5	3	6	7	4

61

1	8			5				
	9		6	4		8	7	
3				1	8			
5				6	4	2	8	
	3		1	8				
					5		3	
							4	
4		8			6	3	2	
			4	3				

62

		9					3	
	6	7					5	4
4	1		7	3				
			8				1	
		2	5			6	8	
				9		3		5
6						1		
					5	2		
		1	9			5	6	8

63

					9			
	7				8	4		2
	9			4		1	8	
2				9				
			6		3	8		
6	8				2	9		
9						6	1	5
					6		4	
5	6		4		1			9

64

	9		5	4	2		1	6
			8					
5	1	6				2		
1	2	7		6	5			
				2		6		
					9		4	
8				5	1			
4					7	3		
	7				4			9

61

1	8	7	2	5	9	4	6	3
2	9	5	6	4	3	8	7	1
3	4	6	7	1	8	5	9	2
5	7	1	3	6	4	2	8	9
6	3	9	1	8	2	7	5	4
8	2	4	9	7	5	1	3	6
7	6	3	8	2	1	9	4	5
4	1	8	5	9	6	3	2	7
9	5	2	4	3	7	6	1	8

62

8	2	9	6	5	4	7	3	1
3	6	7	2	8	1	9	5	4
4	1	5	7	3	9	8	2	6
5	9	3	8	7	6	4	1	2
7	4	2	5	1	3	6	8	9
1	8	6	4	9	2	3	7	5
6	5	4	3	2	8	1	9	7
9	7	8	1	6	5	2	4	3
2	3	1	9	4	7	5	6	8

63

8	4	6	1	2	9	7	5	3
1	7	5	3	6	8	4	9	2
3	9	2	7	4	5	1	8	6
2	1	3	8	9	4	5	6	7
4	5	9	6	7	3	8	2	1
6	8	7	5	1	2	9	3	4
9	3	4	2	8	7	6	1	5
7	2	1	9	5	6	3	4	8
5	6	8	4	3	1	2	7	9

64

3	9	8	5	4	2	7	1	6
7	4	2	8	1	6	5	9	3
5	1	6	7	9	3	2	8	4
1	2	7	4	6	5	9	3	8
9	3	4	1	2	8	6	7	5
6	8	5	3	7	9	1	4	2
8	6	3	9	5	1	4	2	7
4	5	9	2	8	7	3	6	1
2	7	1	6	3	4	8	5	9

65

2	5							7
		9	5					6
	6	3				1	8	5
	8		6		7	3		
	9		8					
				1	5			
	4				1	6		3
			9	5			7	
8	3				2			

66

			2			6		8
		5				4		
						1	9	2
	9		6	7		3		
7	8	1		9				
6				2	4			
8						9		
	2		4		6			
		6		8		7		4

67

5		1			2			6
	7				3		8	
		8		4		7		1
					1	9		
7							1	
		2		9	8			3
9	4				7			2
						8		
8		5	2		9	6		

68

					9	6		
	1			2				
3		6	5		1			
	6						2	3
9					2		6	8
		2					5	4
			1	8				7
	8							5
2		1	3		5			

65

2	5	8	1	3	6	4	9	7
1	7	9	5	4	8	2	3	6
4	6	3	2	7	9	1	8	5
5	8	1	6	9	7	3	4	2
3	9	6	8	2	4	7	5	1
7	2	4	3	1	5	9	6	8
9	4	5	7	8	1	6	2	3
6	1	2	9	5	3	8	7	4
8	3	7	4	6	2	5	1	9

66

1	7	9	2	4	3	6	5	8
2	6	5	8	1	9	4	3	7
3	4	8	5	6	7	1	9	2
4	9	2	6	7	8	3	1	5
7	8	1	3	9	5	2	4	6
6	5	3	1	2	4	8	7	9
8	1	4	7	5	2	9	6	3
9	2	7	4	3	6	5	8	1
5	3	6	9	8	1	7	2	4

67

5	9	1	8	7	2	3	4	6
2	7	4	1	6	3	5	8	9
6	3	8	9	4	5	7	2	1
4	8	3	6	2	1	9	5	7
7	6	9	3	5	4	2	1	8
1	5	2	7	9	8	4	6	3
9	4	6	5	8	7	1	3	2
3	2	7	4	1	6	8	9	5
8	1	5	2	3	9	6	7	4

68

5	2	4	8	7	9	6	3	1
7	1	8	6	2	3	5	4	9
3	9	6	5	4	1	8	7	2
1	6	7	4	5	8	9	2	3
9	4	5	7	3	2	1	6	8
8	3	2	9	1	6	7	5	4
6	5	3	1	8	4	2	9	7
4	8	9	2	6	7	3	1	5
2	7	1	3	9	5	4	8	6

69

9								
	2					1		3
6							9	7
	8		7					
5				2				4
	3			4		7	8	5
				9	1	8		6
8				6	2		3	
	9			3				1

70

				6				5
			2	3				
		6		4	9			
		1				9		
8	5	9	3					
			9		7	3		
		4		7	2			
	1		5	8			3	6
6		5				8	7	

71

	7	1	4				2	
8					6	4	3	7
			5					8
7		6					4	
2	1			7		3		5
1	6		9		4			
				5	3		6	
	9					2		

72

				5				
3					4	2		5
		9			3		4	
1	6		4					
5	7	3			9			
		4		8			7	
4	9		8	3				1
					6		3	
				4	7	8	6	

69

9	1	3	2	7	4	6	5	8
7	2	5	6	8	9	1	4	3
6	4	8	3	1	5	2	9	7
1	8	4	7	5	3	9	6	2
5	6	7	9	2	8	3	1	4
2	3	9	1	4	6	7	8	5
3	5	2	4	9	1	8	7	6
8	7	1	5	6	2	4	3	9
4	9	6	8	3	7	5	2	1

70

2	9	3	7	6	1	4	8	5
1	4	8	2	3	5	6	9	7
5	7	6	8	4	9	1	2	3
7	3	1	4	5	8	9	6	2
8	5	9	3	2	6	7	4	1
4	6	2	9	1	7	3	5	8
3	8	4	6	7	2	5	1	9
9	1	7	5	8	4	2	3	6
6	2	5	1	9	3	8	7	4

71

3	7	1	4	8	9	5	2	6
8	5	9	2	1	6	4	3	7
6	4	2	5	3	7	9	1	8
9	8	5	3	4	2	6	7	1
7	3	6	1	9	5	8	4	2
2	1	4	6	7	8	3	9	5
1	6	8	9	2	4	7	5	3
4	2	7	8	5	3	1	6	9
5	9	3	7	6	1	2	8	4

72

6	4	2	9	5	8	3	1	7
3	8	1	7	6	4	2	9	5
7	5	9	2	1	3	6	4	8
1	6	8	4	7	5	9	2	3
5	7	3	6	2	9	1	8	4
9	2	4	3	8	1	5	7	6
4	9	6	8	3	2	7	5	1
8	1	7	5	9	6	4	3	2
2	3	5	1	4	7	8	6	9

73

8		6		9	3		4	2
		9		5		1	3	
9	6	5		4				
			3				6	
						7	1	5
1	8			3		4		
7					6			
	5				4			9

74

8			7	6	9			5
		6			8		9	
5		7			3		1	
			8	7	1		3	
	2		6					
1								
6				8		9		
	8	1	5		2			3
2							7	

75

4			7					1
			9	1	8		4	
	1	8	4		3	5		6
8	6					2		7
	7	3						
				6				
6						9		5
1		9		8				
						3		8

76

					6			1
9			3					
	5				1	2	7	3
8							1	
1		2					9	
					4	3		2
		4			5	7		
3		9				8		5
		7	6	2			3	

73

8	7	6	1	9	3	5	4	2
5	3	1	4	7	2	6	9	8
4	2	9	6	5	8	1	3	7
9	6	5	7	4	1	8	2	3
2	1	7	3	8	5	9	6	4
3	4	8	2	6	9	7	1	5
1	8	2	9	3	7	4	5	6
7	9	4	5	2	6	3	8	1
6	5	3	8	1	4	2	7	9

74

8	1	2	7	6	9	3	4	5
3	4	6	1	5	8	7	9	2
5	9	7	2	4	3	8	1	6
4	6	5	8	7	1	2	3	9
9	2	8	6	3	4	1	5	7
1	7	3	9	2	5	6	8	4
6	5	4	3	8	7	9	2	1
7	8	1	5	9	2	4	6	3
2	3	9	4	1	6	5	7	8

75

4	9	2	7	5	6	8	3	1
3	5	6	9	1	8	7	4	2
7	1	8	4	2	3	5	9	6
8	6	4	3	9	1	2	5	7
5	7	3	8	4	2	1	6	9
9	2	1	5	6	7	4	8	3
6	8	7	1	3	4	9	2	5
1	3	9	2	8	5	6	7	4
2	4	5	6	7	9	3	1	8

76

4	2	3	7	8	6	9	5	1
9	7	1	3	5	2	6	4	8
6	5	8	9	4	1	2	7	3
8	4	6	2	9	3	5	1	7
1	3	2	5	7	8	4	9	6
7	9	5	1	6	4	3	8	2
2	1	4	8	3	5	7	6	9
3	6	9	4	1	7	8	2	5
5	8	7	6	2	9	1	3	4

77

		8			9		1	3
						4	8	6
	3				1			2
6							2	4
		4			6	3		
			2	5				
	6				7		3	8
	8							
2		9		4		5		

78

		6	9				3	
	9			8	3		6	
	4	3		6			7	
		4						
3							1	5
	7		8		1		4	
		2						
		1			7	6	9	4
9	5				4		8	

79

				9			3	6
	7							
3				1		5	9	8
						3	2	
6	8		3		5	9		
					9		8	
4				5		2		
	2		1	8	7		5	
5								1

80

		2	1					
	6	1	2	5		4	9	7
7		4	8		9		2	
		7		3	6	8	4	
	3	6						
				9		3		
				2			5	
					4			
						6	3	1

77

5	4	8	6	2	9	7	1	3
1	9	2	7	3	5	4	8	6
7	3	6	4	8	1	9	5	2
6	5	1	9	7	3	8	2	4
9	2	4	8	1	6	3	7	5
8	7	3	2	5	4	6	9	1
4	6	5	1	9	7	2	3	8
3	8	7	5	6	2	1	4	9
2	1	9	3	4	8	5	6	7

78

7	8	6	9	4	2	5	3	1
1	9	5	7	8	3	4	6	2
2	4	3	1	6	5	8	7	9
6	1	4	5	3	9	7	2	8
3	2	8	4	7	6	9	1	5
5	7	9	8	2	1	3	4	6
4	6	2	3	9	8	1	5	7
8	3	1	2	5	7	6	9	4
9	5	7	6	1	4	2	8	3

79

2	5	1	4	9	8	7	3	6
8	7	9	5	3	6	1	4	2
3	6	4	7	1	2	5	9	8
7	9	5	8	6	1	3	2	4
6	8	2	3	4	5	9	1	7
1	4	3	2	7	9	6	8	5
4	1	8	6	5	3	2	7	9
9	2	6	1	8	7	4	5	3
5	3	7	9	2	4	8	6	1

80

3	9	2	1	4	7	5	6	8
8	6	1	2	5	3	4	9	7
7	5	4	8	6	9	1	2	3
1	2	7	5	3	6	8	4	9
9	3	6	4	8	1	2	7	5
4	8	5	7	9	2	3	1	6
6	1	9	3	2	8	7	5	4
5	7	3	6	1	4	9	8	2
2	4	8	9	7	5	6	3	1

81

	1	4		7			8	
	7				5		2	
						6		
9	5			8				
8	4	1						3
		7		6				1
4		2			1			
1	6		9					
				3	6			4

82

2			4				1	
	7	5	2				3	4
9					6			
	6	7		3		1		
		9		7				
					2	7	5	
		3		4			8	6
			8	2				7
	9					5		

83

1								8
	9		5		4			
			3			9	1	
5		6	8					
		4	9	5				
		2					6	
				2	8		4	
	4					5		
8					5	7	3	

84

4			7		9	5		
		5	6	4	1		9	
7				2				
6		8			4	3		
		1		3			4	
				1		2		
8		7						3
				6				7
	9					1	2	4

81

2	1	4	6	7	9	3	8	5
6	7	8	3	1	5	4	2	9
5	9	3	4	2	8	6	1	7
9	5	6	1	8	3	7	4	2
8	4	1	7	9	2	5	6	3
3	2	7	5	6	4	8	9	1
4	3	2	8	5	1	9	7	6
1	6	5	9	4	7	2	3	8
7	8	9	2	3	6	1	5	4

82

2	3	8	4	9	7	6	1	5
6	7	5	2	8	1	9	3	4
9	4	1	3	5	6	8	7	2
5	6	7	9	3	4	1	2	8
1	2	9	5	7	8	4	6	3
3	8	4	6	1	2	7	5	9
7	5	3	1	4	9	2	8	6
4	1	6	8	2	5	3	9	7
8	9	2	7	6	3	5	4	1

83

1	3	7	2	6	9	4	5	8
6	9	8	5	1	4	2	7	3
4	2	5	3	8	7	9	1	6
5	7	6	8	3	2	1	9	4
3	1	4	9	5	6	8	2	7
9	8	2	7	4	1	3	6	5
7	5	3	1	2	8	6	4	9
2	4	9	6	7	3	5	8	1
8	6	1	4	9	5	7	3	2

84

4	6	2	7	8	9	5	3	1
3	8	5	6	4	1	7	9	2
7	1	9	5	2	3	4	6	8
6	7	8	2	5	4	3	1	9
2	5	1	9	3	7	8	4	6
9	3	4	8	1	6	2	7	5
8	4	7	1	9	2	6	5	3
1	2	3	4	6	5	9	8	7
5	9	6	3	7	8	1	2	4

85

		5			6		3	1
			8					6
2		6	1		9			
	7		3		1		4	
1					8		7	
								3
6			2	8			1	4
5						3		
3				5	4		8	

86

				9				2
		4		2	3			
8		2	5		6			
4	1				2	3		7
	9				7		6	
							1	
	2	6			8		3	
5	4			6				1
	3		2					

87

3		1		5				9
	9		7		8			
	8		1					
			9			5		8
9					1	3		
						1		6
			8			2		
7	6				2			3
4						9	8	7

88

		8			1			
4								7
2		5						
8			2	1	9	6		
			8			2		
9					7			
	9		7		3			4
7		2	1	6		5	3	
		4						6

88

3	6	8	4	7	1	9	5	2
4	1	9	6	2	5	3	8	7
2	7	5	3	9	8	4	6	1
8	4	3	2	1	9	6	7	5
1	5	7	8	4	6	2	9	3
9	2	6	5	3	7	1	4	8
6	9	1	7	5	3	8	2	4
7	8	2	1	6	4	5	3	9
5	3	4	9	8	2	7	1	6

87

3	7	1	6	5	4	8	2	9
5	9	4	7	2	8	6	3	1
6	8	2	1	3	9	7	5	4
2	1	7	9	6	3	5	4	8
9	5	6	4	8	1	3	7	2
8	4	3	2	7	5	1	9	6
1	3	9	8	4	7	2	6	5
7	6	8	5	9	2	4	1	3
4	2	5	3	1	6	9	8	7

86

3	5	1	8	9	4	6	7	2
9	6	4	7	2	3	1	5	8
8	7	2	5	1	6	9	4	3
4	1	5	6	8	2	3	9	7
2	9	3	1	4	7	8	6	5
6	8	7	9	3	5	2	1	4
1	2	6	4	7	8	5	3	9
5	4	8	3	6	9	7	2	1
7	3	9	2	5	1	4	8	6

85

7	8	5	4	2	6	9	3	1
4	1	9	8	3	5	7	2	6
2	3	6	1	7	9	4	5	8
9	7	2	3	6	1	8	4	5
1	6	3	5	4	8	2	7	9
8	5	4	7	9	2	1	6	3
6	9	7	2	8	3	5	1	4
5	4	8	6	1	7	3	9	2
3	2	1	9	5	4	6	8	7

89

6			9		1			3
8				6		9		5
			8		7	2		4
	1	8						
	9		6		3			
			1	2	8	5		9
2		7						
	3							
9				7	2			

90

6	1	9						
				3			2	
	7				5		8	
3			1	7		5		2
4						9		
1					2			6
		8			7		3	1
5								8
					4		9	

91

1		9						5
6				7	8			9
7			1	9				
			8					
					9	6	5	
				2	5			3
9		6			7	2		
	3		2	8	4		1	
	8			1				

92

					8	3		
7			9					
	3	9	5					
					6	5	4	
6						7		8
			8		1			
3		5						1
4		6		7	3			5
			2			6	3	7

89

6	2	4	9	5	1	8	7	3
8	7	3	2	6	4	9	1	5
1	5	9	8	3	7	2	6	4
3	1	8	7	9	5	4	2	6
5	9	2	6	4	3	1	8	7
7	4	6	1	2	8	5	3	9
2	6	7	4	1	9	3	5	8
4	3	1	5	8	6	7	9	2
9	8	5	3	7	2	6	4	1

90

6	1	9	4	2	8	3	5	7
8	5	4	7	3	1	6	2	9
2	7	3	6	9	5	1	8	4
3	8	6	1	7	9	5	4	2
4	2	7	5	8	6	9	1	3
1	9	5	3	4	2	8	7	6
9	6	8	2	5	7	4	3	1
5	4	2	9	1	3	7	6	8
7	3	1	8	6	4	2	9	5

91

1	2	9	6	4	3	7	8	5
6	4	3	5	7	8	1	2	9
7	5	8	1	9	2	3	6	4
3	9	5	8	6	1	4	7	2
8	7	2	4	3	9	6	5	1
4	6	1	7	2	5	8	9	3
9	1	6	3	5	7	2	4	8
5	3	7	2	8	4	9	1	6
2	8	4	9	1	6	5	3	7

92

5	6	2	4	1	8	3	7	9
7	4	8	9	3	2	1	5	6
1	3	9	5	6	7	2	8	4
8	1	3	7	9	6	5	4	2
6	9	4	3	2	5	7	1	8
2	5	7	8	4	1	9	6	3
3	7	5	6	8	9	4	2	1
4	2	6	1	7	3	8	9	5
9	8	1	2	5	4	6	3	7

93

3				9		7	8	
					7			6
1				3				
						6		7
			5					4
2	4	9						1
	1				2			
6				7	5			3
	7	8	3		1			2

94

3						4		
						7		
						3	9	8
		5			9			6
9				3				
6		3	1	2		8		9
4	2			1	6	9		5
					8		4	
		8		9			1	3

95

					6	7		
1							9	4
		6	4	2	9	3		
9			5	7				1
		7					5	
6	1							7
		9	6					
			2	3	5	4		
	7		1					

96

	7		8				3	
						9		
4				2		7		8
		7			2		1	
9		2				3		7
6					9			
	5				8	4		3
	9				1		6	
7								5

93

3	2	6	1	9	4	7	8	5
9	8	4	2	5	7	1	3	6
1	5	7	6	3	8	2	4	9
8	3	5	4	1	9	6	2	7
7	6	1	5	2	3	8	9	4
2	4	9	7	8	6	3	5	1
4	1	3	9	6	2	5	7	8
6	9	2	8	7	5	4	1	3
5	7	8	3	4	1	9	6	2

94

3	9	6	8	7	1	4	5	2
8	5	2	9	4	3	7	6	1
7	1	4	5	6	2	3	9	8
2	7	5	4	8	9	1	3	6
9	8	1	6	3	7	5	2	4
6	4	3	1	2	5	8	7	9
4	2	7	3	1	6	9	8	5
1	3	9	2	5	8	6	4	7
5	6	8	7	9	4	2	1	3

95

3	9	4	8	1	6	7	2	5
1	2	8	7	5	3	6	9	4
7	5	6	4	2	9	3	1	8
9	8	3	5	7	4	2	6	1
2	4	7	9	6	1	8	5	3
6	1	5	3	8	2	9	4	7
5	3	9	6	4	7	1	8	2
8	6	1	2	3	5	4	7	9
4	7	2	1	9	8	5	3	6

96

1	7	5	8	9	4	2	3	6
8	2	6	3	5	7	9	4	1
4	3	9	1	2	6	7	5	8
5	8	7	4	3	2	6	1	9
9	4	2	6	1	5	3	8	7
6	1	3	7	8	9	5	2	4
2	5	1	9	6	8	4	7	3
3	9	4	5	7	1	8	6	2
7	6	8	2	4	3	1	9	5

97

		9	7			8		2
		5		2	6			
			3			7		1
	9	4	8	7				
						5		
3		7	6					
2	4	3	5		8		1	7
								6
		1		4				5

98

6						1	3	7
8		5	3	7		4	2	
			9					
	9	3						
4						8	9	
			1	9				2
				4		2		
			8	1	9			6
		6	5					

99

			1			4		
		1	3	6			9	8
	4			5			1	6
	7	4				5		3
				2	3		4	
6	3							
7		6		8	2			
4	1		7					
	5	8				6		

100

			6	9				
		6			8		1	9
	2				1			3
	8			5				7
	1	7	3			8	2	5
	9				7	1	4	
9						2	5	
						9		8
		8			6			

97

1	3	9	7	5	4	8	6	2
7	8	5	1	2	6	3	9	4
4	6	2	3	8	9	7	5	1
5	9	4	8	7	1	6	2	3
8	1	6	4	3	2	5	7	9
3	2	7	6	9	5	1	4	8
2	4	3	5	6	8	9	1	7
9	5	8	2	1	7	4	3	6
6	7	1	9	4	3	2	8	5

98

6	2	9	4	8	5	1	3	7
8	1	5	3	7	6	4	2	9
3	4	7	9	2	1	6	5	8
1	9	3	2	6	8	7	4	5
4	6	2	7	5	3	8	9	1
5	7	8	1	9	4	3	6	2
9	5	1	6	4	7	2	8	3
2	3	4	8	1	9	5	7	6
7	8	6	5	3	2	9	1	4

99

8	6	3	1	9	7	4	2	5
5	2	1	3	6	4	7	9	8
9	4	7	2	5	8	3	1	6
2	7	4	8	1	9	5	6	3
1	8	5	6	2	3	9	4	7
6	3	9	4	7	5	2	8	1
7	9	6	5	8	2	1	3	4
4	1	2	7	3	6	8	5	9
3	5	8	9	4	1	6	7	2

100

8	3	1	6	9	5	4	7	2
7	4	6	2	3	8	5	1	9
5	2	9	4	7	1	6	8	3
6	8	2	1	5	4	3	9	7
4	1	7	3	6	9	8	2	5
3	9	5	8	2	7	1	4	6
9	6	4	7	8	3	2	5	1
1	7	3	5	4	2	9	6	8
2	5	8	9	1	6	7	3	4

101

	1			3		7		
3						8	4	
9					8			
7				1		2	8	
4			8	5	3			
		6	9	2	7		1	
	6							
			1	7		9	6	3
5			3					

102

			2					7
2	8		6					
		9		1				
		2				3	7	8
	1		5		3	9		2
8	4					5		
4	2							
	6	8		7	5	4		
7					4		8	

103

8								
	2	7		5		8		
	9		1	8	7	2	6	
9							1	
	5			3				
	4	2			6	5		
4	6	8						
1				2	4			5
	7							6

104

5	6			7				1
			6		1			
	3					5		9
1		8		4		9		
6		5						3
			2					
		6						7
	1			2		4	9	
			1	6				2

101

6	1	8	4	3	2	7	5	9
3	7	2	5	9	1	8	4	6
9	4	5	7	6	8	1	3	2
7	3	9	6	1	4	2	8	5
4	2	1	8	5	3	6	9	7
8	5	6	9	2	7	3	1	4
1	6	3	2	4	9	5	7	8
2	8	4	1	7	5	9	6	3
5	9	7	3	8	6	4	2	1

102

1	3	6	2	4	9	8	5	7
2	8	4	6	5	7	1	3	9
5	7	9	3	1	8	2	6	4
9	5	2	4	6	1	3	7	8
6	1	7	5	8	3	9	4	2
8	4	3	7	9	2	5	1	6
4	2	1	8	3	6	7	9	5
3	6	8	9	7	5	4	2	1
7	9	5	1	2	4	6	8	3

103

8	1	3	4	6	2	9	5	7
6	2	7	3	5	9	8	4	1
5	9	4	1	8	7	2	6	3
9	8	6	7	4	5	3	1	2
7	5	1	2	3	8	6	9	4
3	4	2	9	1	6	5	7	8
4	6	8	5	7	3	1	2	9
1	3	9	6	2	4	7	8	5
2	7	5	8	9	1	4	3	6

104

5	6	4	9	7	3	8	2	1
9	8	2	6	5	1	7	3	4
7	3	1	4	8	2	5	6	9
1	2	8	3	4	6	9	7	5
6	4	5	7	9	8	2	1	3
3	7	9	2	1	5	6	4	8
2	9	6	8	3	4	1	5	7
8	1	3	5	2	7	4	9	6
4	5	7	1	6	9	3	8	2

105

		9			1	7	5	
	5		8					
				9	8			
		5	1		8		4	
	1		5					
	2	3			7			1
		1					6	
		7			4	9	8	
4							3	

106

2								
	7	3				2	9	
	5						6	
7	2	8	4		3			
					5	4		2
			2		7	8		
5	6			2	8	1		9
				9	1		3	5

107

		8	7	6				
						7	3	
					5		6	
1								
	5	4		2	1			8
9	2			8	6	1		5
	1			5	8			7
3				4		9		
								6

108

1			2				9	
	4		9	3		1		
	3	7		4	8	5		
							1	
4	1			8				5
								9
	7	2				9		4
3			5		6			
5					4	2		6

3	8	9	6	2	1	7	5	4
7	5	2	8	4	3	6	1	9
1	4	6	7	5	9	8	2	3
9	7	5	1	3	8	2	4	6
6	1	4	5	9	2	3	7	8
8	2	3	4	6	7	5	9	1
2	3	1	9	8	5	4	6	7
5	6	7	3	1	4	9	8	2
4	9	8	2	7	6	1	3	5

105

2	1	4	6	3	9	5	8	7
6	7	3	8	5	4	2	9	1
8	5	9	1	7	2	3	6	4
7	2	8	4	1	3	9	5	6
1	3	6	9	8	5	4	7	2
9	4	5	2	6	7	8	1	3
3	9	1	5	4	6	7	2	8
5	6	7	3	2	8	1	4	9
4	8	2	7	9	1	6	3	5

106

2	9	8	7	6	3	5	1	4
5	6	1	8	9	4	7	3	2
4	3	7	2	1	5	8	6	9
1	8	6	5	7	9	4	2	3
7	5	4	3	2	1	6	9	8
9	2	3	4	8	6	1	7	5
6	1	2	9	5	8	3	4	7
3	7	5	6	4	2	9	8	1
8	4	9	1	3	7	2	5	6

107

1	5	8	2	6	7	4	9	3
2	4	6	9	3	5	1	8	7
9	3	7	1	4	8	5	6	2
7	6	9	4	5	2	3	1	8
4	1	3	6	8	9	7	2	5
8	2	5	3	7	1	6	4	9
6	7	2	8	1	3	9	5	4
3	9	4	5	2	6	8	7	1
5	8	1	7	9	4	2	3	6

108

109

1						7	9	2
					1			4
	4	7	2			1		
9	8		4	5				
								3
		2				8		9
			9	8		2	6	
	6		3	1		9		
			5		2			

110

6		4	8			9		
			6			4		2
		5		4		8		
3				2				
2	8				4			1
			5				6	
	1	8	2		7	5		
					1	6		7
4					5			

111

		3			9			
		1	5					4
			1	8		6		
	3	4		5		7	1	9
		5			1		8	
							6	
	5				4		2	
4				7	8		5	1
			9	6			4	

112

1		4						
	5	2		6		9		3
	4			8			3	
					1			8
		5	2				4	9
		7					5	
		3			5			6
		9	4		8	3	2	

109

1	5	3	6	4	8	7	9	2
6	2	9	7	3	1	5	8	4
8	4	7	2	9	5	1	3	6
9	8	1	4	5	3	6	2	7
5	7	6	8	2	9	4	1	3
4	3	2	1	7	6	8	5	9
3	1	4	9	8	7	2	6	5
2	6	5	3	1	4	9	7	8
7	9	8	5	6	2	3	4	1

110

6	2	4	8	1	3	9	7	5
8	7	3	6	5	9	4	1	2
1	9	5	7	4	2	8	3	6
3	5	9	1	2	6	7	8	4
2	8	6	9	7	4	3	5	1
7	4	1	5	3	8	2	6	9
9	1	8	2	6	7	5	4	3
5	3	2	4	8	1	6	9	7
4	6	7	3	9	5	1	2	8

111

5	2	3	6	4	9	1	7	8
6	8	1	5	3	7	2	9	4
7	4	9	1	8	2	6	3	5
2	3	4	8	5	6	7	1	9
9	6	5	7	2	1	4	8	3
1	7	8	4	9	3	5	6	2
8	5	7	3	1	4	9	2	6
4	9	6	2	7	8	3	5	1
3	1	2	9	6	5	8	4	7

112

1	3	4	8	7	9	2	6	5
7	5	2	1	6	4	9	8	3
6	9	8	3	5	2	7	1	4
9	4	1	5	8	7	6	3	2
3	2	6	9	4	1	5	7	8
8	7	5	2	3	6	1	4	9
2	8	7	6	9	3	4	5	1
4	1	3	7	2	5	8	9	6
5	6	9	4	1	8	3	2	7

113

2			1	4				6
			5		7			2
						9		
	2							3
	7		6	3		5		
		4	9			7		8
7		5	4		1			
	4		3		6			
				9		3		5

114

3		5			6			
6								
		1	5		4	3		2
			2		7	1		8
			9		1	5		
9			4	5				
			6		9		2	
4		2			8			
		9					8	

115

1	5	6		8			3	2
	4	3						
8		2	6					1
2	9	1		7				
			9					8
7					6		2	5
	2	5					7	
							5	
3	8	9	1				4	

116

			9					
7	4		6	5			8	9
1					4			
3		7				6		
8		4	1				2	
	9		7					
		5			1	9		
9			8		6			
			4				6	

113

2	5	3	1	4	9	8	7	6
1	9	6	5	8	7	4	3	2
4	8	7	2	6	3	9	5	1
5	2	9	8	7	4	1	6	3
8	7	1	6	3	2	5	9	4
3	6	4	9	1	5	7	2	8
7	3	5	4	2	1	6	8	9
9	4	8	3	5	6	2	1	7
6	1	2	7	9	8	3	4	5

114

3	2	5	8	1	6	9	4	7
6	4	7	3	9	2	8	5	1
8	9	1	5	7	4	3	6	2
5	3	4	2	6	7	1	9	8
2	7	6	9	8	1	5	3	4
9	1	8	4	5	3	2	7	6
1	8	3	6	4	9	7	2	5
4	5	2	7	3	8	6	1	9
7	6	9	1	2	5	4	8	3

115

1	5	6	7	8	9	4	3	2
9	4	3	5	2	1	6	8	7
8	7	2	6	4	3	5	9	1
2	9	1	8	7	5	3	6	4
5	6	4	9	3	2	7	1	8
7	3	8	4	1	6	9	2	5
4	2	5	3	6	8	1	7	9
6	1	7	2	9	4	8	5	3
3	8	9	1	5	7	2	4	6

116

5	8	6	9	1	7	2	4	3
7	4	3	6	5	2	1	8	9
1	2	9	3	8	4	5	7	6
3	1	7	5	2	8	6	9	4
8	5	4	1	6	9	3	2	7
6	9	2	7	4	3	8	1	5
4	6	5	2	7	1	9	3	8
9	7	1	8	3	6	4	5	2
2	3	8	4	9	5	7	6	1

117

	1		7		8			2
	8			6			1	
		6	1					
			9		5	2	4	8
				8			6	5
8		4				7		
	6			7				
1							2	
9			2			4	8	

118

			9	7	2			
4					6	3		
		6		8		5		9
	3	1	5		7		2	
6		2	3				4	
	7					8		
								4
7						2		3
1			2		5			

119

				5	6	9	2	
					8	6		4
	9			4		8		
5				7	9			
			3					
	7		5			3	4	
	6					1		
7	8				3			
	4	1	6					9

120

		9		1		5	7	
	2				7	6	3	
	7		2		4			
7				8	5		9	
9			7			4		5
	1							
		6				7		1
		1	3					
			1		8			3

117

4	1	3	7	9	8	6	5	2
7	8	2	5	6	3	9	1	4
5	9	6	1	4	2	8	7	3
6	7	1	9	3	5	2	4	8
3	2	9	4	8	7	1	6	5
8	5	4	6	2	1	7	3	9
2	6	8	3	7	4	5	9	1
1	4	7	8	5	9	3	2	6
9	3	5	2	1	6	4	8	7

118

3	8	5	9	7	2	4	6	1
4	9	7	1	5	6	3	8	2
2	1	6	4	8	3	5	7	9
8	3	1	5	4	7	9	2	6
6	5	2	3	9	8	1	4	7
9	7	4	6	2	1	8	3	5
5	2	8	7	3	9	6	1	4
7	6	9	8	1	4	2	5	3
1	4	3	2	6	5	7	9	8

119

4	1	8	7	5	6	9	2	3
2	5	7	9	3	8	6	1	4
6	9	3	2	4	1	8	7	5
5	3	4	8	7	9	2	6	1
8	2	6	3	1	4	5	9	7
1	7	9	5	6	2	3	4	8
9	6	5	4	8	7	1	3	2
7	8	2	1	9	3	4	5	6
3	4	1	6	2	5	7	8	9

120

8	4	9	6	1	3	5	7	2
1	2	5	8	9	7	6	3	4
6	7	3	2	5	4	8	1	9
7	3	2	4	8	5	1	9	6
9	6	8	7	3	1	4	2	5
5	1	4	9	6	2	3	8	7
3	8	6	5	2	9	7	4	1
4	9	1	3	7	6	2	5	8
2	5	7	1	4	8	9	6	3

121

					1	6	7	3
		2		3				
	1			6				9
4			6				8	
		7	3	9				4
	2		1				9	
			8			7		
	9	5		7				
6		8				9		

122

1			7	6		4	9	
	9							6
	6			1				
				3	6	5		9
2			4		7	6	8	
			9				4	
	7			2			5	
		3			5	9	6	
		4					2	

123

			6	3	2			
6		8			1	4		7
1						3		5
3			8			1		
9							7	
		4	1			8		
		5				7		1
				7		2	8	
		3	9	1				

124

		9		8				
					5			
5	3	1				6	2	
					3	8	1	7
				6		2	5	
	2					4		6
2			8					
4	5	3	1				8	
9				5			7	1

124

7	6	9	3	8	2	1	4	5
8	4	2	6	1	5	7	9	3
5	3	1	9	4	7	6	2	8
6	9	4	5	2	3	8	1	7
3	7	8	4	6	1	2	5	9
1	2	5	7	9	8	4	3	6
2	1	7	8	3	9	5	6	4
4	5	3	1	7	6	9	8	2
9	8	6	2	5	4	3	7	1

123

5	4	7	6	3	2	9	1	8
6	3	8	5	9	1	4	2	7
1	2	9	7	8	4	3	6	5
3	5	2	8	6	7	1	9	4
9	8	1	4	5	3	6	7	2
7	6	4	1	2	9	8	5	3
8	9	5	2	4	6	7	3	1
4	1	6	3	7	5	2	8	9
2	7	3	9	1	8	5	4	6

122

1	8	2	7	6	3	4	9	5
3	9	5	8	4	2	1	7	6
4	6	7	5	1	9	8	3	2
7	4	8	2	3	6	5	1	9
2	1	9	4	5	7	6	8	3
5	3	6	9	8	1	2	4	7
9	7	1	6	2	4	3	5	8
8	2	3	1	7	5	9	6	4
6	5	4	3	9	8	7	2	1

121

9	5	4	2	8	1	6	7	3
7	6	2	9	3	4	8	1	5
8	1	3	7	6	5	4	2	9
4	3	9	6	5	7	2	8	1
1	8	7	3	9	2	5	6	4
5	2	6	1	4	8	3	9	7
3	4	1	8	2	9	7	5	6
2	9	5	4	7	6	1	3	8
6	7	8	5	1	3	9	4	2

125

		1	9				3	
						2	5	
			2			1		7
2	9			5	8		7	
		8		3		9		5
	4	7	1				8	
				2				
	1		3				2	
	3				6	7		4

126

4								
3		5		6	9	7		4
		1		5				
			4	3		9	5	2
				1				
7		3			8			
2						1	4	7
		8			1			
		7	6	4		8		

127

							2	9
	6			9			1	
		1		2	5	8		
9		5		8	7			
7			9					8
	8	6			1	9		
		3			2	7		
6	2			7	4			
8				1		6		2

128

		8	2					
		2				6	5	1
1	6			4	5	8		
					6	5	1	
					2		7	
			4			2		
	1			8	4	3		
		5			9	4		
	9	4		3	7			8

128

5	3	8	2	6	1	7	4	9
7	4	2	3	9	8	6	5	1
1	6	9	7	4	5	8	3	2
8	2	3	9	7	6	5	1	4
4	5	6	8	1	2	9	7	3
9	7	1	4	5	3	2	8	6
2	1	7	6	8	4	3	9	5
3	8	5	1	2	9	4	6	7
6	9	4	5	3	7	1	2	8

127

5	7	8	1	3	6	4	2	9
2	6	4	7	9	8	3	1	5
3	9	1	4	2	5	8	7	6
9	3	5	6	8	7	2	4	1
7	1	2	9	4	3	5	6	8
4	8	6	2	5	1	9	3	7
1	5	3	8	6	2	7	9	4
6	2	9	5	7	4	1	8	3
8	4	7	3	1	9	6	5	2

126

4	9	2	1	7	3	5	8	6
3	8	5	2	6	9	7	1	4
6	7	1	8	5	4	2	3	9
8	1	6	4	3	7	9	5	2
9	2	4	5	1	6	3	7	8
7	5	3	9	2	8	4	6	1
2	6	9	3	8	5	1	4	7
5	4	8	7	9	1	6	2	3
1	3	7	6	4	2	8	9	5

125

6	2	1	9	7	5	4	3	8
7	8	4	6	1	3	2	5	9
3	5	9	2	8	4	1	6	7
2	9	3	4	5	8	6	7	1
1	6	8	7	3	2	9	4	5
5	4	7	1	6	9	3	8	2
4	7	6	8	2	1	5	9	3
9	1	5	3	4	7	8	2	6
8	3	2	5	9	6	7	1	4

129

2	4	9					6	3
			3		2	1	4	
						9		
	7			2	6	4		
9					4		8	
	5	4	1					
		7					3	
3		2			8			
4	9		2	6	3			

130

								5
		7		2	6			
		2	5	1		4		
7		9	4	8				
			7	5				
		4	3				1	
3			6			7		
	6				3		9	8
	7							3

131

	2				4	7		9
	7					4		3
								1
			8	3	5		2	4
5					2			
		1						
9				6		3		2
8	6		3	1	7		4	
				4		6		

132

3					2		7	
					5			6
			3	4			1	
6					3			7
	4			1	7			2
	9		4			8	5	
						2		5
	2	6		7	9	1		
							6	

129

2	4	9	5	8	1	7	6	3
7	6	8	3	9	2	1	4	5
5	3	1	6	4	7	9	2	8
1	7	3	8	2	6	4	5	9
9	2	6	7	5	4	3	8	1
8	5	4	1	3	9	6	7	2
6	8	7	9	1	5	2	3	4
3	1	2	4	7	8	5	9	6
4	9	5	2	6	3	8	1	7

130

1	9	6	8	3	4	2	7	5
5	4	7	9	2	6	3	8	1
8	3	2	5	1	7	4	6	9
7	1	9	4	8	2	5	3	6
6	8	3	7	5	1	9	4	2
2	5	4	3	6	9	8	1	7
3	2	1	6	9	8	7	5	4
4	6	5	2	7	3	1	9	8
9	7	8	1	4	5	6	2	3

131

1	2	3	6	5	4	7	8	9
6	7	8	9	2	1	4	5	3
4	5	9	7	8	3	2	6	1
7	9	6	8	3	5	1	2	4
5	3	4	1	7	2	8	9	6
2	8	1	4	9	6	5	3	7
9	4	7	5	6	8	3	1	2
8	6	2	3	1	7	9	4	5
3	1	5	2	4	9	6	7	8

132

3	5	9	1	6	2	4	7	8
1	8	4	7	9	5	3	2	6
2	6	7	3	4	8	5	1	9
6	1	2	8	5	3	9	4	7
5	4	8	9	1	7	6	3	2
7	9	3	4	2	6	8	5	1
8	7	1	6	3	4	2	9	5
4	2	6	5	7	9	1	8	3
9	3	5	2	8	1	7	6	4

133

		4	9	8		3	6	2
5	2				4			
8			1		2			
				1	8	5		9
							8	
4	9		6				2	
9						8	5	7
			5				3	
						9		4

134

			4			1	7	3
1	7	4	5		3	6		
		3	7		9			5
	3	5	8					4
9								1
				7			5	
		9					6	
				5			8	
			6	4		3		

135

	2			1				
6			9		8	1		
		1		6		5		
8			5			3		
	4	7	8			9		
5	9		1	3		8	2	
7			6	5	9		3	
	3						6	
					3	4		

136

		2						8
	7			6		2	5	
		4		9	7	3		1
9		7	1			8		3
2	5				6			
		3		7		6		
	1	9	4				8	
		6			9			

136

6	9	2	5	1	3	4	7	8
3	7	1	8	6	4	2	5	9
5	8	4	2	9	7	3	6	1
9	6	7	1	2	5	8	4	3
2	5	8	3	4	6	9	1	7
1	4	3	9	7	8	6	2	5
7	1	9	4	3	2	5	8	6
8	2	6	7	5	9	1	3	4
4	3	5	6	8	1	7	9	2

135

4	2	8	7	1	5	6	9	3
6	5	3	9	4	8	1	7	2
9	7	1	3	6	2	5	8	4
8	1	2	5	9	7	3	4	6
3	4	7	8	2	6	9	1	5
5	9	6	1	3	4	8	2	7
7	8	4	6	5	9	2	3	1
2	3	5	4	8	1	7	6	9
1	6	9	2	7	3	4	5	8

134

5	9	2	4	8	6	1	7	3
1	7	4	5	2	3	6	9	8
8	6	3	7	1	9	2	4	5
6	3	5	8	9	1	7	2	4
9	4	7	2	6	5	8	3	1
2	8	1	3	7	4	9	5	6
4	2	9	1	3	8	5	6	7
3	1	6	9	5	7	4	8	2
7	5	8	6	4	2	3	1	9

133

1	7	4	9	8	5	3	6	2
5	2	3	7	6	4	1	9	8
8	6	9	1	3	2	4	7	5
6	3	7	2	1	8	5	4	9
2	1	5	4	9	7	6	8	3
4	9	8	6	5	3	7	2	1
9	4	6	3	2	1	8	5	7
7	8	1	5	4	9	2	3	6
3	5	2	8	7	6	9	1	4

137

	3				7		1	
4	1							
			9	1		5		
		2		6	1		5	9
1				8	9		7	
	7	9						
			1	9	6	4		
2					5	3	9	1
				4				

138

	9							
		2	7					
6			8			5		1
9	7	4	6		8		1	
	3	8						9
		6						
4			2					
	6					2		
1			4	9	3		6	5

139

			5		1	3		4
3	9	5				2		1
	1	2		6				
			8	1		4	2	
9		3			4	6		
2	5				6		8	
		1		2				
	6		4				3	

140

1			3			4		
4				9				1
6		8						3
			2			5	8	
5			6	3		7		
	8			7				
8			5		3		9	
		1					6	
2	9		4				3	

140

1	7	9	3	5	6	4	2	8
4	3	5	8	9	2	6	7	1
6	2	8	7	1	4	9	5	3
7	1	3	2	4	9	5	8	6
5	4	2	6	3	8	7	1	9
9	8	6	1	7	5	3	4	2
8	6	4	5	2	3	1	9	7
3	5	1	9	8	7	2	6	4
2	9	7	4	6	1	8	3	5

139

6	2	8	5	7	1	3	9	4
1	4	7	3	9	2	8	6	5
3	9	5	6	4	8	2	7	1
4	1	2	7	6	3	9	5	8
5	7	6	8	1	9	4	2	3
9	8	3	2	5	4	6	1	7
2	5	4	1	3	6	7	8	9
8	3	1	9	2	7	5	4	6
7	6	9	4	8	5	1	3	2

138

7	9	1	3	6	5	4	2	8
8	5	2	7	1	4	9	3	6
6	4	3	8	2	9	5	7	1
9	7	4	6	5	8	3	1	2
2	3	8	1	4	7	6	5	9
5	1	6	9	3	2	7	8	4
4	8	5	2	7	6	1	9	3
3	6	9	5	8	1	2	4	7
1	2	7	4	9	3	8	6	5

137

9	3	8	4	5	7	6	1	2
4	1	5	6	3	2	9	8	7
6	2	7	9	1	8	5	4	3
3	4	2	7	6	1	8	5	9
1	5	6	3	8	9	2	7	4
8	7	9	5	2	4	1	3	6
7	8	3	1	9	6	4	2	5
2	6	4	8	7	5	3	9	1
5	9	1	2	4	3	7	6	8

141

		2	4				3	
5	3			2				1
4					1	5	2	
7	1						6	
		6		4	5	8	7	
			9		7		4	8
		4						7
				1	4	9		

142

4	2		7			9		6
		6		4		8		
			1		6		7	
3	5	4						1
	8							
6			5					
			2		1		9	
7				9		3		8
		9	4					

143

8			1		9			4
					6			1
			2		4		6	
9						7		6
	1			2			5	
				1				
		2	5		1			8
1	5	3				9	4	
	6		4					

144

7	5			2				
							1	
	3	9	6				8	7
					6		4	8
	1		3	7	4			
2			8			5	7	
			5	3			2	
4							3	
	2		4	6	7			

141

1	6	2	4	5	8	7	3	9
5	3	7	6	2	9	4	8	1
4	8	9	7	3	1	5	2	6
7	1	5	8	9	3	2	6	4
9	2	6	1	4	5	8	7	3
8	4	3	2	7	6	1	9	5
2	5	1	9	6	7	3	4	8
3	9	4	5	8	2	6	1	7
6	7	8	3	1	4	9	5	2

142

4	2	5	7	3	8	9	1	6
1	7	6	9	4	2	8	3	5
9	3	8	1	5	6	2	7	4
3	5	4	8	6	9	7	2	1
2	8	7	3	1	4	5	6	9
6	9	1	5	2	7	4	8	3
5	4	3	2	8	1	6	9	7
7	1	2	6	9	5	3	4	8
8	6	9	4	7	3	1	5	2

143

8	3	6	1	5	9	2	7	4
2	4	9	7	3	6	5	8	1
5	7	1	2	8	4	3	6	9
9	2	5	3	4	8	7	1	6
6	1	4	9	2	7	8	5	3
3	8	7	6	1	5	4	9	2
4	9	2	5	7	1	6	3	8
1	5	3	8	6	2	9	4	7
7	6	8	4	9	3	1	2	5

144

7	5	4	1	2	8	3	9	6
6	8	2	7	9	3	4	1	5
1	3	9	6	4	5	2	8	7
9	7	3	2	5	6	1	4	8
5	1	8	3	7	4	9	6	2
2	4	6	8	1	9	5	7	3
8	9	7	5	3	1	6	2	4
4	6	5	9	8	2	7	3	1
3	2	1	4	6	7	8	5	9

145

2		4		1		7		
	5						1	
		6						
		3	8					2
5	6						4	7
						1		3
		5	2		4		7	
7		9	5	3				4
	2				7			6

146

			4			8		7
			5					6
		6				4	1	
			1	4	6			
						3		
	4				8			5
5		2	9	8		6		
4		7			2		9	
					7			8

147

						6		
	6		9	8				2
	8			7		3	9	
		8			9			
4	5		1				8	
9	7		2		8			3
	2				6		3	
					3	4	1	
		4			5			9

148

	5	1			2			
7		6				4		
4	8				7			
			7					2
	2			3				
					4	8		
		4		6			3	5
	3		4	7				9
			3	2		7	4	1

145

2	9	4	6	1	8	7	3	5
3	5	7	9	4	2	6	1	8
1	8	6	7	5	3	4	2	9
9	4	3	8	7	1	5	6	2
5	6	1	3	2	9	8	4	7
8	7	2	4	6	5	1	9	3
6	3	5	2	8	4	9	7	1
7	1	9	5	3	6	2	8	4
4	2	8	1	9	7	3	5	6

146

2	1	3	4	6	9	8	5	7
8	7	4	5	2	1	9	3	6
9	5	6	8	7	3	4	1	2
3	2	5	1	4	6	7	8	9
1	6	8	7	9	5	3	2	4
7	4	9	2	3	8	1	6	5
5	3	2	9	8	4	6	7	1
4	8	7	6	1	2	5	9	3
6	9	1	3	5	7	2	4	8

147

1	4	9	3	5	2	6	7	8
7	6	3	9	8	1	5	4	2
2	8	5	6	7	4	3	9	1
3	1	8	5	6	9	7	2	4
4	5	2	1	3	7	9	8	6
9	7	6	2	4	8	1	5	3
5	2	1	4	9	6	8	3	7
6	9	7	8	2	3	4	1	5
8	3	4	7	1	5	2	6	9

148

3	5	1	8	4	2	9	7	6
7	9	6	5	1	3	4	2	8
4	8	2	6	9	7	1	5	3
5	4	9	7	8	6	3	1	2
8	2	7	1	3	9	5	6	4
6	1	3	2	5	4	8	9	7
1	7	4	9	6	8	2	3	5
2	3	5	4	7	1	6	8	9
9	6	8	3	2	5	7	4	1

149

9		5			2			4
	6		9					
						9	7	8
3					6			
			7	9			3	
	9	2						
1							8	
	5		3		4		1	
	2		5		8			9

150

1	4	6			8		7	
	7				9	3		5
	3				7		1	
		9		8	3			
8								
				1		7	2	
	2			9	6			
3		4				2	9	
			8					

151

1		3			8			
			1		6			
		6	2				1	
	6		9	8				7
			5	6		4		
		4				9		
		2			1			5
3			6			2		4
	8					3	6	

152

	8					6	1	4
			1		4	2		
		4			6		8	
				5			4	9
	7					8	2	
		9			8			3
2			9	4			6	8
						5		
1	6			3				

149

9	7	5	1	8	2	3	6	4
4	6	8	9	3	7	1	2	5
2	3	1	4	6	5	9	7	8
3	1	4	2	5	6	8	9	7
5	8	6	7	9	1	4	3	2
7	9	2	8	4	3	6	5	1
1	4	7	6	2	9	5	8	3
8	5	9	3	7	4	2	1	6
6	2	3	5	1	8	7	4	9

150

1	4	6	3	5	8	9	7	2
2	7	8	1	4	9	3	6	5
9	3	5	6	2	7	8	1	4
7	5	9	2	8	3	6	4	1
8	1	2	7	6	4	5	3	9
4	6	3	9	1	5	7	2	8
5	2	7	4	9	6	1	8	3
3	8	4	5	7	1	2	9	6
6	9	1	8	3	2	4	5	7

151

1	9	3	7	5	8	6	4	2
4	2	8	1	9	6	5	7	3
7	5	6	2	4	3	8	1	9
2	6	5	9	8	4	1	3	7
9	3	1	5	6	7	4	2	8
8	7	4	3	1	2	9	5	6
6	4	2	8	3	1	7	9	5
3	1	9	6	7	5	2	8	4
5	8	7	4	2	9	3	6	1

152

3	8	2	5	7	9	6	1	4
6	9	5	1	8	4	2	3	7
7	1	4	3	2	6	9	8	5
8	3	6	2	5	7	1	4	9
5	7	1	4	9	3	8	2	6
4	2	9	6	1	8	7	5	3
2	5	7	9	4	1	3	6	8
9	4	3	8	6	2	5	7	1
1	6	8	7	3	5	4	9	2

153

					7			
8				6	2	1	4	
	3				1		8	2
			4				5	
						3	2	
	5	8		2				4
9					4		3	
		4				2	9	8
		7		8	9			

154

							7	
	6	3			1	9		
8		9	2		4			
			6	4	3			7
		5		7				
	8		1		2			4
4	2				5			9
							2	1
			9					

155

			4					
	9		5			2		
	2		3			8	7	
6	4				8			
		5			3	4		8
	7		2			1		
	3		6	5			9	1
1				7			8	5
		9						

156

		8		6	7			2
		1	9			7		4
7		2				3		9
		5			4			
1					5		8	7
9		3	2					1
2		7		4				5

153

1	4	2	8	3	7	5	6	9
8	7	9	5	6	2	1	4	3
5	3	6	9	4	1	7	8	2
7	2	3	4	9	6	8	5	1
4	9	1	7	5	8	3	2	6
6	5	8	1	2	3	9	7	4
9	8	5	2	1	4	6	3	7
3	1	4	6	7	5	2	9	8
2	6	7	3	8	9	4	1	5

154

2	1	4	5	9	6	3	7	8
5	6	3	7	8	1	9	4	2
8	7	9	2	3	4	1	6	5
1	9	2	6	4	3	8	5	7
6	4	5	8	7	9	2	1	3
3	8	7	1	5	2	6	9	4
4	2	6	3	1	5	7	8	9
9	3	8	4	6	7	5	2	1
7	5	1	9	2	8	4	3	6

155

3	8	1	4	2	7	9	5	6
4	9	7	5	8	6	2	1	3
5	2	6	3	1	9	8	7	4
6	4	2	1	9	8	5	3	7
9	1	5	7	6	3	4	2	8
8	7	3	2	4	5	1	6	9
2	3	8	6	5	4	7	9	1
1	6	4	9	7	2	3	8	5
7	5	9	8	3	1	6	4	2

156

4	3	8	1	6	7	5	9	2
5	2	1	9	8	3	7	6	4
6	7	9	4	5	2	8	1	3
7	4	2	8	1	6	3	5	9
3	1	6	5	2	9	4	7	8
8	9	5	7	3	4	1	2	6
1	6	4	3	9	5	2	8	7
9	5	3	2	7	8	6	4	1
2	8	7	6	4	1	9	3	5

157

		2		6			1	7
		7	9		2	5		
		5						
					7			3
5	3	4	2		6			9
				5	8			
						2		
1					5		7	
			7		4	8		1

158

			3					
1				4			3	
	3	7		8	6			
	7							
8	5	6			3	9		7
2		3			8	5		4
7	8	9			4	1		
		2			1			9
	1		8				2	

159

	8			5				
	3		1				4	
6		4		3	8			7
8			9					6
		6	8	7			3	9
				6		7		8
						5	8	
			5		1		7	
			7	4	9			3

160

	3							
1		4	2			9		
					7			4
		6						9
7	2	8		4	9	1	3	
3						2		8
					1	7		
	4							
6		1	9	7	3	4		2

157

9	8	2	5	6	3	4	1	7
6	1	7	9	4	2	5	3	8
3	4	5	8	7	1	9	2	6
8	2	1	4	9	7	6	5	3
5	3	4	2	1	6	7	8	9
7	6	9	3	5	8	1	4	2
4	7	3	1	8	9	2	6	5
1	9	8	6	2	5	3	7	4
2	5	6	7	3	4	8	9	1

158

5	6	4	3	1	2	7	9	8
1	2	8	7	4	9	6	3	5
9	3	7	5	8	6	2	4	1
4	7	1	9	6	5	3	8	2
8	5	6	4	2	3	9	1	7
2	9	3	1	7	8	5	6	4
7	8	9	2	3	4	1	5	6
3	4	2	6	5	1	8	7	9
6	1	5	8	9	7	4	2	3

159

9	8	1	4	5	7	3	6	2
2	3	7	1	9	6	8	4	5
6	5	4	2	3	8	1	9	7
8	7	3	9	1	4	2	5	6
1	2	6	8	7	5	4	3	9
4	9	5	3	6	2	7	1	8
7	4	9	6	2	3	5	8	1
3	6	2	5	8	1	9	7	4
5	1	8	7	4	9	6	2	3

160

8	3	9	1	5	4	6	2	7
1	7	4	2	6	8	9	5	3
5	6	2	3	9	7	8	1	4
4	1	6	8	3	2	5	7	9
7	2	8	5	4	9	1	3	6
3	9	5	7	1	6	2	4	8
9	8	3	4	2	1	7	6	5
2	4	7	6	8	5	3	9	1
6	5	1	9	7	3	4	8	2

161

1	3	7			4	8		
				9				
				3	2	4		
2			3	6			1	9
	8						6	
6	7	9				5		
7			5		3			1
	5			1	6			
			7			3		5

162

							6	4
5			6		8		9	
	1		4			7		
					1		3	6
	8		5			9		2
2								
		6			7		5	9
	4	8	2	5			7	
7		3				4		8

163

	1			3				
	5		9					
		8	1	5	2		4	
		3		2		1		7
	6	5		8		4		
				4				
		4			6		2	9
						8		
		7			8	6	3	4

164

	3		9		2	5		
			5				9	7
5		6	7		8			
	2		1	8				
3						6	5	
		4		2				1
						9	2	
				7		1	3	6
			3			7		

161

1	3	7	6	5	4	8	9	2
5	2	4	8	9	7	1	3	6
9	6	8	1	3	2	4	5	7
2	4	5	3	6	8	7	1	9
3	8	1	9	7	5	2	6	4
6	7	9	4	2	1	5	8	3
7	9	2	5	8	3	6	4	1
4	5	3	2	1	6	9	7	8
8	1	6	7	4	9	3	2	5

162

8	3	2	9	7	5	1	6	4
5	7	4	6	1	8	2	9	3
6	1	9	4	3	2	7	8	5
4	9	5	7	2	1	8	3	6
3	8	7	5	6	4	9	1	2
2	6	1	3	8	9	5	4	7
1	2	6	8	4	7	3	5	9
9	4	8	2	5	3	6	7	1
7	5	3	1	9	6	4	2	8

163

6	1	9	8	3	4	7	5	2
4	5	2	9	6	7	3	1	8
7	3	8	1	5	2	9	4	6
8	4	3	5	2	9	1	6	7
2	6	5	7	8	1	4	9	3
9	7	1	6	4	3	2	8	5
1	8	4	3	7	6	5	2	9
3	2	6	4	9	5	8	7	1
5	9	7	2	1	8	6	3	4

164

8	3	7	9	1	2	5	6	4
1	4	2	5	3	6	8	9	7
5	9	6	7	4	8	2	1	3
6	2	5	1	8	3	4	7	9
3	8	1	4	9	7	6	5	2
9	7	4	6	2	5	3	8	1
7	1	3	8	6	4	9	2	5
4	5	8	2	7	9	1	3	6
2	6	9	3	5	1	7	4	8

165

7			6					1
	4			7	9			
	6	5						
6					2		1	3
3	5					2		8
				5				
		7	5	8				
			4		7	8		
				2		9		6

166

7		2			9			
6	3							
	1							3
		6	3	1			7	
5	7			8	4			9
			9	7				8
			4				9	
	2					8		7
4		7		2			1	

167

	2	3		5				
		6					1	
	7	4	2			9		
			6				8	
3	8		7		2			4
4		2			8		9	
			3				2	
6		5				3		9
2		1			5			8

168

1						7	2	
	9			8		4		
	4	5	6	1		9		
	6	4		7	8		5	
5					1			
				4				9
		8					9	
		6				5		
4	1		3				8	

168

1	8	3	4	9	5	7	2	6
6	9	2	7	8	3	4	1	5
7	4	5	6	1	2	9	3	8
9	6	4	2	7	8	1	5	3
5	2	7	9	3	1	8	6	4
8	3	1	5	4	6	2	7	9
2	5	8	1	6	4	3	9	7
3	7	6	8	2	9	5	4	1
4	1	9	3	5	7	6	8	2

167

9	2	3	1	5	7	8	4	6
8	5	6	4	9	3	7	1	2
1	7	4	2	8	6	9	3	5
5	1	7	6	4	9	2	8	3
3	8	9	7	1	2	6	5	4
4	6	2	5	3	8	1	9	7
7	9	8	3	6	4	5	2	1
6	4	5	8	2	1	3	7	9
2	3	1	9	7	5	4	6	8

166

7	5	2	1	3	9	4	8	6
6	3	9	5	4	8	7	2	1
8	1	4	7	6	2	9	5	3
9	8	6	3	1	5	2	7	4
5	7	3	2	8	4	1	6	9
2	4	1	9	7	6	5	3	8
1	6	8	4	5	7	3	9	2
3	2	5	6	9	1	8	4	7
4	9	7	8	2	3	6	1	5

165

7	9	2	6	3	5	4	8	1
1	4	3	8	7	9	6	5	2
8	6	5	2	1	4	3	9	7
6	7	8	9	4	2	5	1	3
3	5	9	7	6	1	2	4	8
4	2	1	3	5	8	7	6	9
9	3	7	5	8	6	1	2	4
2	1	6	4	9	7	8	3	5
5	8	4	1	2	3	9	7	6

169

5				7				1
7	8			3				
								5
1								
	6		2		9			
			3	4		5	1	
	5			8	7	4	3	
	9	3	5		1		8	
	2			6				

170

	7		1	5				
		3		8	6	7		
				2		6		4
4				7	3		1	9
				6				8
		5			1			
	6					1	9	3
5		9						6
	8	4						

171

7		3				2		
9		8				4	7	6
					1			
				9	3		6	
1	3	6	7				9	
	9	7		2		5		
	6	9	5			3		
	4			3	7			9

172

	7	4				2	6	
	2			7	8			3
			6					
6	5		3			7		1
		1	7	6		8		
7	9					3		
			8	2		9	1	
2				9				
				4	6			

169

5	3	4	6	7	2	8	9	1
7	8	9	1	3	5	2	6	4
2	1	6	8	9	4	3	7	5
1	4	8	7	5	6	9	2	3
3	6	5	2	1	9	7	4	8
9	7	2	3	4	8	5	1	6
6	5	1	9	8	7	4	3	2
4	9	3	5	2	1	6	8	7
8	2	7	4	6	3	1	5	9

170

6	7	8	1	5	4	9	3	2
2	4	3	9	8	6	7	5	1
9	5	1	3	2	7	6	8	4
4	2	6	8	7	3	5	1	9
1	9	7	4	6	5	3	2	8
8	3	5	2	9	1	4	6	7
7	6	2	5	4	8	1	9	3
5	1	9	7	3	2	8	4	6
3	8	4	6	1	9	2	7	5

171

7	5	3	4	6	9	2	1	8
9	1	8	3	5	2	4	7	6
6	2	4	8	7	1	9	5	3
2	8	5	1	9	3	7	6	4
1	3	6	7	4	5	8	9	2
4	9	7	6	2	8	5	3	1
8	6	9	5	1	4	3	2	7
5	4	1	2	3	7	6	8	9
3	7	2	9	8	6	1	4	5

172

8	7	4	9	3	1	2	6	5
5	2	6	4	7	8	1	9	3
1	3	9	6	5	2	4	7	8
6	5	2	3	8	9	7	4	1
3	4	1	7	6	5	8	2	9
7	9	8	2	1	4	3	5	6
4	6	5	8	2	3	9	1	7
2	1	3	5	9	7	6	8	4
9	8	7	1	4	6	5	3	2

173

		1		7				
4						8	9	
8	3	4	9		5		2	
7		2	8			9		
1		5	7	2				4
	5	7		6				2
						6		8
			5		2	4		

174

5	1			2				
							2	
2	9				7	5	4	6
						4		5
				6			9	2
		7	2	3	9			1
		4				6		7
			1		6			9
1				9				

175

		8	2		1	6	4	
4					6	8	1	7
6	9						2	
8		2					6	
	1		3	5	7		8	
	8		1		9			4
							7	
			7			5	9	

176

5				4		9		
		3			7		8	
	9			1				2
3	7		5					
		9				2		
2		5				6		3
9					1			
		2			9			
1	4	6				5	3	

173

3	7	9	2	8	4	5	6	1
5	8	1	6	7	9	2	4	3
4	2	6	3	5	1	8	9	7
8	3	4	9	1	5	7	2	6
7	6	2	8	4	3	9	1	5
1	9	5	7	2	6	3	8	4
9	5	7	4	6	8	1	3	2
2	4	3	1	9	7	6	5	8
6	1	8	5	3	2	4	7	9

174

5	1	3	6	2	4	9	7	8
7	4	6	9	5	8	1	2	3
2	9	8	3	1	7	5	4	6
6	2	9	8	7	1	4	3	5
3	8	1	4	6	5	7	9	2
4	5	7	2	3	9	8	6	1
9	3	4	5	8	2	6	1	7
8	7	2	1	4	6	3	5	9
1	6	5	7	9	3	2	8	4

175

5	7	8	2	3	1	6	4	9
4	2	3	5	9	6	8	1	7
6	9	1	4	7	8	3	2	5
3	4	7	6	8	2	9	5	1
8	5	2	9	1	4	7	6	3
9	1	6	3	5	7	4	8	2
7	8	5	1	6	9	2	3	4
2	3	9	8	4	5	1	7	6
1	6	4	7	2	3	5	9	8

176

5	2	7	8	4	3	9	6	1
6	1	3	2	9	7	4	8	5
8	9	4	6	1	5	3	7	2
3	7	1	5	2	6	8	9	4
4	6	9	1	3	8	2	5	7
2	8	5	9	7	4	6	1	3
9	3	8	4	5	1	7	2	6
7	5	2	3	6	9	1	4	8
1	4	6	7	8	2	5	3	9

177

	4	8			9		2	
3								
	2							5
		2		7	4	6	3	
				9	5		7	
			6		2			4
					7			
8			5					1
		3	2			8	4	

178

	9					7		
		7	8			3	5	1
				5		8		
4			3	6	1			2
7		3		9				
	1	5				9		
				8		6		3
			1		4			

179

	1			3	6			
2		8	5			9		
7			9					
					7			9
8	7		1					5
		6			4		3	
3	9		6					
					5	1		7
	4					3		

180

				4		2	3	9
2			6				4	
			2					
			4		6			
	9	2		5			8	
	7	4	1	8		3		
1		5						3
4			5					7
	8				1	6		

177

6	4	8	1	5	9	7	2	3
3	7	5	4	2	6	9	1	8
9	2	1	7	3	8	4	6	5
1	5	2	8	7	4	6	3	9
4	8	6	3	9	5	1	7	2
7	3	9	6	1	2	5	8	4
2	1	4	9	8	7	3	5	6
8	6	7	5	4	3	2	9	1
5	9	3	2	6	1	8	4	7

178

3	9	1	5	4	6	7	2	8
6	4	7	8	2	9	3	5	1
5	2	8	7	1	3	4	9	6
1	6	2	4	5	7	8	3	9
4	8	9	3	6	1	5	7	2
7	5	3	2	9	8	1	6	4
8	1	5	6	3	2	9	4	7
2	7	4	9	8	5	6	1	3
9	3	6	1	7	4	2	8	5

179

9	1	5	4	3	6	8	7	2
2	6	8	5	7	1	9	4	3
7	3	4	9	8	2	5	6	1
4	2	3	8	5	7	6	1	9
8	7	9	1	6	3	4	2	5
1	5	6	2	9	4	7	3	8
3	9	7	6	1	8	2	5	4
6	8	2	3	4	5	1	9	7
5	4	1	7	2	9	3	8	6

180

7	1	6	8	4	5	2	3	9
2	5	9	6	3	7	1	4	8
3	4	8	2	1	9	7	6	5
8	3	1	4	9	6	5	7	2
6	9	2	7	5	3	4	8	1
5	7	4	1	8	2	3	9	6
1	6	5	9	7	4	8	2	3
4	2	3	5	6	8	9	1	7
9	8	7	3	2	1	6	5	4

181

					5			4
							3	8
		4	9	7	2			5
7	1		8		6			
	2		7	3		5		
				2	9	4		
	6			5				1
	7							
8		1		9		2		3

182

		3		7		9	4	2
9								
	7	4		5				
		7			5		8	
4				3				9
3	2		9	1		5		
				9		7		4
			8			2		1
			5	4	2			

183

			4	6	1			3
	8			5				
	4		9				6	
	2	4	7	3				
	1		6					4
3					4			
		2		7	9		4	5
		8				7		
5	3							

184

								7
	4	6				1		9
7		8	5	1			6	3
			2					
2		3	9					4
		4		3	5			
		7						6
8		5			4	3		
	3	1		8				

181

1	9	6	3	8	5	7	2	4
2	5	7	1	6	4	9	3	8
3	8	4	9	7	2	1	6	5
7	1	5	8	4	6	3	9	2
4	2	9	7	3	1	5	8	6
6	3	8	5	2	9	4	1	7
9	6	2	4	5	3	8	7	1
5	7	3	2	1	8	6	4	9
8	4	1	6	9	7	2	5	3

182

8	5	3	1	7	6	9	4	2
9	1	2	4	8	3	6	7	5
6	7	4	2	5	9	3	1	8
1	9	7	6	2	5	4	8	3
4	6	5	7	3	8	1	2	9
3	2	8	9	1	4	5	6	7
2	8	6	3	9	1	7	5	4
5	4	9	8	6	7	2	3	1
7	3	1	5	4	2	8	9	6

183

7	5	9	4	6	1	2	8	3
6	8	3	2	5	7	4	1	9
2	4	1	9	8	3	5	6	7
9	2	4	7	3	8	6	5	1
8	1	5	6	9	2	3	7	4
3	7	6	5	1	4	9	2	8
1	6	2	3	7	9	8	4	5
4	9	8	1	2	5	7	3	6
5	3	7	8	4	6	1	9	2

184

3	1	2	4	9	6	5	8	7
5	4	6	3	7	8	1	2	9
7	9	8	5	1	2	4	6	3
1	5	9	2	4	7	6	3	8
2	8	3	9	6	1	7	5	4
6	7	4	8	3	5	9	1	2
9	2	7	1	5	3	8	4	6
8	6	5	7	2	4	3	9	1
4	3	1	6	8	9	2	7	5

185

1						9		
	9	8					2	
		3	8		5		4	
					8	7		5
9						6		
			2				1	9
		2	7	1	9			
					3		7	
4				8	6			1

186

					9	8	7	
	2	8	3	7				
7		9			4	1	2	
2		7		6				
			4	2				
6					8	5		
8			1					5
						7		
	4			8		6	1	

187

6				3				
		2	4				3	5
				1			6	2
	7		9	5				
1				4			8	
9			2	8			7	3
		9	3				1	7
								6
3	8	5						4

188

	5					8		
	8	6		2		9		1
7							5	2
	2			4				
3	1	8			9			4
6							9	
		1		6	3			9
		3	5					
2	9			1	4			

185

1	5	4	3	7	2	9	6	8
7	9	8	6	4	1	5	2	3
6	2	3	8	9	5	1	4	7
2	4	1	9	6	8	7	3	5
9	7	5	1	3	4	6	8	2
3	8	6	2	5	7	4	1	9
8	6	2	7	1	9	3	5	4
5	1	9	4	2	3	8	7	6
4	3	7	5	8	6	2	9	1

186

4	5	3	2	1	9	8	7	6
1	2	8	3	7	6	9	5	4
7	6	9	8	5	4	1	2	3
2	3	7	9	6	5	4	8	1
9	8	5	4	2	1	3	6	7
6	1	4	7	3	8	5	9	2
8	7	6	1	9	3	2	4	5
5	9	1	6	4	2	7	3	8
3	4	2	5	8	7	6	1	9

187

6	4	1	5	3	2	7	9	8
7	9	2	4	6	8	1	3	5
5	3	8	7	1	9	4	6	2
8	7	6	9	5	3	2	4	1
1	2	3	6	4	7	5	8	9
9	5	4	2	8	1	6	7	3
4	6	9	3	2	5	8	1	7
2	1	7	8	9	4	3	5	6
3	8	5	1	7	6	9	2	4

188

1	5	2	9	7	6	8	4	3
4	8	6	3	2	5	9	7	1
7	3	9	4	8	1	6	5	2
9	2	5	1	4	7	3	6	8
3	1	8	6	5	9	7	2	4
6	7	4	2	3	8	1	9	5
5	4	1	7	6	3	2	8	9
8	6	3	5	9	2	4	1	7
2	9	7	8	1	4	5	3	6

189

				2		7	6	
		1				9		
3			9	6	5	8		
2	1						7	
	6				2	5		1
	7			8		3		
				3			4	9
	8		4			2	5	

190

					5	4	7	
5			4			6		
				3		2		
							8	
	8			7	3	5	9	
3	1		2					
			9	2				4
8			6	5		9		1
2	6						5	

191

		5		7			3	
			5	9		7		
	2			1		4		5
2	6						5	
	5		3		9		6	
								9
6	9				1		8	4
			7	6	8			
8						6		3

192

							9	2
4								
			4	8				5
3				1	7	5		
5	4		6		9		7	
	6				3			8
		6	9	3			4	
9	2	4				6		1
1								

192

6	8	3	1	7	5	4	9	2
4	1	5	3	9	2	7	8	6
2	7	9	4	8	6	3	1	5
3	9	2	8	1	7	5	6	4
5	4	8	6	2	9	1	7	3
7	6	1	5	4	3	9	2	8
8	5	6	9	3	1	2	4	7
9	2	4	7	5	8	6	3	1
1	3	7	2	6	4	8	5	9

191

9	4	5	6	7	2	1	3	8
1	8	3	5	9	4	7	2	6
7	2	6	8	1	3	4	9	5
2	6	9	4	8	7	3	5	1
4	5	1	3	2	9	8	6	7
3	7	8	1	5	6	2	4	9
6	9	7	2	3	1	5	8	4
5	3	4	7	6	8	9	1	2
8	1	2	9	4	5	6	7	3

190

6	2	3	8	1	5	4	7	9
5	7	1	4	9	2	6	3	8
9	4	8	7	3	6	2	1	5
7	9	2	5	6	4	1	8	3
4	8	6	1	7	3	5	9	2
3	1	5	2	8	9	7	4	6
1	5	7	9	2	8	3	6	4
8	3	4	6	5	7	9	2	1
2	6	9	3	4	1	8	5	7

189

5	9	8	1	2	3	7	6	4
6	2	1	8	7	4	9	3	5
3	4	7	9	6	5	8	1	2
2	1	5	3	9	6	4	7	8
8	6	3	7	4	2	5	9	1
4	7	9	5	8	1	3	2	6
7	5	2	6	3	8	1	4	9
1	3	4	2	5	9	6	8	7
9	8	6	4	1	7	2	5	3

193

6	7				5			
		9	7	6				
	1			4			7	
					9		5	
3	6				8	4	9	7
		7						8
			5	8	2		1	
		3		1			2	
		6						

194

		7	8					
			5	3				
	5		1		6	9		
		1		9	4			2
	3							6
2		6						
4						3	9	
6	8			1				7
7	2				8	6		

195

		6			9	7	3	
9		7	8	6	3		2	
2	3			7		6	8	
8					5	3		
				2				6
						1		
7		9		3			6	
				5				
						5	4	3

196

5				9		6		2
	4		6	5				1
9		7		2				
4	2				9			
6		8				2	4	9
					4			5
						3	1	8
	7		9					
8	5	3						

193

6	7	8	9	2	5	1	3	4
4	3	9	7	6	1	5	8	2
2	1	5	8	4	3	9	7	6
8	4	2	6	7	9	3	5	1
3	6	1	2	5	8	4	9	7
9	5	7	1	3	4	2	6	8
7	9	4	5	8	2	6	1	3
5	8	3	4	1	6	7	2	9
1	2	6	3	9	7	8	4	5

194

3	9	7	8	4	2	1	6	5
1	6	2	5	3	9	7	8	4
8	5	4	1	7	6	9	2	3
5	7	1	6	9	4	8	3	2
9	3	8	7	2	5	4	1	6
2	4	6	3	8	1	5	7	9
4	1	5	2	6	7	3	9	8
6	8	9	4	1	3	2	5	7
7	2	3	9	5	8	6	4	1

195

5	8	6	2	4	9	7	3	1
9	1	7	8	6	3	4	2	5
2	3	4	5	7	1	6	8	9
8	6	2	9	1	5	3	7	4
1	9	3	4	2	7	8	5	6
4	7	5	3	8	6	1	9	2
7	5	9	1	3	4	2	6	8
3	4	8	6	5	2	9	1	7
6	2	1	7	9	8	5	4	3

196

5	8	1	4	9	3	6	7	2
3	4	2	6	5	7	9	8	1
9	6	7	8	2	1	4	5	3
4	2	5	3	8	9	1	6	7
6	3	8	7	1	5	2	4	9
7	1	9	2	6	4	8	3	5
2	9	4	5	7	6	3	1	8
1	7	6	9	3	8	5	2	4
8	5	3	1	4	2	7	9	6

197

		5						4
6		7	9		8			
							2	9
		9	4					
	1	4	6				5	2
2	5		1				9	3
	3			6		2	8	
			3					
		2				9		6

198

			8	9	5			
2				7		5		
8		1	6					
	6			2	1		8	4
		7					1	
	1		7			2		
	8		2	6	7			
6								
7				4				2

199

			2					6
			3					
	6	2				3	9	
			4	7				
1	5		9					
4		9					8	1
	2		5			1	4	9
5	4					8		3

200

3	2	1		7				4
4			1					8
5					9	3		
						7	1	
7				3		4		
		6		1			3	5
	7		2		6		8	
8		9	3					6

197

1	9	5	2	3	6	8	7	4
6	2	7	9	4	8	3	1	5
4	8	3	7	1	5	6	2	9
3	7	9	4	5	2	1	6	8
8	1	4	6	9	3	7	5	2
2	5	6	1	8	7	4	9	3
9	3	1	5	6	4	2	8	7
7	6	8	3	2	9	5	4	1
5	4	2	8	7	1	9	3	6

198

3	7	4	8	9	5	6	2	1
2	9	6	1	7	4	5	3	8
8	5	1	6	3	2	4	7	9
5	6	3	9	2	1	7	8	4
9	2	7	4	8	6	3	1	5
4	1	8	7	5	3	2	9	6
1	8	5	2	6	7	9	4	3
6	4	2	3	1	9	8	5	7
7	3	9	5	4	8	1	6	2

199

3	7	5	2	9	8	4	1	6
9	1	4	3	6	7	2	5	8
8	6	2	1	4	5	3	9	7
2	8	6	4	7	1	9	3	5
1	5	7	9	8	3	6	2	4
4	3	9	6	5	2	7	8	1
7	2	8	5	3	6	1	4	9
6	9	3	8	1	4	5	7	2
5	4	1	7	2	9	8	6	3

200

3	2	1	8	7	5	6	9	4
4	9	7	1	6	3	2	5	8
5	6	8	4	2	9	3	7	1
2	8	3	6	5	4	7	1	9
7	1	5	9	3	8	4	6	2
9	4	6	7	1	2	8	3	5
1	7	4	2	9	6	5	8	3
8	5	9	3	4	7	1	2	6
6	3	2	5	8	1	9	4	7

201

1							5	
	7		5		6			3
5		4		3		8	6	
8				7				
	9	7	2					
			3			7		6
							7	
	6	5						
		2			8	6	4	5

202

							4	
3			5		7			
	7		8					
				2			9	
2	4			1		3		5
7	9				6			
1					3		6	
		3	4	8		9	1	
	5		6	9	1			

203

	6	1						
7					2			
	2			4	6	9		
				3	1		9	5
5	3						4	
		9		7				
		6		8	9		2	7
8	9							
		7	6			8	5	

204

	9		4			8		6
			3	7				
		8		5				
				4		7		
1	8	3				4	2	
	4	6						1
8				1	5			
	2				7			
5	3			6			1	

201

1	3	6	8	4	2	9	5	7
9	7	8	5	1	6	4	2	3
5	2	4	9	3	7	8	6	1
8	5	3	6	7	4	2	1	9
6	9	7	2	8	1	5	3	4
2	4	1	3	5	9	7	8	6
4	8	9	1	6	5	3	7	2
7	6	5	4	2	3	1	9	8
3	1	2	7	9	8	6	4	5

202

8	6	5	1	3	9	7	4	2
3	1	2	5	4	7	6	8	9
9	7	4	8	6	2	1	5	3
5	3	1	7	2	4	8	9	6
2	4	6	9	1	8	3	7	5
7	9	8	3	5	6	4	2	1
1	8	9	2	7	3	5	6	4
6	2	3	4	8	5	9	1	7
4	5	7	6	9	1	2	3	8

203

9	6	1	8	5	7	4	3	2
7	8	4	3	9	2	5	1	6
3	2	5	1	4	6	9	7	8
4	7	8	2	3	1	6	9	5
5	3	2	9	6	8	7	4	1
6	1	9	5	7	4	2	8	3
1	5	6	4	8	9	3	2	7
8	9	3	7	2	5	1	6	4
2	4	7	6	1	3	8	5	9

204

3	9	7	4	2	1	8	5	6
2	6	5	3	7	8	1	4	9
4	1	8	6	5	9	3	7	2
9	5	2	1	4	3	7	6	8
1	8	3	7	9	6	4	2	5
7	4	6	5	8	2	9	3	1
8	7	4	2	1	5	6	9	3
6	2	1	9	3	7	5	8	4
5	3	9	8	6	4	2	1	7

205

		5			8		3	
	9			2				
8			5				6	
	1		9		7	3		
4			2				7	8
			1	8				
1	8			9	5			
								7
		7		6			8	3

206

								1
	7			8	3	2		
			9	1				
	9	3		6	2		8	5
7	1					6		3
2	5							
5		7					4	
	8			3				
				4	9	3	7	

207

				9			5	
					6	8		7
	4	3				6		
	1	7						5
	8		6		1			
4		5			7		3	
2					9			
			1		3	5		4
1			4				7	

208

2	7		9		1			8
	1		2			9	7	
7		2						
	9				2	7		4
4				6			5	
	5	9	3	4			1	7
			6					
		7				4	8	

205

2	4	5	6	1	8	7	3	9
7	9	6	3	2	4	8	5	1
8	3	1	5	7	9	2	6	4
5	1	8	9	4	7	3	2	6
4	6	9	2	5	3	1	7	8
3	7	2	1	8	6	4	9	5
1	8	3	7	9	5	6	4	2
6	5	4	8	3	2	9	1	7
9	2	7	4	6	1	5	8	3

206

3	4	9	2	5	7	8	6	1
1	7	5	6	8	3	2	9	4
8	6	2	9	1	4	5	3	7
4	9	3	1	6	2	7	8	5
7	1	8	4	9	5	6	2	3
2	5	6	3	7	8	4	1	9
5	3	7	8	2	1	9	4	6
9	8	4	7	3	6	1	5	2
6	2	1	5	4	9	3	7	8

207

8	6	1	7	9	2	4	5	3
5	2	9	3	4	6	8	1	7
7	4	3	5	1	8	6	9	2
6	1	7	9	3	4	2	8	5
3	8	2	6	5	1	7	4	9
4	9	5	2	8	7	1	3	6
2	5	4	8	7	9	3	6	1
9	7	8	1	6	3	5	2	4
1	3	6	4	2	5	9	7	8

208

9	8	6	4	7	3	5	2	1
2	7	3	9	5	1	6	4	8
5	1	4	2	8	6	9	7	3
7	6	2	5	1	4	8	3	9
1	9	5	8	3	2	7	6	4
4	3	8	7	6	9	1	5	2
6	5	9	3	4	8	2	1	7
8	4	1	6	2	7	3	9	5
3	2	7	1	9	5	4	8	6

209

3					1			6
6	5		7	8		1		
	7	9						
		8			2		4	
9	1							2
					8			4
	9			3	6			7
	2	7	9	5			3	

210

			7				9	
						7	3	
		7	5		3			2
	2	1			6			8
				1				4
		8		7				1
	3	2		6			4	
	1	9		5				
7			2	3	8		1	

211

		5	3			1	2	
							6	
		8	6			3	7	
			7				8	
		7			4			
	1	2		6	9	7		
	9			4		2	1	3
7		3			1			
							9	

212

	8	1	2					
	3				7			8
			5					
8			1	3	2		6	
6								3
		2	4		6		7	
				2				
	4					2		
		5	9			4		1

212

5	8	1	2	4	3	6	9	7
2	3	9	6	1	7	5	4	8
4	7	6	5	8	9	3	1	2
8	5	7	1	3	2	9	6	4
6	9	4	8	7	5	1	2	3
3	1	2	4	9	6	8	7	5
1	6	8	3	2	4	7	5	9
9	4	3	7	5	1	2	8	6
7	2	5	9	6	8	4	3	1

211

6	7	5	3	9	8	1	2	4
1	3	9	4	7	2	5	6	8
2	4	8	6	1	5	3	7	9
5	6	4	7	2	3	9	8	1
9	8	7	1	5	4	6	3	2
3	1	2	8	6	9	7	4	5
8	9	6	5	4	7	2	1	3
7	2	3	9	8	1	4	5	6
4	5	1	2	3	6	8	9	7

210

2	5	3	7	8	4	1	9	6
9	8	4	6	2	1	7	3	5
1	6	7	5	9	3	4	8	2
5	2	1	9	4	6	3	7	8
3	7	6	8	1	2	9	5	4
4	9	8	3	7	5	2	6	1
8	3	2	1	6	9	5	4	7
6	1	9	4	5	7	8	2	3
7	4	5	2	3	8	6	1	9

209

3	8	2	4	9	1	5	7	6
6	5	4	7	8	3	1	2	9
1	7	9	6	2	5	4	8	3
2	4	3	5	6	9	7	1	8
7	6	8	3	1	2	9	4	5
9	1	5	8	4	7	3	6	2
5	3	6	1	7	8	2	9	4
4	9	1	2	3	6	8	5	7
8	2	7	9	5	4	6	3	1

213

		8						
	4							
	6		3	1		9		
2	9				5	4		1
6		5				2	9	
		1	8			5	3	2
		6	2				1	9
		9	1	7		6		

214

						3		
	5				6		9	
						4	7	
	9						2	
4	8	5	2			1	6	
3	6					8		9
	7	4	8			9		5
6				5	9			
				7	4	6	8	

215

	4			8				7
	9	3						6
	5						2	
6		5	1	4				2
				2				5
							4	
3				9		2		8
	8		2	5		6		1
			3	6		9		

216

			7	8		3		
			5		9		7	4
							8	
7					8	5	3	
					5			2
	9	1	3	2		7		
	6		2				5	
			1					
	4	9		5				6

216

4	5	6	7	8	2	3	9	1
8	1	2	5	3	9	6	7	4
9	3	7	4	6	1	2	8	5
7	2	4	6	1	8	5	3	9
6	8	3	9	7	5	4	1	2
5	9	1	3	2	4	7	6	8
1	6	8	2	4	3	9	5	7
2	7	5	1	9	6	8	4	3
3	4	9	8	5	7	1	2	6

215

2	4	6	9	8	5	3	1	7
7	9	3	4	1	2	5	8	6
1	5	8	6	3	7	4	2	9
6	7	5	1	4	3	8	9	2
4	3	1	8	2	9	7	6	5
8	2	9	5	7	6	1	4	3
3	6	4	7	9	1	2	5	8
9	8	7	2	5	4	6	3	1
5	1	2	3	6	8	9	7	4

214

9	4	6	7	2	1	3	5	8
8	5	7	4	3	6	2	9	1
2	1	3	9	8	5	4	7	6
7	9	1	6	4	8	5	2	3
4	8	5	2	9	3	1	6	7
3	6	2	5	1	7	8	4	9
1	7	4	8	6	2	9	3	5
6	2	8	3	5	9	7	1	4
5	3	9	1	7	4	6	8	2

213

9	5	8	7	4	6	1	2	3
1	4	3	5	9	2	8	7	6
7	6	2	3	1	8	9	5	4
2	9	7	6	3	5	4	8	1
6	3	5	4	8	1	2	9	7
8	1	4	9	2	7	3	6	5
4	7	1	8	6	9	5	3	2
3	8	6	2	5	4	7	1	9
5	2	9	1	7	3	6	4	8

217

		9					8	
		2			4	6		
5	4		7					2
	9	6					1	
				7		3	9	
				4	1	8	7	
3				5		7	4	
9			4		3			

218

	2							1
		7			4		3	
		9	6				2	8
2			4	9	1			3
		5	3		8		7	
9	8	3	7					
				4		8		
		8			2	6	5	
7			5					

219

						7		9
1				2			4	
	5	4		1	6			
		8			1		3	5
			6					
3	2				5	6	8	
2			5	6	3	9		8
							5	
				8	9		6	

220

			4			7		
8		9	1					
3					9		1	
9							6	
6			3		4	9	7	
7		8	6					
1		3	9	4	6			5
2		6		1				
	9		7					1

217

6	3	9	1	2	5	4	8	7
1	7	2	3	8	4	6	5	9
5	4	8	7	9	6	1	3	2
7	9	6	5	3	8	2	1	4
8	1	4	6	7	2	3	9	5
2	5	3	9	4	1	8	7	6
4	2	5	8	1	7	9	6	3
3	6	1	2	5	9	7	4	8
9	8	7	4	6	3	5	2	1

218

5	2	4	8	3	9	7	6	1
8	6	7	2	1	4	9	3	5
1	3	9	6	5	7	4	2	8
2	7	6	4	9	1	5	8	3
4	1	5	3	6	8	2	7	9
9	8	3	7	2	5	1	4	6
6	5	2	9	4	3	8	1	7
3	9	8	1	7	2	6	5	4
7	4	1	5	8	6	3	9	2

219

8	6	2	3	5	4	7	1	9
1	9	3	8	2	7	5	4	6
7	5	4	9	1	6	8	2	3
6	7	8	2	9	1	4	3	5
4	1	5	6	3	8	2	9	7
3	2	9	7	4	5	6	8	1
2	4	1	5	6	3	9	7	8
9	8	6	1	7	2	3	5	4
5	3	7	4	8	9	1	6	2

220

5	6	1	4	3	2	7	8	9
8	2	9	1	7	5	3	4	6
3	4	7	8	6	9	5	1	2
9	5	4	2	8	7	1	6	3
6	1	2	3	5	4	9	7	8
7	3	8	6	9	1	2	5	4
1	7	3	9	4	6	8	2	5
2	8	6	5	1	3	4	9	7
4	9	5	7	2	8	6	3	1

221

		2	4	8			9	3
8	4	9			5			2
1		3				4		
9			8		3	1		
				2				
				6	7			
			6		9			7
		7				5		1
		6				9	4	

222

	3	6						
	4	9		1		5		8
						2		
	1		7				2	
3	9		4				6	
				3				5
		4			7		8	1
	6	3		2				4
	7		6		8			

223

				1		6		
								2
4	8	7		6	3	1		
3	9				7			1
8				2				5
			3		1			7
					4	5		
	6					2		3
7		8		5				4

224

5				8				
		8		4				6
		1		9			2	3
	8					7	9	4
6					2		1	
1		9	3					
7	6		4			3		5
	4				5	9		

221

6	5	2	4	8	1	7	9	3
8	4	9	7	3	5	6	1	2
1	7	3	2	9	6	4	8	5
9	2	4	8	5	3	1	7	6
7	6	8	1	2	4	3	5	9
5	3	1	9	6	7	8	2	4
4	8	5	6	1	9	2	3	7
2	9	7	3	4	8	5	6	1
3	1	6	5	7	2	9	4	8

222

2	3	6	8	5	4	7	1	9
7	4	9	2	1	6	5	3	8
1	5	8	9	7	3	2	4	6
4	1	5	7	6	9	8	2	3
3	9	2	4	8	5	1	6	7
6	8	7	1	3	2	4	9	5
5	2	4	3	9	7	6	8	1
8	6	3	5	2	1	9	7	4
9	7	1	6	4	8	3	5	2

223

9	2	3	7	1	5	6	4	8
1	5	6	9	4	8	7	3	2
4	8	7	2	6	3	1	5	9
3	9	2	5	8	7	4	6	1
8	7	1	4	2	6	3	9	5
6	4	5	3	9	1	8	2	7
2	1	9	8	3	4	5	7	6
5	6	4	1	7	9	2	8	3
7	3	8	6	5	2	9	1	4

224

5	2	6	1	8	3	4	7	9
3	9	8	2	4	7	1	5	6
4	7	1	5	9	6	8	2	3
2	8	5	6	3	1	7	9	4
9	1	7	8	5	4	6	3	2
6	3	4	9	7	2	5	1	8
1	5	9	3	6	8	2	4	7
7	6	2	4	1	9	3	8	5
8	4	3	7	2	5	9	6	1

225

		3						
	4					9		
2	9		3					7
3		7	6		4	1		9
	1	8				7		
6			1					5
4				6	7			
			2					8
7	6				1			2

226

3					2	9	1	
1	2				7		5	
	6						2	
	8							
			3		5		6	8
2				7	8			
	4			2				
5						3		
6		2	1		9		8	7

227

				9			4	
			4	1			2	8
9						3		7
	5	9					6	1
								2
		2		8	1	7		
	8				4		7	
		4				2		
	7	1			2		8	3

228

6				5		2	1	9
	2		9					8
3				4				
	4	5	6	8	9			
					7	4		
	6				4			
	8		2	6		7		
		7					5	
							9	4

225

5	7	3	4	9	8	2	1	6
8	4	6	7	1	2	9	5	3
2	9	1	3	5	6	8	4	7
3	5	7	6	8	4	1	2	9
9	1	8	5	2	3	7	6	4
6	2	4	1	7	9	3	8	5
4	8	2	9	6	7	5	3	1
1	3	9	2	4	5	6	7	8
7	6	5	8	3	1	4	9	2

226

3	7	4	8	5	2	9	1	6
1	2	9	6	3	7	8	5	4
8	6	5	9	1	4	7	2	3
9	8	3	2	6	1	4	7	5
4	1	7	3	9	5	2	6	8
2	5	6	4	7	8	1	3	9
7	4	8	5	2	3	6	9	1
5	9	1	7	8	6	3	4	2
6	3	2	1	4	9	5	8	7

227

1	2	8	7	9	3	6	4	5
7	6	3	4	1	5	9	2	8
9	4	5	8	2	6	3	1	7
4	5	9	2	3	7	8	6	1
8	1	7	6	4	9	5	3	2
6	3	2	5	8	1	7	9	4
2	8	6	3	5	4	1	7	9
3	9	4	1	7	8	2	5	6
5	7	1	9	6	2	4	8	3

228

6	7	4	8	5	3	2	1	9
5	2	1	9	7	6	3	4	8
3	9	8	1	4	2	5	6	7
7	4	5	6	8	9	1	2	3
9	1	3	5	2	7	4	8	6
8	6	2	3	1	4	9	7	5
4	8	9	2	6	5	7	3	1
1	3	7	4	9	8	6	5	2
2	5	6	7	3	1	8	9	4

229

			5		9			
	1				6			3
	3		1	8				2
5			6				4	
6		1						
	7				8			
	6					9	2	7
					4		6	
7						4		5

230

3	7			2		6	1	
	6	4	8					
2						8		
		6	4	5				
	3				9		7	
	4			6			9	
6			2	9		1	5	
1					5			
		9	7					2

231

		1		7	8		5	
	8			9				
					1	8		4
	4			3	7		2	
9					2		1	8
7				8			4	6
8				6				
	6		8		3	4		1

232

		3				6		5
					7		3	
	6					2	7	
	5	9	4	1		7	8	6
	7					1		
2			7		3	9		
1	4		2			8		9
	8					3		7

229

2	8	6	5	3	9	1	7	4
9	1	7	2	4	6	5	8	3
4	3	5	1	8	7	6	9	2
5	2	8	6	9	3	7	4	1
6	4	1	7	2	5	8	3	9
3	7	9	4	1	8	2	5	6
8	6	4	3	5	1	9	2	7
1	5	2	9	7	4	3	6	8
7	9	3	8	6	2	4	1	5

230

3	7	8	5	2	4	6	1	9
9	6	4	8	3	1	7	2	5
2	1	5	9	7	6	8	4	3
8	9	6	4	5	7	2	3	1
5	3	2	1	8	9	4	7	6
7	4	1	3	6	2	5	9	8
6	8	7	2	9	3	1	5	4
1	2	3	6	4	5	9	8	7
4	5	9	7	1	8	3	6	2

231

6	2	1	4	7	8	9	5	3
4	8	5	3	9	6	1	7	2
3	7	9	2	5	1	8	6	4
1	4	8	6	3	7	5	2	9
9	3	6	5	4	2	7	1	8
7	5	2	1	8	9	3	4	6
8	1	4	9	6	5	2	3	7
2	9	3	7	1	4	6	8	5
5	6	7	8	2	3	4	9	1

232

7	2	3	1	8	4	6	9	5
8	9	5	6	2	7	4	3	1
4	6	1	3	5	9	2	7	8
3	5	9	4	1	2	7	8	6
6	7	4	5	9	8	1	2	3
2	1	8	7	6	3	9	5	4
1	4	7	2	3	5	8	6	9
5	8	2	9	4	6	3	1	7
9	3	6	8	7	1	5	4	2

233

			1			8		
			8	2	4			
6		9						
	1			5		2		6
		8	6			5	3	
		3						4
3				1	7		4	
			5			9		
		1	3					

234

	1		5				6	
		6	3	2	4			8
	2							9
			4			5		
	9							6
		8					3	
1	4	9		6		7		
	8							
6				5	1	2	9	

235

		3			9			2
	2			6		9	4	1
			5				8	
8	5	4						
			9				6	4
		1		4				
			2		5		9	
4	1		3			7		
	9							5

236

7	1	8				4	9	
				7				
9	4		1		2	6		
6		1	3			7		
		3					1	9
		9				5	6	
			5			3		8
				2				
5		7			8		4	

236

7	1	8	6	5	3	4	9	2
3	2	6	4	7	9	1	8	5
9	4	5	1	8	2	6	3	7
6	8	1	3	9	5	7	2	4
4	5	3	2	6	7	8	1	9
2	7	9	8	1	4	5	6	3
1	9	2	5	4	6	3	7	8
8	3	4	7	2	1	9	5	6
5	6	7	9	3	8	2	4	1

235

6	4	3	1	8	9	5	7	2
5	2	8	7	6	3	9	4	1
1	7	9	5	2	4	6	8	3
8	5	4	6	3	7	2	1	9
7	3	2	9	5	1	8	6	4
9	6	1	8	4	2	3	5	7
3	8	7	2	1	5	4	9	6
4	1	5	3	9	6	7	2	8
2	9	6	4	7	8	1	3	5

234

8	1	4	5	7	9	3	6	2
9	7	6	3	2	4	1	5	8
3	2	5	1	8	6	4	7	9
7	6	3	4	9	8	5	2	1
2	9	1	7	3	5	8	4	6
4	5	8	6	1	2	9	3	7
1	4	9	2	6	3	7	8	5
5	8	2	9	4	7	6	1	3
6	3	7	8	5	1	2	9	4

233

2	3	4	1	6	9	8	7	5
1	7	5	8	2	4	3	6	9
6	8	9	7	3	5	4	2	1
9	1	7	4	5	3	2	8	6
4	2	8	6	9	1	5	3	7
5	6	3	2	7	8	1	9	4
3	5	2	9	1	7	6	4	8
7	4	6	5	8	2	9	1	3
8	9	1	3	4	6	7	5	2

237

5					6		1	3
	1					6		
	7							2
		6			9			5
1			8		5			4
9			4	2	3	7		1
4					8	3	9	6
				6		4		

238

	7					2		
2			4			1	9	7
		9						4
	3	1	5		4			
	6		2			8		
	2			3	8		1	
						4		
	5	3	8			6		
			6		9			

239

		7	9		1	4		
				3	8			
		9	4		6		3	
	2		8		7			
			5		3			
		4		1				
7		8				6		2
4				6		5	8	
	1				5	9		

240

4				7		9		
2		8						
		7		2				
3		9		4	8			1
		2	6					4
	6	4	3	5				9
7				6		5		2
		3	9				4	8
								7

237

5	4	2	7	8	6	9	1	3
8	1	9	3	5	2	6	4	7
6	7	3	1	9	4	5	8	2
3	8	6	2	4	9	1	7	5
1	9	7	8	3	5	2	6	4
2	5	4	6	1	7	8	3	9
9	6	8	4	2	3	7	5	1
4	2	1	5	7	8	3	9	6
7	3	5	9	6	1	4	2	8

238

3	7	4	1	9	6	2	5	8
2	8	6	4	5	3	1	9	7
5	1	9	7	8	2	3	6	4
8	3	1	5	6	4	9	7	2
9	6	5	2	1	7	8	4	3
4	2	7	9	3	8	5	1	6
6	9	2	3	7	5	4	8	1
7	5	3	8	4	1	6	2	9
1	4	8	6	2	9	7	3	5

239

2	3	7	9	5	1	4	6	8
1	4	6	2	3	8	7	5	9
5	8	9	4	7	6	2	3	1
3	2	5	8	4	7	1	9	6
9	6	1	5	2	3	8	7	4
8	7	4	6	1	9	3	2	5
7	5	8	3	9	4	6	1	2
4	9	3	1	6	2	5	8	7
6	1	2	7	8	5	9	4	3

240

4	1	5	8	7	6	9	2	3
2	9	8	5	3	4	7	1	6
6	3	7	1	2	9	4	8	5
3	5	9	7	4	8	2	6	1
8	7	2	6	9	1	3	5	4
1	6	4	3	5	2	8	7	9
7	8	1	4	6	3	5	9	2
5	2	3	9	1	7	6	4	8
9	4	6	2	8	5	1	3	7

241

1						6		5
		7		4		2	3	
					3		4	1
		4	8		5			2
	6							4
	2	9						
							9	
	1	5	9			8		6
		8	6				1	

242

4			2	9		3		
2			8			5		
	5	8					2	
8		6		2				
				5		8		
		4					1	6
					7			8
		9		8				
1		5	4	6	2			9

243

1		2		3				
6				5			9	2
	9							8
				9	2		7	
9			8					
4		1						
						8		6
		6		8	5	2		7
	4	7			1			9

244

			9	7				
5		7			2			6
					8	1		7
8			4				1	5
4		5						
6			8					2
9		2						1
	3		2		5			
			3	1		6	2	

241

1	4	3	7	2	9	6	8	5
6	5	7	1	4	8	2	3	9
9	8	2	5	6	3	7	4	1
3	7	4	8	9	5	1	6	2
8	6	1	3	7	2	9	5	4
5	2	9	4	1	6	3	7	8
4	3	6	2	8	1	5	9	7
7	1	5	9	3	4	8	2	6
2	9	8	6	5	7	4	1	3

242

4	6	7	2	9	5	3	8	1
2	1	3	8	4	6	5	9	7
9	5	8	7	1	3	6	2	4
8	3	6	1	2	4	9	7	5
7	2	1	6	5	9	8	4	3
5	9	4	3	7	8	2	1	6
6	4	2	9	3	7	1	5	8
3	7	9	5	8	1	4	6	2
1	8	5	4	6	2	7	3	9

243

1	8	2	7	3	9	5	6	4
6	3	4	1	5	8	7	9	2
7	9	5	2	4	6	1	3	8
5	6	8	3	9	2	4	7	1
9	7	3	8	1	4	6	2	5
4	2	1	5	6	7	9	8	3
2	5	9	4	7	3	8	1	6
3	1	6	9	8	5	2	4	7
8	4	7	6	2	1	3	5	9

244

3	8	1	9	7	6	2	5	4
5	9	7	1	4	2	3	8	6
2	6	4	5	3	8	1	9	7
8	2	9	4	6	3	7	1	5
4	1	5	7	2	9	8	6	3
6	7	3	8	5	1	9	4	2
9	4	2	6	8	7	5	3	1
1	3	6	2	9	5	4	7	8
7	5	8	3	1	4	6	2	9

245

	7	5	1	8				
1				3	5		9	4
	8		2					1
				2	7		8	
	5			6		2	4	
	1			5				
5		3						2
	2		5	7			6	

246

			7					3
		3			5	9		
7	1	4	3		8			
		8	4		2	5		
		7						6
		6	5			2	1	
				5	7			
		2				7		4
							3	2

247

				7	6			8
3			9			6		
	9		4		8			1
9		7	3					
	4			6		3		5
					4	8	2	
5					3			
		8		4			6	
				1				

248

		3	5			8		4
			3					
	8			1			9	
		7					1	
			4					5
		6	9			2		
			1	2				6
8	2		6		5		4	
3		5	8				2	

245

4	7	5	1	8	9	6	2	3
1	6	2	7	3	5	8	9	4
3	8	9	2	4	6	5	7	1
6	3	4	9	2	7	1	8	5
9	5	8	3	6	1	2	4	7
2	1	7	8	5	4	9	3	6
7	9	6	4	1	2	3	5	8
5	4	3	6	9	8	7	1	2
8	2	1	5	7	3	4	6	9

246

5	6	9	7	2	1	4	8	3
8	2	3	6	4	5	9	7	1
7	1	4	3	9	8	6	2	5
1	3	8	4	6	2	5	9	7
2	5	7	8	1	9	3	4	6
4	9	6	5	7	3	2	1	8
3	4	1	2	5	7	8	6	9
9	8	2	1	3	6	7	5	4
6	7	5	9	8	4	1	3	2

247

4	1	5	2	7	6	9	3	8
3	8	2	9	5	1	6	7	4
7	9	6	4	3	8	2	5	1
9	2	7	3	8	5	4	1	6
8	4	1	7	6	2	3	9	5
6	5	3	1	9	4	8	2	7
5	7	4	6	2	3	1	8	9
1	3	8	5	4	9	7	6	2
2	6	9	8	1	7	5	4	3

248

1	9	3	5	6	2	8	7	4
6	7	4	3	9	8	1	5	2
5	8	2	7	1	4	6	9	3
9	3	7	2	5	6	4	1	8
2	1	8	4	3	7	9	6	5
4	5	6	9	8	1	2	3	7
7	4	9	1	2	3	5	8	6
8	2	1	6	7	5	3	4	9
3	6	5	8	4	9	7	2	1

249

6					1		8	
			4			3		1
				7	3	9		
9	3				4			
1			9	5	7			
				3				8
	9		5	2				
	2			1		8		4
5						7		

250

			7			2	9	6
			8	9			1	
9			3		6	4		
7		8		6		5		
	1					3	4	
							5	4
5	9				8	1		
	4	1		2	3			

251

	8	3		5			7	
7	9		1					
			7	8			2	
3			5		7	9		8
8							5	
6			9				1	
	3	4	6					
								5
2		6			5	1		

252

			5		2	6	7	
	7		1	4				
		3	8			5		
	1					8	5	6
5	2	7	4				3	
			9			4		
9				2				
				1				5
7	6	8						

249

6	4	3	2	9	1	5	8	7
2	7	9	4	8	5	3	6	1
8	5	1	6	7	3	9	4	2
9	3	2	8	6	4	1	7	5
1	8	4	9	5	7	2	3	6
7	6	5	1	3	2	4	9	8
4	9	7	5	2	8	6	1	3
3	2	6	7	1	9	8	5	4
5	1	8	3	4	6	7	2	9

250

1	8	3	7	5	4	2	9	6
4	6	5	8	9	2	7	1	3
9	7	2	3	1	6	4	8	5
2	5	4	1	3	7	9	6	8
7	3	8	4	6	9	5	2	1
6	1	9	2	8	5	3	4	7
3	2	6	9	7	1	8	5	4
5	9	7	6	4	8	1	3	2
8	4	1	5	2	3	6	7	9

251

1	8	3	2	5	6	4	7	9
7	9	2	1	3	4	5	8	6
4	6	5	7	8	9	3	2	1
3	2	1	5	6	7	9	4	8
8	4	9	3	1	2	6	5	7
6	5	7	9	4	8	2	1	3
5	3	4	6	7	1	8	9	2
9	1	8	4	2	3	7	6	5
2	7	6	8	9	5	1	3	4

252

1	8	4	5	3	2	6	7	9
6	7	5	1	4	9	2	8	3
2	9	3	8	6	7	5	1	4
4	1	9	2	7	3	8	5	6
5	2	7	4	8	6	9	3	1
8	3	6	9	5	1	4	2	7
9	5	1	7	2	4	3	6	8
3	4	2	6	1	8	7	9	5
7	6	8	3	9	5	1	4	2

253

				1	7			
6	4							
	9	7		5			6	
							4	5
			9	2				
		2			8		9	1
8	6			9	1			
			2	8		9	5	6
2				6			1	

254

					7	8		
	4	6	9					
		8			1			2
	3	4	6				5	
		7	3			6		
				1	4			
2			5			7		
				9		2	3	1

255

8		5		4	6			
			1			5		
	4	1			3		6	
		7	3			9		
	1						2	
			9	2		6		
5		4	2		8			
				5		3		
		6		1		2		8

256

			8					
					7			6
		6		5		7	2	1
3	1			4			7	
	8	4		7	3		1	
5	2				1	4		
				6				4
	6		4				8	
4		1			8	3		

253

5	2	8	6	1	7	4	3	9
6	4	1	8	3	9	5	7	2
3	9	7	4	5	2	1	6	8
9	8	3	1	7	6	2	4	5
4	1	6	9	2	5	7	8	3
7	5	2	3	4	8	6	9	1
8	6	5	7	9	1	3	2	4
1	7	4	2	8	3	9	5	6
2	3	9	5	6	4	8	1	7

254

9	5	2	1	4	7	8	6	3
7	1	3	8	2	6	4	9	5
8	4	6	9	3	5	1	2	7
6	9	8	4	5	1	3	7	2
1	3	4	6	7	2	9	5	8
5	2	7	3	8	9	6	1	4
3	7	9	2	1	4	5	8	6
2	8	1	5	6	3	7	4	9
4	6	5	7	9	8	2	3	1

255

8	2	5	7	4	6	1	3	9
9	6	3	1	8	2	5	4	7
7	4	1	5	9	3	8	6	2
2	5	7	3	6	4	9	8	1
6	1	9	8	7	5	4	2	3
4	3	8	9	2	1	6	7	5
5	9	4	2	3	8	7	1	6
1	8	2	6	5	7	3	9	4
3	7	6	4	1	9	2	5	8

256

2	7	3	8	1	6	9	4	5
1	4	5	2	9	7	8	3	6
8	9	6	3	5	4	7	2	1
3	1	9	5	4	2	6	7	8
6	8	4	9	7	3	5	1	2
5	2	7	6	8	1	4	9	3
7	3	8	1	6	9	2	5	4
9	6	2	4	3	5	1	8	7
4	5	1	7	2	8	3	6	9

257

			1			9		3
				6				
1		6			9		2	
			2		1		3	
5						8		2
	6				3	5	9	7
	4	3			8		7	
8	7			9				
6		5	7		4			

258

			1		6	9		
	4		9			5	2	
				8		3		
	1	6						
4				5				9
5								7
		7			3	1	6	
	2					7	8	
		1	7			2		5

259

	7	4				6	1	
	6			8	1		4	
9								2
	1	7		4	6	2	9	
				9			5	
	2	9	7				8	
		2	1			5		
1								9
				7	9			

260

6		8		4			1	7
	3	9			5			
7			9			5	6	
		3		2	8	7	9	
		7						
	4			7	9		5	6
							2	
		5				8		1
9								

257

4	5	7	1	8	2	9	6	3
3	2	9	4	6	7	1	5	8
1	8	6	5	3	9	7	2	4
7	9	8	2	5	1	4	3	6
5	3	4	9	7	6	8	1	2
2	6	1	8	4	3	5	9	7
9	4	3	6	1	8	2	7	5
8	7	2	3	9	5	6	4	1
6	1	5	7	2	4	3	8	9

258

2	3	5	1	4	6	9	7	8
1	4	8	9	3	7	5	2	6
7	6	9	2	8	5	3	4	1
8	1	6	3	7	9	4	5	2
4	7	3	6	5	2	8	1	9
5	9	2	4	1	8	6	3	7
9	5	7	8	2	3	1	6	4
6	2	4	5	9	1	7	8	3
3	8	1	7	6	4	2	9	5

259

8	7	4	9	2	3	6	1	5
2	6	3	5	8	1	9	4	7
9	5	1	4	6	7	8	3	2
5	1	7	8	4	6	2	9	3
6	4	8	3	9	2	7	5	1
3	2	9	7	1	5	4	8	6
7	9	2	1	3	8	5	6	4
1	8	6	2	5	4	3	7	9
4	3	5	6	7	9	1	2	8

260

6	5	8	2	4	3	9	1	7
1	3	9	7	6	5	4	8	2
7	2	4	9	8	1	5	6	3
5	6	3	1	2	8	7	9	4
2	9	7	4	5	6	1	3	8
8	4	1	3	7	9	2	5	6
4	8	6	5	1	7	3	2	9
3	7	5	6	9	2	8	4	1
9	1	2	8	3	4	6	7	5

261

				3				
	4	1	8			2		
	5		7		9			
	6			7				
4		7		5		8	2	
					4	3	9	
						5		
3		2		1				
	9		4				8	

262

		2	3		8			
		1			4			
		4	9				5	8
5			6	8		4		
			1		9	5		7
	4							
4	3		5	6				9
	8					2		6
				9			4	

263

		9			8		1	
3	8		1	5				4
2			7			8	3	
	2							7
		7		1				
		4					9	
			9		3	6		8
								1
	9		8	7				2

264

		6	8					4
5		3			1			
		9		2		8		
			6			2		
		4					6	8
	6	2		7				
2			1		6	9		
	1			3			8	
					2	3		

261

6	8	9	1	3	2	7	4	5
7	4	1	8	6	5	2	3	9
2	5	3	7	4	9	6	1	8
9	6	8	2	7	3	4	5	1
4	3	7	9	5	1	8	2	6
1	2	5	6	8	4	3	9	7
8	1	4	3	9	6	5	7	2
3	7	2	5	1	8	9	6	4
5	9	6	4	2	7	1	8	3

262

6	5	2	3	1	8	9	7	4
8	9	1	7	5	4	3	6	2
3	7	4	9	2	6	1	5	8
5	1	9	6	8	7	4	2	3
2	6	3	1	4	9	5	8	7
7	4	8	2	3	5	6	9	1
4	3	7	5	6	2	8	1	9
9	8	5	4	7	1	2	3	6
1	2	6	8	9	3	7	4	5

263

7	4	9	2	3	8	5	1	6
3	8	6	1	5	9	7	2	4
2	5	1	7	6	4	8	3	9
8	2	3	4	9	5	1	6	7
9	6	7	3	1	2	4	8	5
5	1	4	6	8	7	2	9	3
1	7	2	9	4	3	6	5	8
4	3	8	5	2	6	9	7	1
6	9	5	8	7	1	3	4	2

264

7	2	6	8	5	9	1	3	4
5	8	3	4	6	1	7	2	9
1	4	9	3	2	7	8	5	6
8	5	1	6	9	4	2	7	3
9	7	4	2	1	3	5	6	8
3	6	2	5	7	8	4	9	1
2	3	5	1	8	6	9	4	7
4	1	7	9	3	5	6	8	2
6	9	8	7	4	2	3	1	5

265

			6		9		5	
		3				1	7	
5								6
					4	8		7
4					7		6	
	5							
3							1	
		6		9	8			3
8		1	3					4

266

9			6	7		4		3
					1	8	7	
	7		4					2
		4						
			2	1	4			
8	5				7			
7	4		9				8	5
5		2						
					6		2	

267

7					4			
	4	5	6			1		7
					1	2		
8	3		7		6			
		9				4		1
	6		9		5			
	5	6			8			2
		7	5		2			6
	1			6				

268

		4					1	9
6			3		1		7	8
9							2	
			7		8		6	
8			1	2				
	3	2			6	9		
2	9					7		
	5	8				2		
3				6				

265

1	8	4	6	7	9	3	5	2
2	6	3	4	8	5	1	7	9
5	7	9	2	3	1	4	8	6
9	1	2	5	6	4	8	3	7
4	3	8	9	1	7	2	6	5
6	5	7	8	2	3	9	4	1
3	9	5	7	4	2	6	1	8
7	4	6	1	9	8	5	2	3
8	2	1	3	5	6	7	9	4

266

9	8	5	6	7	2	4	1	3
4	2	6	5	3	1	8	7	9
1	7	3	4	8	9	5	6	2
2	1	4	8	9	5	7	3	6
6	3	7	2	1	4	9	5	8
8	5	9	3	6	7	2	4	1
7	4	1	9	2	3	6	8	5
5	6	2	1	4	8	3	9	7
3	9	8	7	5	6	1	2	4

267

7	2	1	8	5	4	6	3	9
3	4	5	6	2	9	1	8	7
6	9	8	3	7	1	2	5	4
8	3	4	7	1	6	9	2	5
5	7	9	2	8	3	4	6	1
1	6	2	9	4	5	8	7	3
9	5	6	1	3	8	7	4	2
4	8	7	5	9	2	3	1	6
2	1	3	4	6	7	5	9	8

268

7	8	4	6	5	2	3	1	9
6	2	5	3	9	1	4	7	8
9	1	3	8	7	4	6	2	5
5	4	9	7	3	8	1	6	2
8	6	7	1	2	9	5	4	3
1	3	2	5	4	6	9	8	7
2	9	6	4	8	3	7	5	1
4	5	8	9	1	7	2	3	6
3	7	1	2	6	5	8	9	4

269

1				3	5	4		
			1	2		9	6	
6					7		1	5
		8			1			9
	7							8
3			5			7		
			4					2
5					9	6		
				6		8		

270

				6		3	8	
4			5			9		
1		8	3		4			6
	5			4				
7		4			1			
	6		2					7
			8	3				9
	8	2			9	5		
3	4							

271

6			8	7		4		5
	7			6				3
		3			6	1		
				2		3		
			3	4				2
		8	9				5	1
5	1			8	4	9		
9			5	1		6		4

272

				7				
5		7		2				
			5			9		6
	5	1			4		8	
	6							7
				3			6	
		5						2
3			8			6		4
	8	4	9	6	1	7		

272

8	3	6	4	7	9	5	2	1
5	9	7	1	2	6	3	4	8
1	4	2	5	8	3	9	7	6
7	5	1	6	9	4	2	8	3
9	6	3	2	1	8	4	5	7
4	2	8	7	3	5	1	6	9
6	1	5	3	4	7	8	9	2
3	7	9	8	5	2	6	1	4
2	8	4	9	6	1	7	3	5

271

6	2	9	8	7	3	4	1	5
1	7	5	4	6	9	8	2	3
3	8	4	2	5	1	7	9	6
2	5	3	7	9	6	1	4	8
8	4	6	1	2	5	3	7	9
7	9	1	3	4	8	5	6	2
4	6	8	9	3	7	2	5	1
5	1	2	6	8	4	9	3	7
9	3	7	5	1	2	6	8	4

270

2	9	5	1	6	7	3	8	4
4	3	6	5	2	8	9	7	1
1	7	8	3	9	4	2	5	6
8	5	3	7	4	6	1	9	2
7	2	4	9	8	1	6	3	5
9	6	1	2	5	3	8	4	7
5	1	7	8	3	2	4	6	9
6	8	2	4	7	9	5	1	3
3	4	9	6	1	5	7	2	8

269

1	2	9	6	3	5	4	8	7
8	5	7	1	2	4	9	6	3
6	3	4	8	9	7	2	1	5
4	6	8	3	7	1	5	2	9
2	7	5	9	4	6	1	3	8
3	9	1	5	8	2	7	4	6
7	1	6	4	5	8	3	9	2
5	8	3	2	1	9	6	7	4
9	4	2	7	6	3	8	5	1

273

				6			3	
		7		4		2		1
4			8			7		
						9	6	7
		5		3		1	4	
		4	1					2
2		3				8		
		8	2		1			
					4			

274

	8		7				3	
					3			
	3			8		4		
3					7			9
9	7		4			1		
5			1	9				3
			5	6			2	4
					2			
		2	8				9	5

275

4		9	1		8			
		2		3		1		
		3	2	7	6			4
		7	6				8	
8			4			3		5
		1		8	9			
6	1						5	2
3								6

276

			7		4			
		1	3			2		
	6			2			4	9
4			8	1	6			2
2							3	
		6						
1						6		
	7			5		8		
5	8	2			1			7

273

8	1	9	7	6	2	4	3	5
6	3	7	5	4	9	2	8	1
4	5	2	8	1	3	7	9	6
3	8	1	4	2	5	9	6	7
7	2	5	9	3	6	1	4	8
9	6	4	1	7	8	3	5	2
2	9	3	6	5	7	8	1	4
5	4	8	2	9	1	6	7	3
1	7	6	3	8	4	5	2	9

274

1	8	9	7	5	4	2	3	6
6	5	4	2	1	3	9	7	8
2	3	7	9	8	6	4	5	1
3	4	1	6	2	7	5	8	9
9	7	8	4	3	5	1	6	2
5	2	6	1	9	8	7	4	3
7	1	3	5	6	9	8	2	4
8	9	5	3	4	2	6	1	7
4	6	2	8	7	1	3	9	5

275

4	6	9	1	5	8	2	7	3
7	5	2	9	3	4	1	6	8
1	8	3	2	7	6	5	9	4
2	3	7	6	1	5	4	8	9
8	9	6	4	2	7	3	1	5
5	4	1	3	8	9	6	2	7
9	7	4	5	6	2	8	3	1
6	1	8	7	4	3	9	5	2
3	2	5	8	9	1	7	4	6

276

8	2	5	7	9	4	1	6	3
9	4	1	3	6	5	2	7	8
3	6	7	1	2	8	5	4	9
4	9	3	8	1	6	7	5	2
2	1	8	5	7	9	4	3	6
7	5	6	4	3	2	9	8	1
1	3	4	9	8	7	6	2	5
6	7	9	2	5	3	8	1	4
5	8	2	6	4	1	3	9	7

277

3			8					
		4	1	2	6	8		
	9			3				
	4	7	6					2
6	5						3	7
				9			8	
2				6		3		4
					4			
	6			5				

278

8	7							
						2	3	
3		5	2		9			
6			8		4			
	9							
5	3			2			7	6
1			7	4		3	2	5
	8			5		9	1	
								4

279

7		3	8	5			2	
	2							
5	6				2		7	
	3		1	9			5	
9						7	3	
4						9		1
	1			8		6		2
	8							
			2		5		9	

280

				1	2			
	8	3						
			6			9		8
		9		2			7	
4								1
			5	8	9	2		4
2	3			4				9
			1		8			5
	1					3	8	

277

3	2	1	8	7	9	6	4	5
5	7	4	1	2	6	8	9	3
8	9	6	4	3	5	7	2	1
9	4	7	6	8	3	5	1	2
6	5	8	2	4	1	9	3	7
1	3	2	5	9	7	4	8	6
2	1	9	7	6	8	3	5	4
7	8	5	3	1	4	2	6	9
4	6	3	9	5	2	1	7	8

278

8	7	2	4	1	3	6	5	9
9	4	6	5	8	7	2	3	1
3	1	5	2	6	9	7	4	8
6	2	1	8	7	4	5	9	3
4	9	7	6	3	5	1	8	2
5	3	8	9	2	1	4	7	6
1	6	9	7	4	8	3	2	5
2	8	4	3	5	6	9	1	7
7	5	3	1	9	2	8	6	4

279

7	9	3	8	5	1	4	2	6
1	2	4	9	7	6	3	8	5
5	6	8	3	4	2	1	7	9
8	3	6	1	9	7	2	5	4
9	5	1	6	2	4	7	3	8
4	7	2	5	3	8	9	6	1
3	1	5	7	8	9	6	4	2
2	8	9	4	6	3	5	1	7
6	4	7	2	1	5	8	9	3

280

9	4	5	8	1	2	7	3	6
6	8	3	9	7	4	1	5	2
1	2	7	6	5	3	9	4	8
8	6	9	4	2	1	5	7	3
4	5	2	3	6	7	8	9	1
3	7	1	5	8	9	2	6	4
2	3	8	7	4	5	6	1	9
7	9	6	1	3	8	4	2	5
5	1	4	2	9	6	3	8	7

281

	6	9	3					
3	7			1		8		4
8				2	4		6	3
5	1					3		9
				7		4	5	6
		6		3	2		8	
1					3	6		
			7	5				
							3	5

282

			4	7	8		1	2
		8	9			4	7	
	7			6				3
							3	
		4	2	8				
	1				7			
		3	8	2				7
		7			6			
			7	4	3	6	5	1

283

5			8	9			2	
					5			6
4		3						
7	4			8				
				5	4		9	
		5						
2	9			1	8			4
			7					1
			2	4		6	8	

284

	2	9						
1	6		9	3				
5			1					
	1	7	6	8		5	2	
3	9		7			6		
	5				1	7	3	4
7	4							
		1			5			7
9				7			4	

284

8	2	9	5	4	6	3	7	1
1	6	4	9	3	7	8	5	2
5	7	3	1	2	8	4	9	6
4	1	7	6	8	3	5	2	9
3	9	2	7	5	4	6	1	8
6	5	8	2	9	1	7	3	4
7	4	5	8	1	9	2	6	3
2	3	1	4	6	5	9	8	7
9	8	6	3	7	2	1	4	5

283

5	6	1	8	9	7	4	2	3
9	7	2	4	3	5	8	1	6
4	8	3	1	2	6	9	7	5
7	4	9	3	8	1	5	6	2
3	2	8	6	5	4	1	9	7
6	1	5	9	7	2	3	4	8
2	9	6	5	1	8	7	3	4
8	3	4	7	6	9	2	5	1
1	5	7	2	4	3	6	8	9

282

3	9	6	4	7	8	5	1	2
2	5	8	9	3	1	4	7	6
4	7	1	5	6	2	8	9	3
8	2	5	6	1	4	7	3	9
7	3	4	2	8	9	1	6	5
6	1	9	3	5	7	2	8	4
1	6	3	8	2	5	9	4	7
5	4	7	1	9	6	3	2	8
9	8	2	7	4	3	6	5	1

281

4	6	9	3	8	7	5	1	2
3	7	2	6	1	5	8	9	4
8	5	1	9	2	4	7	6	3
5	1	7	8	4	6	3	2	9
2	3	8	1	7	9	4	5	6
9	4	6	5	3	2	1	8	7
1	2	5	4	9	3	6	7	8
6	9	3	7	5	8	2	4	1
7	8	4	2	6	1	9	3	5

285

		1	5		7	8		
7								1
4	5							
							7	2
5			1	2			3	
		9		6		4		
	9	6					2	
			8			1		
1				4	2			3

286

	1		5	9		6		7
								1
4	6		8			5	2	
9	4	8	7					
	3	1	2			8		
	7		9		5			
1			3		9		5	
				5		3		2
		7					9	

287

		9	5					
6		5				1		2
			4	6			5	
				9		8		6
		3		8	4		1	
				5			4	
	3	1		7				
5					3		8	
	2				1	7		

288

6				3			5	
		8						
	7	5			6		4	3
			9	8	4	6		
8					2	1		4
		7	6					
	4							1
3				2			6	7
			4	6				

285

9	2	1	5	3	7	8	4	6
7	6	3	4	9	8	2	5	1
4	5	8	2	1	6	3	9	7
6	1	4	9	8	3	5	7	2
5	8	7	1	2	4	6	3	9
2	3	9	7	6	5	4	1	8
8	9	6	3	5	1	7	2	4
3	4	2	8	7	9	1	6	5
1	7	5	6	4	2	9	8	3

286

2	1	3	5	9	4	6	8	7
7	8	5	6	3	2	9	4	1
4	6	9	8	7	1	5	2	3
9	4	8	7	1	3	2	6	5
5	3	1	2	4	6	8	7	9
6	7	2	9	8	5	1	3	4
1	2	4	3	6	9	7	5	8
8	9	6	4	5	7	3	1	2
3	5	7	1	2	8	4	9	6

287

3	8	9	5	1	2	6	7	4
6	4	5	7	3	8	1	9	2
7	1	2	4	6	9	3	5	8
1	5	4	3	9	7	8	2	6
9	6	3	2	8	4	5	1	7
2	7	8	1	5	6	9	4	3
4	3	1	8	7	5	2	6	9
5	9	7	6	2	3	4	8	1
8	2	6	9	4	1	7	3	5

288

6	1	4	8	3	7	2	5	9
9	3	8	2	4	5	7	1	6
2	7	5	1	9	6	8	4	3
1	5	3	9	8	4	6	7	2
8	6	9	7	5	2	1	3	4
4	2	7	6	1	3	5	9	8
5	4	6	3	7	8	9	2	1
3	8	1	5	2	9	4	6	7
7	9	2	4	6	1	3	8	5

289

	8	1						7
						1	6	
4								9
		6	7			4		
5		7						1
		9	2	5		3		
		2	9	1		7		4
			5	3				
1	6				7			

290

	3			5	6	9	7	
		2			7			
	6							
						1	9	
	5	1						6
4	9		1			7	5	2
			5		3	4		9
						6	3	
2		3	6					7

291

		8				7		
	5	3		2			8	
6						3		
		7		9	5			1
1	4							8
	8	5	2		1			
7	3			6			1	
						8	6	
8					3	4		

292

8			4		3			
	5							
2		3						4
				2			3	1
6				9				
	1							2
	4		2		1	8		
					6	4	5	9
	7			3		1		

289

6	8	1	3	9	2	5	4	7
9	2	3	4	7	5	1	6	8
4	7	5	1	6	8	2	3	9
2	1	6	7	8	3	4	9	5
5	3	7	6	4	9	8	2	1
8	4	9	2	5	1	3	7	6
3	5	2	9	1	6	7	8	4
7	9	8	5	3	4	6	1	2
1	6	4	8	2	7	9	5	3

290

1	3	4	2	5	6	9	7	8
5	8	2	9	1	7	3	6	4
7	6	9	3	8	4	2	1	5
8	2	7	4	6	5	1	9	3
3	5	1	7	2	9	8	4	6
4	9	6	1	3	8	7	5	2
6	1	8	5	7	3	4	2	9
9	7	5	8	4	2	6	3	1
2	4	3	6	9	1	5	8	7

291

2	1	8	3	5	6	7	9	4
4	5	3	7	2	9	1	8	6
6	7	9	1	8	4	3	2	5
3	6	7	8	9	5	2	4	1
1	4	2	6	3	7	9	5	8
9	8	5	2	4	1	6	3	7
7	3	4	9	6	8	5	1	2
5	9	1	4	7	2	8	6	3
8	2	6	5	1	3	4	7	9

292

8	9	7	4	1	3	2	6	5
1	5	4	7	6	2	3	9	8
2	6	3	5	8	9	7	1	4
4	8	5	6	2	7	9	3	1
6	3	2	1	9	8	5	4	7
7	1	9	3	4	5	6	8	2
9	4	6	2	5	1	8	7	3
3	2	1	8	7	6	4	5	9
5	7	8	9	3	4	1	2	6

293

			2		1	9	4	
				7				
4	2		3			5		6
6						1		5
2		3	5		4		6	
5		8		9				7
	6	2			8		5	
				2			9	
		7			6			

294

				8		1		4
4				3	6		2	
8			1					3
					3			
7				6	9		1	
5					4		8	6
6	3		4	9				
		8		2				
2	1		6					7

295

2								5
		5				1	3	7
			4		1			
3	2		7			9		
	5	4				3		6
		9			3	5		
			1	8				
1	8	2	5					4
				2	9			

296

	4		3	9		2	8	
						1		
8					2			
		5		3	8	7	4	
		8		7			1	2
	3	4		6			5	
1				2	5	4	3	
		3						8
						9		

293

7	3	5	2	6	1	9	4	8
9	8	6	4	7	5	3	1	2
4	2	1	3	8	9	5	7	6
6	4	9	8	3	7	1	2	5
2	7	3	5	1	4	8	6	9
5	1	8	6	9	2	4	3	7
1	6	2	9	4	8	7	5	3
8	5	4	7	2	3	6	9	1
3	9	7	1	5	6	2	8	4

294

3	6	5	7	8	2	1	9	4
4	7	1	9	3	6	5	2	8
8	2	9	1	4	5	6	7	3
1	8	6	5	7	3	2	4	9
7	4	2	8	6	9	3	1	5
5	9	3	2	1	4	7	8	6
6	3	7	4	9	1	8	5	2
9	5	8	3	2	7	4	6	1
2	1	4	6	5	8	9	3	7

295

2	9	1	3	7	6	4	8	5
4	6	5	8	9	2	1	3	7
8	7	3	4	5	1	2	6	9
3	2	8	7	6	5	9	4	1
7	5	4	9	1	8	3	2	6
6	1	9	2	4	3	5	7	8
9	3	6	1	8	4	7	5	2
1	8	2	5	3	7	6	9	4
5	4	7	6	2	9	8	1	3

296

6	4	1	3	9	7	2	8	5
3	9	2	8	5	6	1	7	4
8	5	7	1	4	2	6	9	3
2	1	5	9	3	8	7	4	6
9	6	8	5	7	4	3	1	2
7	3	4	2	6	1	8	5	9
1	8	9	6	2	5	4	3	7
4	2	3	7	1	9	5	6	8
5	7	6	4	8	3	9	2	1

297

1		6	3	4	8		9	
2							7	8
			1				6	
3								6
			8	3				1
	5	1		9	2			
			9	8				4
4			2		1		8	9
	2		4					

298

1			8		3	5		
6						4		
8							3	
4		9				6	7	
	7				5			
	6			4		8		
				3	6			
		6	7	2	1			8
3	2	1						6

299

	5	7					4	9
	9		4		7	5	2	
	1							
			3				6	
	7	4	6					8
8		6			9			7
9		1	7		4			
					3		8	
							7	4

300

						2	3	
		4	2			6		7
6				7		1	4	5
					2		5	1
	2		7		4	8		
			1	6		4	2	
	5			9				
1			6		3			2
4								

297

1	7	6	3	4	8	5	9	2
2	3	4	5	6	9	1	7	8
5	8	9	1	2	7	4	6	3
3	9	2	7	1	4	8	5	6
6	4	7	8	3	5	9	2	1
8	5	1	6	9	2	3	4	7
7	1	5	9	8	6	2	3	4
4	6	3	2	5	1	7	8	9
9	2	8	4	7	3	6	1	5

298

1	9	4	8	7	3	5	6	2
6	3	2	5	1	9	4	8	7
8	5	7	2	6	4	9	3	1
4	1	9	3	8	2	6	7	5
2	7	8	6	9	5	1	4	3
5	6	3	1	4	7	8	2	9
7	8	5	9	3	6	2	1	4
9	4	6	7	2	1	3	5	8
3	2	1	4	5	8	7	9	6

299

2	5	7	1	3	6	8	4	9
6	9	3	4	8	7	5	2	1
4	1	8	2	9	5	7	3	6
1	2	9	3	7	8	4	6	5
5	7	4	6	1	2	3	9	8
8	3	6	5	4	9	2	1	7
9	8	1	7	2	4	6	5	3
7	4	5	9	6	3	1	8	2
3	6	2	8	5	1	9	7	4

300

7	1	5	4	8	6	2	3	9
9	3	4	2	1	5	6	8	7
6	8	2	3	7	9	1	4	5
8	4	6	9	3	2	7	5	1
3	2	1	7	5	4	8	9	6
5	7	9	1	6	8	4	2	3
2	5	7	8	9	1	3	6	4
1	9	8	6	4	3	5	7	2
4	6	3	5	2	7	9	1	8

301

		3					7	
	2			5	4		3	
		9						8
7			9					
							6	
				3	1	9	8	2
	1			4			2	
			8		7	4		
6				1			5	3

302

2								6
	9		2					
4		8	1			7	2	
		2					9	4
	6				8			
		5					7	
			9	3			5	2
			6			9	3	
	4			8	2		6	

303

1				4		3		
	3		1	5			6	
5		1			9		2	
2			4		8			9
	4	9						
		6	3					
8			2	9			7	6
	5	4	7	6				

304

	3		7			5	9	
		2						
8	7							6
	1				6			
			8	7				
	6		1			7	2	5
		3	4	1			5	7
9						4		
4			5	3	2			

301

1	5	3	6	9	8	2	7	4
8	2	7	1	5	4	6	3	9
4	6	9	3	7	2	5	1	8
7	8	1	9	2	6	3	4	5
3	9	2	4	8	5	1	6	7
5	4	6	7	3	1	9	8	2
9	1	8	5	4	3	7	2	6
2	3	5	8	6	7	4	9	1
6	7	4	2	1	9	8	5	3

302

2	7	1	8	5	9	3	4	6
6	9	3	2	7	4	5	8	1
4	5	8	1	6	3	7	2	9
8	3	2	7	1	5	6	9	4
7	6	4	3	9	8	2	1	5
9	1	5	4	2	6	8	7	3
1	8	6	9	3	7	4	5	2
5	2	7	6	4	1	9	3	8
3	4	9	5	8	2	1	6	7

303

1	9	2	8	4	6	3	5	7
4	3	8	1	5	7	9	6	2
6	7	5	9	2	3	8	4	1
5	8	1	6	3	9	7	2	4
2	6	7	4	1	8	5	3	9
3	4	9	5	7	2	6	1	8
7	2	6	3	8	4	1	9	5
8	1	3	2	9	5	4	7	6
9	5	4	7	6	1	2	8	3

304

1	3	6	7	2	8	5	9	4
5	4	2	9	6	1	3	7	8
8	7	9	3	4	5	2	1	6
7	1	4	2	5	6	9	8	3
2	9	5	8	7	3	6	4	1
3	6	8	1	9	4	7	2	5
6	2	3	4	1	9	8	5	7
9	5	1	6	8	7	4	3	2
4	8	7	5	3	2	1	6	9

305

		8					9	
5		4			8	3		7
						5		
3				2	5			
		6					4	1
4					7			
	1	3		4				8
7		2		1		9		
8			9					3

306

		3						5
4				1	2	7	3	8
9				8			2	
					7	4		
	4	8				9		
7			2	6			5	
3	8		1					9
		7						
		4		2	8			

307

					8		7	2
	1	8		7	2	9		
			9	1				
7			4		3		8	9
	2						5	
6	4	9						
		4		5				8
					4			
	6		7	8			1	

308

	5	7	9			8		4
9		1			4			
	4				7		5	
	2			8				
	9			4	6	1		
		4	5			3		
5						7	2	
7	6					4	1	
					2			5

305

6	3	8	7	5	1	4	9	2
5	2	4	6	9	8	3	1	7
1	9	7	2	3	4	5	8	6
3	7	1	4	2	5	8	6	9
2	5	6	3	8	9	7	4	1
4	8	9	1	6	7	2	3	5
9	1	3	5	4	2	6	7	8
7	6	2	8	1	3	9	5	4
8	4	5	9	7	6	1	2	3

306

8	2	3	7	4	6	1	9	5
4	6	5	9	1	2	7	3	8
9	7	1	5	8	3	6	2	4
1	5	2	8	9	7	4	6	3
6	4	8	3	5	1	9	7	2
7	3	9	2	6	4	8	5	1
3	8	6	1	7	5	2	4	9
2	1	7	4	3	9	5	8	6
5	9	4	6	2	8	3	1	7

307

5	9	6	3	4	8	1	7	2
4	1	8	5	7	2	9	6	3
2	3	7	9	1	6	8	4	5
7	5	1	4	6	3	2	8	9
8	2	3	1	9	7	4	5	6
6	4	9	8	2	5	7	3	1
9	7	4	6	5	1	3	2	8
1	8	5	2	3	4	6	9	7
3	6	2	7	8	9	5	1	4

308

6	5	7	9	2	1	8	3	4
9	3	1	8	5	4	2	7	6
2	4	8	6	3	7	9	5	1
1	2	6	7	8	3	5	4	9
3	9	5	2	4	6	1	8	7
8	7	4	5	1	9	3	6	2
5	1	9	4	6	8	7	2	3
7	6	2	3	9	5	4	1	8
4	8	3	1	7	2	6	9	5

309

		8				9	2	
	1		4		9			
								7
7			6	2				8
			8			5		
4							6	2
	2	1			3	7		
		5		6	2	3		
	9	7					8	

310

3			4	1			7	6
2					5			
8						4		
				4			8	7
				2	7			5
9				5	3	1		
	3		2					
5		6			8		4	
				3				1

311

			4					3
	1	4				5		
8	9	2				4	7	
			1		9			
1				6				
9	4	6	2					1
	2		8	9	5	7		
5			7	1			3	

312

	5		1		3			4
4			8		2			
9			4				7	
	9		3			1	4	7
	3				9			
7	8				4			
	6		2	5			9	
		5	9					
					8	7	3	

309

5	7	8	3	1	6	9	2	4
2	1	6	4	7	9	8	5	3
9	3	4	2	5	8	6	1	7
7	5	9	6	2	1	4	3	8
1	6	2	8	3	4	5	7	9
4	8	3	5	9	7	1	6	2
6	2	1	9	8	3	7	4	5
8	4	5	7	6	2	3	9	1
3	9	7	1	4	5	2	8	6

310

3	9	5	4	1	2	8	7	6
2	6	4	7	8	5	3	1	9
8	1	7	3	6	9	4	5	2
6	5	3	9	4	1	2	8	7
1	4	8	6	2	7	9	3	5
9	7	2	8	5	3	1	6	4
4	3	1	2	7	6	5	9	8
5	2	6	1	9	8	7	4	3
7	8	9	5	3	4	6	2	1

311

7	6	5	4	8	2	1	9	3
3	1	4	9	7	6	5	2	8
8	9	2	3	5	1	4	7	6
2	5	8	1	4	9	3	6	7
1	3	7	5	6	8	2	4	9
9	4	6	2	3	7	8	5	1
6	2	3	8	9	5	7	1	4
5	8	9	7	1	4	6	3	2
4	7	1	6	2	3	9	8	5

312

2	5	6	1	7	3	9	8	4
4	7	3	8	9	2	5	1	6
9	1	8	4	6	5	2	7	3
5	9	2	3	8	6	1	4	7
6	3	4	7	1	9	8	5	2
7	8	1	5	2	4	3	6	9
3	6	7	2	5	1	4	9	8
8	4	5	9	3	7	6	2	1
1	2	9	6	4	8	7	3	5

313

			7			6		3
7			1			9		
				6		1		
	9		3					2
		7						6
		8		7	6		9	1
2	1	5			8			
			5	9				
9				4				5

314

3			1				5	4
5	1			3		8	6	
8						7		3
	9		6	4	8			
	8			9		6		
				5				7
		2	3					
			8	2		4		
6							7	

315

	2				7			6
			1	2		3	9	
	7			3	6			
8		2		1				
		5	2					1
	4							
		6	3			5		9
	3	8	4	5			7	

316

		9				2		7
4					8		1	
2			3	7	4			
	3							4
6			1	4	5	7		
						9	8	
9		3				4		6
			7	2		5	3	

313

8	4	1	7	2	9	6	5	3
7	6	2	1	5	3	9	8	4
5	3	9	8	6	4	1	2	7
6	9	4	3	1	5	8	7	2
1	5	7	9	8	2	4	3	6
3	2	8	4	7	6	5	9	1
2	1	5	6	3	8	7	4	9
4	7	3	5	9	1	2	6	8
9	8	6	2	4	7	3	1	5

314

3	6	9	1	8	7	2	5	4
5	1	7	4	3	2	8	6	9
8	2	4	5	6	9	7	1	3
7	9	5	6	4	8	3	2	1
2	8	3	7	9	1	6	4	5
1	4	6	2	5	3	9	8	7
4	5	2	3	7	6	1	9	8
9	7	1	8	2	5	4	3	6
6	3	8	9	1	4	5	7	2

315

1	2	3	9	4	7	8	5	6
7	5	9	8	6	3	2	1	4
6	8	4	1	2	5	3	9	7
4	7	1	5	3	6	9	2	8
8	6	2	7	1	9	4	3	5
3	9	5	2	8	4	7	6	1
5	4	7	6	9	2	1	8	3
2	1	6	3	7	8	5	4	9
9	3	8	4	5	1	6	7	2

316

3	8	9	5	1	6	2	4	7
4	7	6	2	9	8	3	1	5
2	1	5	3	7	4	8	6	9
7	3	1	9	8	2	6	5	4
6	9	8	1	4	5	7	2	3
5	4	2	6	3	7	9	8	1
8	5	7	4	6	3	1	9	2
9	2	3	8	5	1	4	7	6
1	6	4	7	2	9	5	3	8

317

	2				5		4	
				1		7	6	
	4							3
		9	8					2
	8	5				1		6
8			5		7		9	
					9		2	
		1			2	3		8

318

					4			
			2	1	6			
		6	8	7			4	1
6						9		
	3			2	7			
		5	6					
			9	8	5	7		
1		9			2	6		8
3				6		2		

319

6					7		9	
7	2					5		
	1							
					9			
9					8	4		7
	7	8	3		6	2	1	
							2	4
	9	2	6		4		7	3
	3			9		6		

320

2			5				7	9
					3			
	5	4		6				1
		9	3		1	7		
8		6						
3	1				4			
	2					8		
6				3		9		
					9	6		5

317

1	2	6	3	7	5	8	4	9
9	3	8	2	1	4	7	6	5
5	4	7	6	9	8	2	1	3
6	7	9	8	4	1	5	3	2
4	8	5	9	2	3	1	7	6
2	1	3	7	5	6	9	8	4
8	6	2	5	3	7	4	9	1
3	5	4	1	8	9	6	2	7
7	9	1	4	6	2	3	5	8

318

7	9	1	3	5	4	8	6	2
8	4	3	2	1	6	5	7	9
5	2	6	8	7	9	3	4	1
6	8	7	1	4	3	9	2	5
9	3	4	5	2	7	1	8	6
2	1	5	6	9	8	4	3	7
4	6	2	9	8	5	7	1	3
1	7	9	4	3	2	6	5	8
3	5	8	7	6	1	2	9	4

319

6	8	5	4	2	7	3	9	1
7	2	4	9	3	1	5	6	8
3	1	9	8	6	5	7	4	2
2	4	1	5	7	9	8	3	6
9	6	3	2	1	8	4	5	7
5	7	8	3	4	6	2	1	9
1	5	6	7	8	3	9	2	4
8	9	2	6	5	4	1	7	3
4	3	7	1	9	2	6	8	5

320

2	6	3	5	1	8	4	7	9
1	9	8	7	4	3	2	5	6
7	5	4	9	6	2	3	8	1
5	4	9	3	8	1	7	6	2
8	7	6	2	9	5	1	4	3
3	1	2	6	7	4	5	9	8
9	2	1	4	5	6	8	3	7
6	8	5	1	3	7	9	2	4
4	3	7	8	2	9	6	1	5

321

	2		4	3	7		6	
	7				1		5	
			5					
	4		7	6	8	2	3	
			3					
	5		6					9
7	3	9		2		1		
2	6		9		4	3		

322

		9						4
			9			3		5
3					4	2	6	
		5			8		9	
8			2	1	9			3
1		6						
	5	8			1		3	6
	1		8		5			
		7		9				

323

5	6	7					4	2
9	8							1
			5					
		1			9	4	7	
	2	4	6	7				
8	7				3			
		8		9	4	3		5
7			3					4
							2	

324

	3		7	5		1	8	
			2				6	3
7						9		
	7		8					
					7			
8	1		5	6	3			7
		5	1	9				
6							4	
4				7			2	

5	2	1	4	3	7	9	6	8
8	7	6	2	9	1	4	5	3
4	9	3	5	8	6	7	1	2
3	8	7	1	5	2	6	9	4
9	4	5	7	6	8	2	3	1
6	1	2	3	4	9	5	8	7
1	5	4	6	7	3	8	2	9
7	3	9	8	2	5	1	4	6
2	6	8	9	1	4	3	7	5

321

5	6	9	1	3	2	8	7	4
7	4	2	9	8	6	3	1	5
3	8	1	5	7	4	2	6	9
2	3	5	6	4	8	1	9	7
8	7	4	2	1	9	6	5	3
1	9	6	3	5	7	4	2	8
4	5	8	7	2	1	9	3	6
9	1	3	8	6	5	7	4	2
6	2	7	4	9	3	5	8	1

322

5	6	7	9	3	1	8	4	2
9	8	2	4	6	7	5	3	1
1	4	3	5	2	8	6	9	7
6	5	1	2	8	9	4	7	3
3	2	4	6	7	5	9	1	8
8	7	9	1	4	3	2	5	6
2	1	8	7	9	4	3	6	5
7	9	6	3	5	2	1	8	4
4	3	5	8	1	6	7	2	9

323

2	3	9	7	5	6	1	8	4
1	5	4	2	8	9	7	6	3
7	6	8	4	3	1	9	5	2
9	7	3	8	4	2	6	1	5
5	4	6	9	1	7	2	3	8
8	1	2	5	6	3	4	9	7
3	2	5	1	9	4	8	7	6
6	9	7	3	2	8	5	4	1
4	8	1	6	7	5	3	2	9

324

325

	3	9					2	
4				8		6	9	
			5		9			
		6				3	8	
								6
		2	9		6			
1	8		6			5		
				7				3
6			3	1				8

326

		2			6	5		7
	9					2		
4					3			
		1		6			9	
9			5					
8				9	7		3	
					1			
6	1		2	3	9	4		
2				5		9	7	

327

2					6			
			9	1		3		
	8		2					4
	2	6			8	1	4	
	1		6					7
		7	1					5
						5		
	7	8			5	4	9	
3						7		

328

			5		3	4	7	1
1							5	8
		8						
	4		9	5	8			
	7				2			
		9	3		7		6	
8					5			2
5		2					1	9
			1	2			8	

325

5	3	9	1	6	7	8	2	4
4	7	1	2	8	3	6	9	5
2	6	8	5	4	9	7	3	1
7	5	6	4	2	1	3	8	9
3	9	4	7	5	8	2	1	6
8	1	2	9	3	6	4	5	7
1	8	3	6	9	4	5	7	2
9	4	5	8	7	2	1	6	3
6	2	7	3	1	5	9	4	8

326

3	8	2	9	1	6	5	4	7
1	9	6	4	7	5	2	8	3
4	7	5	8	2	3	1	6	9
7	5	1	3	6	2	8	9	4
9	6	3	5	4	8	7	1	2
8	2	4	1	9	7	6	3	5
5	4	9	7	8	1	3	2	6
6	1	7	2	3	9	4	5	8
2	3	8	6	5	4	9	7	1

327

2	4	3	5	8	6	9	7	1
7	6	5	9	1	4	3	2	8
9	8	1	2	7	3	6	5	4
5	2	6	7	3	8	1	4	9
4	1	9	6	5	2	8	3	7
8	3	7	1	4	9	2	6	5
6	9	4	8	2	7	5	1	3
1	7	8	3	6	5	4	9	2
3	5	2	4	9	1	7	8	6

328

9	2	6	5	8	3	4	7	1
1	3	7	4	6	9	2	5	8
4	5	8	2	7	1	9	3	6
6	4	1	9	5	8	3	2	7
3	7	5	6	1	2	8	9	4
2	8	9	3	4	7	1	6	5
8	1	3	7	9	5	6	4	2
5	6	2	8	3	4	7	1	9
7	9	4	1	2	6	5	8	3

329

		8						2
4	7							
		6	8			1	9	5
		4	7	2			8	
5		2		8	9	4		
7						9		
							5	
9				6	2			
6		7						3

330

			4	7		6		1
				1				
7		5	3		6			
		8			5	1	9	
	6	4				3		
5	2		1		4		6	
	8						7	
		9				8	1	4

331

		6		7			3	9
	8	9		2				7
2					9			
					7	4		
7	3			8				2
			5	9		8		
			6				9	
			7		4			
	1			3				4

332

8	1		4	2			7	
							4	
		2		1	6		8	
	2	6			9		3	
	9	4			7			
5							1	
9				3		7		5
		8		7			2	3
					5			

329

1	5	8	6	9	3	7	4	2
4	7	9	2	1	5	3	6	8
2	3	6	8	4	7	1	9	5
3	9	4	7	2	6	5	8	1
5	6	2	1	8	9	4	3	7
7	8	1	5	3	4	9	2	6
8	2	3	4	7	1	6	5	9
9	1	5	3	6	2	8	7	4
6	4	7	9	5	8	2	1	3

330

2	9	3	4	7	8	6	5	1
8	4	6	5	1	9	2	3	7
7	1	5	3	2	6	4	8	9
9	5	2	6	3	1	7	4	8
3	7	8	2	4	5	1	9	6
1	6	4	8	9	7	3	2	5
5	2	7	1	8	4	9	6	3
4	8	1	9	6	3	5	7	2
6	3	9	7	5	2	8	1	4

331

1	4	6	8	7	5	2	3	9
5	8	9	3	2	6	1	4	7
2	7	3	1	4	9	6	8	5
8	9	1	2	6	7	4	5	3
7	3	5	4	8	1	9	6	2
4	6	2	5	9	3	8	7	1
3	5	4	6	1	2	7	9	8
9	2	8	7	5	4	3	1	6
6	1	7	9	3	8	5	2	4

332

8	1	9	4	2	3	5	7	6
3	6	5	7	9	8	2	4	1
4	7	2	5	1	6	3	8	9
7	2	6	1	5	9	8	3	4
1	9	4	3	8	7	6	5	2
5	8	3	2	6	4	9	1	7
9	4	1	8	3	2	7	6	5
6	5	8	9	7	1	4	2	3
2	3	7	6	4	5	1	9	8

333

1					6			7
7				2	3			
					1	4	6	
				6	4		7	
					9			
		4		7		9		3
9	2		8					5
		8		4	5			
		1	6	9				

334

	2						3	
3		7				8		
6	5							9
		1	7					
5					9			6
	7					3		5
4	6			3			8	
	8	5		2				
	1						5	7

335

						8		
	2	1	7					
8	5	9		6	2	4		
4			8			5		
		3		9		1		
9	1							
								6
2			5		9		3	
	4		2		6	9		

336

			1	9			4	2
1		9	2				5	7
	6	2				1	3	
							2	
					9			
5				8				
		1			8	7		
	5	6		4				
				7	2			4

333

1	4	2	9	8	6	3	5	7
7	6	5	4	2	3	8	1	9
8	9	3	7	5	1	4	6	2
2	8	9	3	6	4	5	7	1
5	3	7	2	1	9	6	8	4
6	1	4	5	7	8	9	2	3
9	2	6	8	3	7	1	4	5
3	7	8	1	4	5	2	9	6
4	5	1	6	9	2	7	3	8

334

1	2	8	9	7	6	5	3	4
3	9	7	2	5	4	8	6	1
6	5	4	8	1	3	2	7	9
9	3	1	7	6	5	4	2	8
5	4	2	3	8	9	7	1	6
8	7	6	1	4	2	3	9	5
4	6	9	5	3	7	1	8	2
7	8	5	6	2	1	9	4	3
2	1	3	4	9	8	6	5	7

335

7	3	4	9	1	5	8	6	2
6	2	1	7	8	4	3	5	9
8	5	9	3	6	2	4	1	7
4	7	6	8	2	1	5	9	3
5	8	3	6	9	7	1	2	4
9	1	2	4	5	3	6	7	8
3	9	5	1	7	8	2	4	6
2	6	8	5	4	9	7	3	1
1	4	7	2	3	6	9	8	5

336

8	7	5	1	9	3	6	4	2
1	3	9	2	6	4	8	5	7
4	6	2	8	5	7	1	3	9
6	9	7	4	1	5	3	2	8
3	1	8	7	2	9	4	6	5
5	2	4	3	8	6	9	7	1
2	4	1	5	3	8	7	9	6
7	5	6	9	4	1	2	8	3
9	8	3	6	7	2	5	1	4

337

					2			
		3					2	
		2	7	9		1	4	
	3		4	1				
					5	6		
9	2	5		7	3			
		9				7		
	7		3	6			1	
		8			7	3	6	9

338

		5	6			2		
7							3	5
1				7	9	8		
4			9					
					1	6		
	2		3	4				1
5	1	9			3			
			7	6				9
	7							8

339

	1		3					
	2			6	1	7		9
				7	9		3	
		4				6	2	
				4	5	1	7	
3	5			1				
2			1			4		
5	3					9		
6				5	7			

340

6		9	1			5		
		5			6			8
8		4			2	7		6
4		3						7
			6		8		5	
5		6	3	2				9
	4	2		3	1			
						2		
			2	9		8		

337

1	4	6	8	3	2	9	7	5
7	9	3	1	5	4	8	2	6
8	5	2	7	9	6	1	4	3
6	3	7	4	1	8	5	9	2
4	8	1	9	2	5	6	3	7
9	2	5	6	7	3	4	8	1
3	6	9	2	8	1	7	5	4
5	7	4	3	6	9	2	1	8
2	1	8	5	4	7	3	6	9

338

9	4	5	6	3	8	2	1	7
7	6	8	4	1	2	9	3	5
1	3	2	5	7	9	8	6	4
4	5	1	9	2	6	7	8	3
3	9	7	8	5	1	6	4	2
8	2	6	3	4	7	5	9	1
5	1	9	2	8	3	4	7	6
2	8	3	7	6	4	1	5	9
6	7	4	1	9	5	3	2	8

339

7	1	9	3	2	8	5	4	6
4	2	3	5	6	1	7	8	9
8	6	5	4	7	9	2	3	1
1	7	4	8	9	3	6	2	5
9	8	2	6	4	5	1	7	3
3	5	6	7	1	2	8	9	4
2	9	7	1	3	6	4	5	8
5	3	1	2	8	4	9	6	7
6	4	8	9	5	7	3	1	2

340

6	7	9	1	8	3	5	4	2
1	2	5	4	7	6	3	9	8
8	3	4	9	5	2	7	1	6
4	8	3	5	1	9	6	2	7
2	9	7	6	4	8	1	5	3
5	1	6	3	2	7	4	8	9
7	4	2	8	3	1	9	6	5
9	5	8	7	6	4	2	3	1
3	6	1	2	9	5	8	7	4

341

2			6					
							7	
					2	6		3
		9				7		6
5		3	7	6	8		9	
		7	5					
	3		8					7
8			3			5	1	
	9				5		3	

342

	9						4	
			9		1	2		7
3			6				9	1
4					5			
	7							8
	1	3					7	
		6		1				5
		1	8		9			
7		8	4		6		3	

343

							4	
7				1		5		
5	6		4	8	7		3	
6	9	4	5		3		1	
						3		
	3		1				9	
	5				9	4		
	2		8	4		6		
				2				1

344

8		5	4					7
1		4	6					
			8				2	
2	6					8		3
4		3				2		9
	9			8			7	
7	1	8	9				4	
9			2	3		5		

341

2	5	8	6	3	7	9	4	1
3	6	4	9	8	1	2	7	5
9	7	1	4	5	2	6	8	3
4	8	9	2	1	3	7	5	6
5	2	3	7	6	8	1	9	4
6	1	7	5	9	4	3	2	8
1	3	5	8	2	9	4	6	7
8	4	2	3	7	6	5	1	9
7	9	6	1	4	5	8	3	2

342

1	9	2	5	8	7	6	4	3
8	6	4	9	3	1	2	5	7
3	5	7	6	2	4	8	9	1
4	8	9	7	6	5	3	1	2
2	7	5	1	4	3	9	6	8
6	1	3	2	9	8	5	7	4
9	4	6	3	1	2	7	8	5
5	3	1	8	7	9	4	2	6
7	2	8	4	5	6	1	3	9

343

3	1	8	9	5	6	2	4	7
7	4	9	3	1	2	5	8	6
5	6	2	4	8	7	1	3	9
6	9	4	5	7	3	8	1	2
8	7	1	2	9	4	3	6	5
2	3	5	1	6	8	7	9	4
1	5	6	7	3	9	4	2	8
9	2	7	8	4	1	6	5	3
4	8	3	6	2	5	9	7	1

344

8	3	5	4	2	9	1	6	7
1	2	4	6	7	5	9	3	8
6	7	9	8	1	3	4	2	5
2	6	7	5	9	4	8	1	3
4	8	3	7	6	1	2	5	9
5	9	1	3	8	2	6	7	4
3	5	2	1	4	8	7	9	6
7	1	8	9	5	6	3	4	2
9	4	6	2	3	7	5	8	1

345

1			3				9	
		2				8	3	
8								6
5				7				
4		9	1		6	7		
		8	5					
	8		4				5	
		1						
	5			3	9	1	2	7

346

					5			4
5	6							
			1	2		8		
6		3			9			
			5			4		3
		7					2	
							4	
	8		9		4			6
		4		8	2	3	7	

347

8			5	1	4	3		6
	6				3			
7				9				1
			6			5		
							2	
		7		5		6		9
	4				7			3
		9	4	8			6	
6		8		3	2	7		4

348

3			2	1				
		1				6		2
5				8				
		7		3				5
	9	8	5		4			6
						9	7	
7							4	
9	4				2			
	5	6	9			7	2	

345

1	6	5	3	8	7	2	9	4
9	7	2	6	5	4	8	3	1
8	4	3	2	9	1	5	7	6
5	2	6	9	7	8	4	1	3
4	3	9	1	2	6	7	8	5
7	1	8	5	4	3	9	6	2
3	8	7	4	1	2	6	5	9
2	9	1	7	6	5	3	4	8
6	5	4	8	3	9	1	2	7

346

2	7	1	8	9	5	6	3	4
5	6	8	4	7	3	1	9	2
4	3	9	1	2	6	8	5	7
6	5	3	2	4	9	7	8	1
8	9	2	5	1	7	4	6	3
1	4	7	3	6	8	5	2	9
3	2	6	7	5	1	9	4	8
7	8	5	9	3	4	2	1	6
9	1	4	6	8	2	3	7	5

347

8	9	2	5	1	4	3	7	6
1	6	4	7	2	3	9	8	5
7	3	5	8	9	6	2	4	1
9	2	3	6	4	8	5	1	7
5	1	6	3	7	9	4	2	8
4	8	7	2	5	1	6	3	9
2	4	1	9	6	7	8	5	3
3	7	9	4	8	5	1	6	2
6	5	8	1	3	2	7	9	4

348

3	6	9	2	1	7	4	5	8
8	7	1	4	9	5	6	3	2
5	2	4	3	8	6	1	9	7
4	1	7	6	3	9	2	8	5
2	9	8	5	7	4	3	1	6
6	3	5	8	2	1	9	7	4
7	8	2	1	6	3	5	4	9
9	4	3	7	5	2	8	6	1
1	5	6	9	4	8	7	2	3

349

1	4			2	6	3		
2	9	6			7			1
8			1					5
6				1				3
							8	
		8					7	4
			4					2
		9	2	3				
4				7	5			

350

9	6	2					8	
	3						4	2
4						1		
		9			6		5	
	2				4	9		
5	4	3					1	
							7	
8					1			9
		7	8		3	5		1

351

4	7				9			6
	2	6						
		9	2	5		7		
8	4			6				9
	6		1		7			3
9	1						7	
				7			9	
		4	5					
				2	4			8

352

2		1						
8					1	7	5	
9	5	7						
	2	6		9				5
			3			4	9	
7	9							3
						9		7
		8	1	6			3	2
					2		1	

349

1	4	5	8	2	6	3	9	7
2	9	6	3	5	7	8	4	1
8	3	7	1	9	4	2	6	5
6	7	4	9	1	8	5	2	3
3	5	1	7	4	2	6	8	9
9	2	8	5	6	3	1	7	4
5	6	3	4	8	9	7	1	2
7	8	9	2	3	1	4	5	6
4	1	2	6	7	5	9	3	8

350

9	6	2	4	1	5	7	8	3
1	3	5	7	9	8	6	4	2
4	7	8	3	6	2	1	9	5
7	8	9	1	3	6	2	5	4
6	2	1	5	8	4	9	3	7
5	4	3	9	2	7	8	1	6
3	1	6	2	5	9	4	7	8
8	5	4	6	7	1	3	2	9
2	9	7	8	4	3	5	6	1

351

4	7	5	8	3	9	2	1	6
3	2	6	7	4	1	9	8	5
1	8	9	2	5	6	7	3	4
8	4	7	3	6	2	1	5	9
5	6	2	1	9	7	8	4	3
9	1	3	4	8	5	6	7	2
2	5	8	6	7	3	4	9	1
6	9	4	5	1	8	3	2	7
7	3	1	9	2	4	5	6	8

352

2	4	1	9	7	5	3	6	8
8	6	3	2	4	1	7	5	9
9	5	7	6	3	8	2	4	1
3	2	6	8	9	4	1	7	5
1	8	5	3	2	7	4	9	6
7	9	4	5	1	6	8	2	3
6	1	2	4	5	3	9	8	7
4	7	8	1	6	9	5	3	2
5	3	9	7	8	2	6	1	4

353

3	4	8			6			
		6	4	7				3
			2					
	1	5	8					6
				5	4		7	
	3		1				4	8
	6	2	7	4	5	1		
5								
				8				

354

						6		
		9		8	6			1
	3				2	9		4
	9			5		7		6
						1		8
	6						5	
		2		6		4		7
				1	7			5
1			3		5			9

355

	2	6	7		8		5	
				9	5			2
	9			1				
	5							
9	3	4	5					8
			1		9			
		8	2		4			
5							8	6
				7			3	4

356

	1				8	6	9	3
	5		3		2		4	
4		6						
								7
5	8		6			4		9
2					3		8	
				9			3	
		9	1			8		
		1						4

353

3	4	8	5	9	6	7	1	2
9	2	6	4	7	1	8	5	3
7	5	1	2	3	8	9	6	4
4	1	5	8	2	7	3	9	6
6	8	9	3	5	4	2	7	1
2	3	7	1	6	9	5	4	8
8	6	2	7	4	5	1	3	9
5	9	3	6	1	2	4	8	7
1	7	4	9	8	3	6	2	5

354

4	1	8	5	3	9	6	7	2
7	2	9	4	8	6	5	3	1
6	3	5	1	7	2	9	8	4
2	9	3	8	5	1	7	4	6
5	4	7	6	2	3	1	9	8
8	6	1	7	9	4	2	5	3
3	5	2	9	6	8	4	1	7
9	8	4	2	1	7	3	6	5
1	7	6	3	4	5	8	2	9

355

1	2	6	7	4	8	9	5	3
7	8	3	6	9	5	4	1	2
4	9	5	3	1	2	8	6	7
8	5	1	4	2	3	6	7	9
9	3	4	5	6	7	1	2	8
6	7	2	1	8	9	3	4	5
3	6	8	2	5	4	7	9	1
5	4	7	9	3	1	2	8	6
2	1	9	8	7	6	5	3	4

356

7	1	2	5	4	8	6	9	3
9	5	8	3	6	2	7	4	1
4	3	6	9	7	1	2	5	8
1	6	4	8	5	9	3	2	7
5	8	3	6	2	7	4	1	9
2	9	7	4	1	3	5	8	6
8	4	5	7	9	6	1	3	2
6	2	9	1	3	4	8	7	5
3	7	1	2	8	5	9	6	4

357

	2				6		8	3
		5					6	
			7			1		
9		3					1	
	7		5			2		
6				8		7		
8	6	7		3	9	5		
	3		6					
				2				

358

		7			5	2		
	1				6	3		4
					4		5	7
8				1				
	5	6		8	9	7		3
1		3						
		5						
	6	2			3			
7		1				6		9

359

	4			9			7	
			3	1	6			
		1	5				6	8
4	1		7			5		2
	7			3				
5					9	7	8	
		3			1			
		4		2				5
	9					6		

360

6				1		4		
9			8			3		
2		7			3	6		
	8	1		4	7			
				6	1	9		
			3					
			7		9	1		
			6					5
7		4		3			9	

357

7	2	4	1	5	6	9	8	3
1	8	5	3	9	2	4	6	7
3	9	6	7	4	8	1	5	2
9	5	3	2	7	4	6	1	8
4	7	8	5	6	1	2	3	9
6	1	2	9	8	3	7	4	5
8	6	7	4	3	9	5	2	1
2	3	9	6	1	5	8	7	4
5	4	1	8	2	7	3	9	6

358

4	3	7	8	9	5	2	6	1
5	1	8	2	7	6	3	9	4
6	2	9	1	3	4	8	5	7
8	9	4	3	1	7	5	2	6
2	5	6	4	8	9	7	1	3
1	7	3	6	5	2	9	4	8
3	8	5	9	6	1	4	7	2
9	6	2	7	4	3	1	8	5
7	4	1	5	2	8	6	3	9

359

6	4	5	8	9	2	3	7	1
9	8	7	3	1	6	2	5	4
3	2	1	5	7	4	9	6	8
4	1	9	7	6	8	5	3	2
8	7	6	2	3	5	1	4	9
5	3	2	1	4	9	7	8	6
2	5	3	6	8	1	4	9	7
7	6	4	9	2	3	8	1	5
1	9	8	4	5	7	6	2	3

360

6	3	8	2	1	5	4	7	9
9	4	5	8	7	6	3	2	1
2	1	7	4	9	3	6	5	8
5	8	1	9	4	7	2	6	3
3	7	2	5	6	1	9	8	4
4	9	6	3	2	8	5	1	7
8	6	3	7	5	9	1	4	2
1	2	9	6	8	4	7	3	5
7	5	4	1	3	2	8	9	6

361

2		7				6		
8		4			2			
9	6				4			2
5			6	2	3			9
		9					5	
4		6	9					
	4	5					6	
			2		7		9	
			3			7		4

362

	5			1	9	3		2
	9			7	6			
		1	2					6
							6	3
				8	1			
		5			3	8	9	
	7	2		9		5		
			1	3	7			
9	1					4		

363

	6							7
		5			8	1	2	
		8		4		9		
	1	9	5					
				7		5		
	3		4		6			
8					4	7	3	
2						6		
9				3			1	2

364

			4		1	9		3
8		1				6		5
9				6				2
		9	2					
6		3				5		
	5	7	8		6			
				8	9			1
3		6				2		
		8					9	4

361

2	3	7	5	1	9	6	4	8
8	5	4	7	6	2	9	3	1
9	6	1	8	3	4	5	7	2
5	7	8	6	2	3	4	1	9
3	2	9	4	7	1	8	5	6
4	1	6	9	8	5	3	2	7
7	4	5	1	9	8	2	6	3
6	8	3	2	4	7	1	9	5
1	9	2	3	5	6	7	8	4

362

6	5	7	8	1	9	3	4	2
2	9	4	3	7	6	1	8	5
8	3	1	2	4	5	9	7	6
1	8	9	4	5	2	7	6	3
7	6	3	9	8	1	2	5	4
4	2	5	7	6	3	8	9	1
3	7	2	6	9	4	5	1	8
5	4	8	1	3	7	6	2	9
9	1	6	5	2	8	4	3	7

363

1	6	4	2	5	9	3	8	7
7	9	5	3	6	8	1	2	4
3	2	8	1	4	7	9	5	6
6	1	9	5	8	2	4	7	3
4	8	2	9	7	3	5	6	1
5	3	7	4	1	6	2	9	8
8	5	1	6	2	4	7	3	9
2	7	3	8	9	1	6	4	5
9	4	6	7	3	5	8	1	2

364

7	6	5	4	2	1	9	8	3
8	2	1	7	9	3	6	4	5
9	3	4	5	6	8	1	7	2
4	1	9	2	7	5	8	3	6
6	8	3	9	1	4	5	2	7
2	5	7	8	3	6	4	1	9
5	4	2	3	8	9	7	6	1
3	9	6	1	4	7	2	5	8
1	7	8	6	5	2	3	9	4

365

		1	7		6		2	
								4
	5			3				1
		4						2
		5		1	3	9		8
9					2			
5	3			6				
	4		2		8			
	2			4	7		1	

366

						4	1	
		5			1	6		
			4	6		9	2	8
9								
			2	1				3
	4	3						
		7	6	2		5		9
			5			3		
	8					2	7	4

367

	3		1					
			5	2		4	8	7
				4	7		3	
			7					5
	1	4						
5				1		2		3
	9			7		8		
		1				3		
	5			9	8			6

368

				3				
	4			7	2			8
3		1						
2		3	5	1		4		9
9			6			5		
			9				3	2
	7					9	2	
6				4			1	
1	3		2	6				

365

4	9	1	7	8	6	5	2	3
3	8	6	5	2	1	7	9	4
7	5	2	9	3	4	6	8	1
8	7	4	6	9	5	1	3	2
2	6	5	4	1	3	9	7	8
9	1	3	8	7	2	4	5	6
5	3	8	1	6	9	2	4	7
1	4	7	2	5	8	3	6	9
6	2	9	3	4	7	8	1	5

366

8	6	9	7	3	2	4	1	5
4	2	5	9	8	1	6	3	7
3	7	1	4	6	5	9	2	8
9	1	2	3	4	7	8	5	6
6	5	8	2	1	9	7	4	3
7	4	3	8	5	6	1	9	2
1	3	7	6	2	4	5	8	9
2	9	4	5	7	8	3	6	1
5	8	6	1	9	3	2	7	4

367

4	3	7	1	8	6	5	9	2
1	6	9	5	2	3	4	8	7
2	8	5	9	4	7	6	3	1
3	2	8	7	6	4	9	1	5
9	1	4	2	3	5	7	6	8
5	7	6	8	1	9	2	4	3
6	9	2	3	7	1	8	5	4
8	4	1	6	5	2	3	7	9
7	5	3	4	9	8	1	2	6

368

8	9	7	4	3	6	2	5	1
5	4	6	1	7	2	3	9	8
3	2	1	8	9	5	6	7	4
2	8	3	5	1	7	4	6	9
9	1	4	6	2	3	5	8	7
7	6	5	9	8	4	1	3	2
4	7	8	3	5	1	9	2	6
6	5	2	7	4	9	8	1	3
1	3	9	2	6	8	7	4	5

369

4	5		7			6	2	1
		8				4		9
3				1		7		6
6		1	4					
			3	9				
				5				2
5	6		2		8		7	3
7				6			4	

370

	8			7		3	9	
6	3		8					
		2	1				8	
								3
		6		8				
	1		6	5		9	2	
8			5					2
	7	9	4			1		8
2		1				4		9

371

1	6	5		3		2		
7								6
2	3	8					7	
	9	3	5					
				7	4			
8		2					6	
							8	
				8	2			7
9		6		4			2	5

372

			9				7	8
	1			2	6			
		5						
			2	4	3		8	
	4	7				2		
	5	2	6	9		4	1	
	7	6			2			
			3			6		1
4		3						5

369

4	5	3	7	8	9	6	2	1
9	1	6	5	2	4	3	8	7
2	7	8	6	3	1	4	5	9
3	4	5	8	1	2	7	9	6
6	9	1	4	7	5	2	3	8
8	2	7	3	9	6	5	1	4
1	3	4	9	5	7	8	6	2
5	6	9	2	4	8	1	7	3
7	8	2	1	6	3	9	4	5

370

1	8	4	2	7	5	3	9	6
6	3	7	8	4	9	2	1	5
9	5	2	1	6	3	7	8	4
4	2	5	9	1	7	8	6	3
7	9	6	3	8	2	5	4	1
3	1	8	6	5	4	9	2	7
8	4	3	5	9	1	6	7	2
5	7	9	4	2	6	1	3	8
2	6	1	7	3	8	4	5	9

371

1	6	5	7	3	9	2	4	8
7	4	9	8	2	1	3	5	6
2	3	8	4	5	6	9	7	1
4	9	3	5	6	8	7	1	2
6	5	1	2	7	4	8	9	3
8	7	2	1	9	3	5	6	4
3	2	7	6	1	5	4	8	9
5	1	4	9	8	2	6	3	7
9	8	6	3	4	7	1	2	5

372

2	6	4	9	3	5	1	7	8
9	1	8	7	2	6	3	5	4
7	3	5	8	1	4	9	6	2
6	9	1	2	4	3	5	8	7
3	4	7	5	8	1	2	9	6
8	5	2	6	9	7	4	1	3
1	7	6	4	5	2	8	3	9
5	2	9	3	7	8	6	4	1
4	8	3	1	6	9	7	2	5

373

9		5				2	4	
						9	5	7
2	4	1						
			3	8		6		
			1	7				
		7			5		2	
		2	9			7		
	6						1	
	5	9		4			6	

374

	2	3				5	4	
						8		
5					6		2	
6				7				5
	7					1		9
	3		4	1			7	
		2	6					
7	8		5	2	9			4
			7	4				

375

			7	2		1		
1			8					
	8	7		9	1			
5					6			1
6	4	8	5				3	
			9	8		6		5
					9	4		7
		6					9	
4			3		2			

376

7			8	6	1			
	1							
	6		5		7			
1	3			9		8		
2							9	
5			7					
4		1					6	
6	9				8		5	4
					5		3	

373

9	7	5	6	3	8	2	4	1
6	8	3	2	1	4	9	5	7
2	4	1	5	9	7	8	3	6
1	2	4	3	8	9	6	7	5
5	3	6	1	7	2	4	9	8
8	9	7	4	6	5	1	2	3
3	1	2	9	5	6	7	8	4
4	6	8	7	2	3	5	1	9
7	5	9	8	4	1	3	6	2

374

8	2	3	1	9	7	5	4	6
1	6	7	2	5	4	8	9	3
5	4	9	8	3	6	7	2	1
6	1	8	9	7	2	4	3	5
2	7	4	3	6	5	1	8	9
9	3	5	4	1	8	6	7	2
4	5	2	6	8	3	9	1	7
7	8	1	5	2	9	3	6	4
3	9	6	7	4	1	2	5	8

375

9	6	5	7	2	3	1	8	4
1	3	4	8	6	5	7	2	9
2	8	7	4	9	1	3	5	6
5	7	9	2	3	6	8	4	1
6	4	8	5	1	7	9	3	2
3	1	2	9	8	4	6	7	5
8	2	3	6	5	9	4	1	7
7	5	6	1	4	8	2	9	3
4	9	1	3	7	2	5	6	8

376

7	2	5	8	6	1	3	4	9
3	1	8	9	2	4	5	7	6
9	6	4	5	3	7	1	8	2
1	3	7	4	9	6	8	2	5
2	8	6	1	5	3	4	9	7
5	4	9	7	8	2	6	1	3
4	5	1	3	7	9	2	6	8
6	9	3	2	1	8	7	5	4
8	7	2	6	4	5	9	3	1

377

5	6			1			9	8
8					9	7	2	
	1			7			6	
3						8		
		4		8			5	
1	9		5				3	7
2			7					
					2	9		
		6						3

378

	4	2						6
6		7					8	
8								2
	2			5	1			
			7				3	8
					4			5
4	9				8	5		
						6	9	
		6	1	7				

379

	6		2	8	3	5		
								3
		7	1					9
				1				2
5	2			7			3	
	7			3		8		6
		9		4			2	5
	5		9	2	6			1
6		2						

380

			3	1		8	5	
				5	2			
3	5	2				7		
		6						
	2				1	5		
	1		6	8	5			
		1			8	4	3	
			2				7	
9	3	8	1	7			2	

377

5	6	7	2	1	3	4	9	8
8	4	3	6	5	9	7	2	1
9	1	2	4	7	8	3	6	5
3	7	5	1	9	6	8	4	2
6	2	4	3	8	7	1	5	9
1	9	8	5	2	4	6	3	7
2	3	9	7	6	1	5	8	4
4	5	1	8	3	2	9	7	6
7	8	6	9	4	5	2	1	3

378

9	4	2	3	8	7	1	5	6
6	1	7	4	2	5	3	8	9
8	5	3	9	1	6	7	4	2
3	2	4	8	5	1	9	6	7
1	6	5	7	9	2	4	3	8
7	8	9	6	3	4	2	1	5
4	9	1	2	6	8	5	7	3
2	7	8	5	4	3	6	9	1
5	3	6	1	7	9	8	2	4

379

9	6	4	2	8	3	5	1	7
1	8	5	4	9	7	2	6	3
2	3	7	1	6	5	4	8	9
8	9	3	6	1	4	7	5	2
5	2	6	8	7	9	1	3	4
4	7	1	5	3	2	8	9	6
3	1	9	7	4	8	6	2	5
7	5	8	9	2	6	3	4	1
6	4	2	3	5	1	9	7	8

380

6	9	4	3	1	7	8	5	2
1	8	7	4	5	2	3	9	6
3	5	2	8	9	6	7	1	4
5	4	6	7	2	3	9	8	1
8	2	3	9	4	1	5	6	7
7	1	9	6	8	5	2	4	3
2	7	1	5	6	8	4	3	9
4	6	5	2	3	9	1	7	8
9	3	8	1	7	4	6	2	5

381

		3	7			9		
2							3	
		1	9					
8							6	2
	1	2	6		7		9	
9	6		3			7		8
		8	2		9		4	
	7			4		8		
					8	6		

382

	8	7	9	1				
9		4	2				6	
	5					2		
6					3	7	9	
		9				1	4	
			8		9			
1	7		5		2			
			7		4	6		
					1			

383

		8	4		3			
4					5			7
			2			6	5	4
		9						
		5			2			
2			9	3				
	7					4		3
	9						1	2
		2			4	5	6	

384

							4	5
9		4	5				6	3
6		5						
		7					3	
4		6	3			8	5	
				8				2
		1	9		4			7
	9	3						4
2			6					9

381

5	4	3	7	1	2	9	8	6
2	9	6	8	5	4	1	3	7
7	8	1	9	6	3	2	5	4
8	5	7	4	9	1	3	6	2
3	1	2	6	8	7	4	9	5
9	6	4	3	2	5	7	1	8
6	3	8	2	7	9	5	4	1
1	7	9	5	4	6	8	2	3
4	2	5	1	3	8	6	7	9

382

2	8	7	9	1	6	4	5	3
9	1	4	2	3	5	8	6	7
3	5	6	4	7	8	2	1	9
6	2	5	1	4	3	7	9	8
8	3	9	6	2	7	1	4	5
7	4	1	8	5	9	3	2	6
1	7	3	5	6	2	9	8	4
5	9	2	7	8	4	6	3	1
4	6	8	3	9	1	5	7	2

383

7	5	8	4	6	3	9	2	1
4	2	6	1	9	5	8	3	7
9	1	3	2	8	7	6	5	4
3	6	9	5	4	1	2	7	8
1	4	5	8	7	2	3	9	6
2	8	7	9	3	6	1	4	5
5	7	1	6	2	9	4	8	3
6	9	4	3	5	8	7	1	2
8	3	2	7	1	4	5	6	9

384

8	3	2	7	6	9	1	4	5
9	7	4	5	1	8	2	6	3
6	1	5	4	3	2	7	9	8
1	8	7	2	4	5	9	3	6
4	2	6	3	9	7	8	5	1
3	5	9	1	8	6	4	7	2
5	6	1	9	2	4	3	8	7
7	9	3	8	5	1	6	2	4
2	4	8	6	7	3	5	1	9

385

						6		
6			5			9	7	2
2	9					3		
		3	4	6				7
5	7			3	9			6
	6		2	1				
			7				4	
7	5				1	2		
8								

386

				6		8		4
			8	9		1	7	
1							3	9
3		9	2				1	
		5	6					
	2	7			4		6	
2		6						7
			7					
	7	8	4	2				

387

3		1		8				
	7			6				
2			7		3			
	4					9	2	8
5	6	9						
							1	
					5			
		5		9			3	1
			8	1		7	5	6

388

	5							
		8					2	4
			1		5			
		6		5	9		7	
1		5				3	8	
			8	3			6	
3	9		7		4			8
	8				3	2		7
				6				

385

4	8	7	3	9	2	6	1	5
6	3	1	5	8	4	9	7	2
2	9	5	1	7	6	3	8	4
1	2	3	4	6	5	8	9	7
5	7	4	8	3	9	1	2	6
9	6	8	2	1	7	4	5	3
3	1	6	7	2	8	5	4	9
7	5	9	6	4	1	2	3	8
8	4	2	9	5	3	7	6	1

386

7	9	3	1	6	2	8	5	4
6	5	4	8	9	3	1	7	2
1	8	2	5	4	7	6	3	9
3	6	9	2	7	5	4	1	8
4	1	5	6	8	9	7	2	3
8	2	7	3	1	4	9	6	5
2	4	6	9	3	1	5	8	7
9	3	1	7	5	8	2	4	6
5	7	8	4	2	6	3	9	1

387

3	5	1	4	8	9	2	6	7
9	7	4	2	6	1	5	8	3
2	8	6	7	5	3	1	4	9
1	4	7	5	3	6	9	2	8
5	6	9	1	2	8	3	7	4
8	3	2	9	4	7	6	1	5
6	1	8	3	7	5	4	9	2
7	2	5	6	9	4	8	3	1
4	9	3	8	1	2	7	5	6

388

4	5	3	9	8	2	7	1	6
9	1	8	3	7	6	5	2	4
2	6	7	1	4	5	8	9	3
8	3	6	4	5	9	1	7	2
1	4	5	6	2	7	3	8	9
7	2	9	8	3	1	4	6	5
3	9	2	7	1	4	6	5	8
6	8	1	5	9	3	2	4	7
5	7	4	2	6	8	9	3	1

389

	3	7						
						1		3
	4				1	9	7	
				4	3	5		
4		2						9
				5		2	6	
		5				4		
3						7		1
		9	7					8

390

3		9			5		2	
				9	6	5		
						9		
			4		8			
8	1			5	9	6		
7						2	9	
				8		3		
9				1				
	2	4					8	5

391

		6		3	2			
	9							
	8			5	6			3
1					3		7	
9		3	4		8		1	
						6	4	7
8							9	
		4	7		9		8	2

392

			4	5	7			
		5		2				1
	8							2
7			3			1		
3	2							8
5	6			1	4		9	
				9		2	5	
	7		6					9
	5						8	

389

1	3	7	4	9	6	8	2	5
9	2	6	8	7	5	1	4	3
5	4	8	3	2	1	9	7	6
6	9	1	2	4	3	5	8	7
4	5	2	6	8	7	3	1	9
8	7	3	1	5	9	2	6	4
7	6	5	9	1	8	4	3	2
3	8	4	5	6	2	7	9	1
2	1	9	7	3	4	6	5	8

390

3	7	9	1	4	5	8	2	6
2	8	1	3	9	6	5	7	4
4	5	6	8	7	2	9	3	1
6	9	3	4	2	8	1	5	7
8	1	2	7	5	9	6	4	3
7	4	5	6	3	1	2	9	8
5	6	7	2	8	4	3	1	9
9	3	8	5	1	7	4	6	2
1	2	4	9	6	3	7	8	5

391

7	4	6	9	3	2	8	5	1
5	9	1	6	8	7	2	3	4
2	3	8	5	4	1	7	6	9
4	8	7	1	5	6	9	2	3
1	6	5	2	9	3	4	7	8
9	2	3	4	7	8	5	1	6
3	1	9	8	2	5	6	4	7
8	7	2	3	6	4	1	9	5
6	5	4	7	1	9	3	8	2

392

1	9	2	4	5	7	8	3	6
4	3	5	8	2	6	9	7	1
6	8	7	9	3	1	5	4	2
7	4	9	3	6	8	1	2	5
3	2	1	5	7	9	4	6	8
5	6	8	2	1	4	7	9	3
8	1	6	7	9	3	2	5	4
2	7	4	6	8	5	3	1	9
9	5	3	1	4	2	6	8	7

393

5	6		3		9	4		
	1	8						
		3					6	7
3		4	1		6			5
	5		7	3			1	2
				5	2			
8				1		2	7	9
			6					
		5				6		

394

				2				6
	7	6	3		9			
			8		4		1	
4		8	1	3				2
3		2					7	
						4		
7	8					5		
2		5		7	1	6		
1		4		8				

395

9		3	7	1	6			
	4			3	8			
		1						3
		7		2	1			
8	3		6	4	7	9		
6				5		2		
4	7		9				8	
3	6				5		7	

396

				1		3		
			9	4	6	2		
	9			8			1	
		7	4	2		9		
3	2		5					
				6	3	1		2
	7							
5							6	8
1		4						9

393

5	6	7	3	2	9	4	8	1
4	1	8	5	6	7	9	2	3
2	9	3	8	4	1	5	6	7
3	2	4	1	8	6	7	9	5
6	5	9	7	3	4	8	1	2
7	8	1	9	5	2	3	4	6
8	3	6	4	1	5	2	7	9
9	4	2	6	7	3	1	5	8
1	7	5	2	9	8	6	3	4

394

9	4	1	7	2	5	8	3	6
8	7	6	3	1	9	2	4	5
5	2	3	8	6	4	7	1	9
4	5	8	1	3	7	9	6	2
3	9	2	4	5	6	1	7	8
6	1	7	2	9	8	4	5	3
7	8	9	6	4	3	5	2	1
2	3	5	9	7	1	6	8	4
1	6	4	5	8	2	3	9	7

395

9	5	3	7	1	6	8	2	4
7	4	6	2	3	8	1	5	9
2	8	1	5	9	4	7	6	3
5	9	7	3	2	1	6	4	8
8	3	2	6	4	7	9	1	5
6	1	4	8	5	9	2	3	7
4	7	5	9	6	2	3	8	1
1	2	8	4	7	3	5	9	6
3	6	9	1	8	5	4	7	2

396

8	4	6	2	1	5	3	9	7
7	1	3	9	4	6	2	8	5
2	9	5	3	8	7	6	1	4
6	8	7	4	2	1	9	5	3
3	2	1	5	7	9	8	4	6
4	5	9	8	6	3	1	7	2
9	7	8	6	5	2	4	3	1
5	3	2	1	9	4	7	6	8
1	6	4	7	3	8	5	2	9

397

4	2		1		9		5	
	7	5	4	6	3		1	9
		9					3	
		1		8		9		
9	5			4			8	
				1				
		8		3		6	9	
			8			7		
5	9							

398

7							6	
		2						
		5			4		3	
			5	3				1
		8		4				
3	1			2		8		
	6		3		7		2	
8			6					
	7	1			2			3

399

	8							3
6	2		8			9		1
	1		3		9			4
		8		4				
					6	7		9
8		2			5		9	
7		4	1			8		
1			7	6	8	3		

400

		1	4	9				3
9				1	5		2	
					8		1	
		3	9	5				
	7			3			4	
1	5			4			6	7
5						4		
4	9			2				
			1					

397

4	2	3	1	7	9	8	5	6
8	7	5	4	6	3	2	1	9
1	6	9	2	5	8	4	3	7
7	4	1	5	8	2	9	6	3
9	5	6	3	4	7	1	8	2
3	8	2	9	1	6	5	7	4
2	1	8	7	3	4	6	9	5
6	3	4	8	9	5	7	2	1
5	9	7	6	2	1	3	4	8

398

7	4	9	8	5	3	1	6	2
6	3	2	1	7	9	5	8	4
1	8	5	2	6	4	7	3	9
4	9	6	5	3	8	2	7	1
2	5	8	7	4	1	3	9	6
3	1	7	9	2	6	8	4	5
5	6	4	3	1	7	9	2	8
8	2	3	6	9	5	4	1	7
9	7	1	4	8	2	6	5	3

399

4	8	1	9	2	7	6	5	3
5	9	7	6	1	3	4	2	8
6	2	3	8	5	4	9	7	1
2	1	6	3	7	9	5	8	4
9	7	8	5	4	1	2	3	6
3	4	5	2	8	6	7	1	9
8	6	2	4	3	5	1	9	7
7	3	4	1	9	2	8	6	5
1	5	9	7	6	8	3	4	2

400

7	2	1	4	9	6	8	5	3
9	8	4	3	1	5	7	2	6
3	6	5	2	7	8	9	1	4
6	4	3	9	5	7	2	8	1
8	7	2	6	3	1	5	4	9
1	5	9	8	4	2	3	6	7
5	1	8	7	6	9	4	3	2
4	9	6	5	2	3	1	7	8
2	3	7	1	8	4	6	9	5

401

9		8						4
				3			8	7
	1	6	4					3
	2					1	7	
	7						4	
4		3	5		2			
6	5			9			3	
7	8		3	1		9	5	

402

4				5				8
	8	1				9		
			3					
		7		9		6	5	
6				2			9	
9					7		3	4
	9			3				5
		4	1					
	7		4			1		

403

				8		5		
	6	1	5	3				
3		9			1			8
		6					7	5
		7				6		
5	2		1					
		8	7	5			4	
				1				
			9	2	6	7		

404

		8				9		6
			2				8	
						4		
		3	4			7	5	2
		4		2	1	8		
	6			8				
		7		9				5
4		5			2			9
9					7	2	1	

401

9	3	8	1	2	7	5	6	4
2	6	7	8	4	5	3	9	1
1	4	5	9	3	6	2	8	7
5	1	6	4	7	9	8	2	3
8	2	4	6	5	3	1	7	9
3	7	9	2	8	1	6	4	5
4	9	3	5	6	2	7	1	8
6	5	1	7	9	8	4	3	2
7	8	2	3	1	4	9	5	6

402

4	3	2	9	5	1	7	6	8
5	8	1	2	7	6	9	4	3
7	6	9	3	4	8	5	1	2
2	4	7	8	9	3	6	5	1
6	1	3	5	2	4	8	9	7
9	5	8	6	1	7	2	3	4
1	9	6	7	3	2	4	8	5
8	2	4	1	6	5	3	7	9
3	7	5	4	8	9	1	2	6

403

2	7	4	6	8	9	5	1	3
8	6	1	5	3	4	9	2	7
3	5	9	2	7	1	4	6	8
9	8	6	3	4	2	1	7	5
1	4	7	8	9	5	6	3	2
5	2	3	1	6	7	8	9	4
6	1	8	7	5	3	2	4	9
7	9	2	4	1	8	3	5	6
4	3	5	9	2	6	7	8	1

404

2	7	8	1	5	4	9	3	6
3	4	9	2	7	6	5	8	1
6	5	1	9	3	8	4	2	7
8	1	3	4	6	9	7	5	2
5	9	4	7	2	1	8	6	3
7	6	2	3	8	5	1	9	4
1	2	7	8	9	3	6	4	5
4	8	5	6	1	2	3	7	9
9	3	6	5	4	7	2	1	8

405

		6		1				
	1				4	8	2	
7	3	4		6				
4					3			9
			8					7
		2			9			
5	2	3				1		
1				5	2		3	4
	4	7					9	

406

		1	9			7		
	5		6		4	2		
6				7	1			
	3			9				
		5	3	2	6			9
		6						4
5		7	1			4		
8		3	5				6	
					9			5

407

		5					6	
	7				6	8		
			3					1
	8		1				5	7
1		4	7					8
		3		2				4
			6	8	3			2
			4			3		
3		2			9	1		

408

8	5		7	9		6		
4		6	2		3		9	
			1			9	2	6
2				7				
	9	1						
3	6							4
1	4	5					7	9
				4		5		3

405

2	8	6	9	1	5	4	7	3
9	1	5	7	3	4	8	2	6
7	3	4	2	6	8	9	5	1
4	7	1	5	2	3	6	8	9
3	5	9	8	4	6	2	1	7
8	6	2	1	7	9	3	4	5
5	2	3	4	9	7	1	6	8
1	9	8	6	5	2	7	3	4
6	4	7	3	8	1	5	9	2

406

3	2	1	9	5	8	7	4	6
7	5	9	6	3	4	2	1	8
6	8	4	2	7	1	5	9	3
2	3	8	4	9	7	6	5	1
1	4	5	3	2	6	8	7	9
9	7	6	8	1	5	3	2	4
5	9	7	1	6	3	4	8	2
8	1	3	5	4	2	9	6	7
4	6	2	7	8	9	1	3	5

407

2	3	5	8	4	1	7	6	9
9	7	1	2	5	6	8	4	3
4	6	8	3	9	7	5	2	1
6	8	9	1	3	4	2	5	7
1	2	4	7	6	5	9	3	8
7	5	3	9	2	8	6	1	4
5	1	7	6	8	3	4	9	2
8	9	6	4	1	2	3	7	5
3	4	2	5	7	9	1	8	6

408

9	3	7	8	1	6	4	5	2
8	5	2	7	9	4	6	3	1
4	1	6	2	5	3	7	9	8
5	7	4	1	3	8	9	2	6
2	8	3	6	7	9	1	4	5
6	9	1	4	2	5	3	8	7
3	6	9	5	8	7	2	1	4
1	4	5	3	6	2	8	7	9
7	2	8	9	4	1	5	6	3

409

			8					
6	5		3	2			8	
			5		4			6
	8	7			3		2	
					8			
5	3	2		9			7	
	7				1			
3		1		4				
	9				5			3

410

6		3	4	7				
9	7					4		
	4				1		6	
5					6		7	1
3								
8			7	1			3	
			5		7			
7	5	6	8		4		9	
		8		6				7

411

	8	2				7	5	
		7						6
3	1			7		4		
			2			9		4
				6				5
	2	8					1	
2			9	4				
		1	6		8		3	
	7				2			

412

				9				
	3					7	2	
			1		7			
	4	5	9	8				2
	2							9
	8		2	7	1		3	
			7	2		8		6
4		3					9	7
		8				3		

1	4	3	8	6	9	2	5	7
6	5	9	3	2	7	1	8	4
7	2	8	5	1	4	9	3	6
4	8	7	1	5	3	6	2	9
9	1	6	2	7	8	3	4	5
5	3	2	4	9	6	8	7	1
8	7	5	9	3	1	4	6	2
3	6	1	7	4	2	5	9	8
2	9	4	6	8	5	7	1	3

409

6	8	3	4	7	2	9	1	5
9	7	1	6	5	3	4	2	8
2	4	5	9	8	1	7	6	3
5	9	2	3	4	6	8	7	1
3	1	7	2	9	8	5	4	6
8	6	4	7	1	5	2	3	9
1	3	9	5	2	7	6	8	4
7	5	6	8	3	4	1	9	2
4	2	8	1	6	9	3	5	7

410

6	8	2	4	3	9	7	5	1
4	5	7	8	2	1	3	9	6
3	1	9	5	7	6	4	8	2
1	6	3	2	8	5	9	7	4
7	9	4	1	6	3	8	2	5
5	2	8	7	9	4	6	1	3
2	3	5	9	4	7	1	6	8
9	4	1	6	5	8	2	3	7
8	7	6	3	1	2	5	4	9

411

7	1	6	3	9	2	4	5	8
9	3	4	6	5	8	7	2	1
8	5	2	1	4	7	9	6	3
3	4	5	9	8	6	1	7	2
1	2	7	5	3	4	6	8	9
6	8	9	2	7	1	5	3	4
5	9	1	7	2	3	8	4	6
4	6	3	8	1	5	2	9	7
2	7	8	4	6	9	3	1	5

412

413

5		4						1
					1		4	
	6		2					
	5	1	6			8	7	
	9				3		1	
	3					4	5	
		2	5	6				
			1			2	8	5
	7	5		3			6	4

414

	2	4	5				9	7
1			6	9		5		8
	9		3	7			2	
			4	5	7	9		
		8			3		7	2
	7			8				
			7					4
	6				9			
		2		4				

415

3	4						8	
2					5		9	3
		8	3		2	5		
	5	7						1
	1			5		4		8
			2	1	6			
5					3			4
4							5	
		3		9				6

416

		1			4			
		8	7			4		2
	3		6	2		1		
						9		
3			4	8	1			
		2			5		6	4
7	1			9	6			8
		3					4	
5						6		

416

9	2	1	8	5	4	7	3	6
6	5	8	7	1	3	4	9	2
4	3	7	6	2	9	1	8	5
8	4	5	2	6	7	9	1	3
3	9	6	4	8	1	2	5	7
1	7	2	9	3	5	8	6	4
7	1	4	5	9	6	3	2	8
2	6	3	1	7	8	5	4	9
5	8	9	3	4	2	6	7	1

415

3	4	5	9	7	1	6	8	2
2	7	6	8	4	5	1	9	3
1	9	8	3	6	2	5	4	7
9	5	7	4	3	8	2	6	1
6	1	2	7	5	9	4	3	8
8	3	4	2	1	6	9	7	5
5	6	9	1	8	3	7	2	4
4	8	1	6	2	7	3	5	9
7	2	3	5	9	4	8	1	6

414

6	2	4	5	1	8	3	9	7
1	3	7	6	9	2	5	4	8
8	9	5	3	7	4	6	2	1
2	1	6	4	5	7	9	8	3
5	4	8	9	6	3	1	7	2
3	7	9	2	8	1	4	5	6
9	8	1	7	3	5	2	6	4
4	6	3	8	2	9	7	1	5
7	5	2	1	4	6	8	3	9

413

5	8	4	3	7	6	9	2	1
3	2	7	9	8	1	5	4	6
1	6	9	2	4	5	7	3	8
4	5	1	6	2	9	8	7	3
7	9	8	4	5	3	6	1	2
2	3	6	7	1	8	4	5	9
8	1	2	5	6	4	3	9	7
6	4	3	1	9	7	2	8	5
9	7	5	8	3	2	1	6	4

417

3	6	5	2				8	
							9	
		7		3			6	
			3		9	1		
1			5		8	9		
	3		1	4				2
	5	3				6		8
							7	
8	9					3		

418

3		7					6	1
4							8	
		8			6	5		
				1	2		9	8
7			8	5				
8			9		3			5
						9		
				9	1	8	4	
		6	5	3				

419

1		4	6			5		8
		5		3	2			
						1	2	9
				4		7		
				2		3	1	
6	5				1		4	
	3	7	8			2		
	8			5	7			

420

	4	6	5	1			3	7
		3				6		1
3				2			7	
			9			5		
9			4	5	1		8	6
					5			
5				9	6	8		
		2				7	6	

417

3	6	5	2	9	1	7	8	4
4	2	1	7	8	6	5	9	3
9	8	7	4	3	5	2	6	1
5	7	8	3	2	9	1	4	6
1	4	2	5	6	8	9	3	7
6	3	9	1	4	7	8	5	2
7	5	3	9	1	4	6	2	8
2	1	6	8	5	3	4	7	9
8	9	4	6	7	2	3	1	5

418

3	5	7	4	8	9	2	6	1
4	6	2	1	7	5	3	8	9
1	9	8	3	2	6	5	7	4
6	3	5	7	1	2	4	9	8
7	1	9	8	5	4	6	3	2
8	2	4	9	6	3	7	1	5
2	8	1	6	4	7	9	5	3
5	7	3	2	9	1	8	4	6
9	4	6	5	3	8	1	2	7

419

1	2	4	6	7	9	5	3	8
8	9	5	1	3	2	6	7	4
3	7	6	4	8	5	1	2	9
2	1	8	3	4	6	7	9	5
7	4	9	5	2	8	3	1	6
6	5	3	7	9	1	8	4	2
9	3	7	8	6	4	2	5	1
4	8	1	2	5	7	9	6	3
5	6	2	9	1	3	4	8	7

420

8	4	6	5	1	2	9	3	7
2	5	3	8	7	9	6	4	1
1	7	9	3	6	4	2	5	8
3	1	5	6	2	8	4	7	9
6	8	4	9	3	7	5	1	2
9	2	7	4	5	1	3	8	6
7	6	8	2	4	5	1	9	3
5	3	1	7	9	6	8	2	4
4	9	2	1	8	3	7	6	5

421

				6	7	3	5	
7				8				
			9	1	5	4		
9								3
	7							9
	4	3					8	6
	6	2	8	3			9	
3					9			
		4			1			

422

		5		8				
	6			2			9	
			7			8	4	5
		7	1					
3		6		9				4
1	2		8					
	7	1	6					
	4			7		3	1	
	8			4			5	

423

	1							
2	3			4				8
	7		5					1
			3	5			1	
		9	6		4	8		
			1				4	
6			9	3			5	
4			2					6
		5			7			

424

2					6			
			3					4
		4	9				7	8
		1	4			6	8	
					9	4	5	
			5	7		9		
1	4		2	9				
5		6			1	8		
							9	

421

4	8	9	2	6	7	3	5	1
7	5	1	4	8	3	9	6	2
2	3	6	9	1	5	4	7	8
9	2	8	1	7	6	5	4	3
6	7	5	3	4	8	2	1	9
1	4	3	5	9	2	7	8	6
5	6	2	8	3	4	1	9	7
3	1	7	6	5	9	8	2	4
8	9	4	7	2	1	6	3	5

422

7	1	5	4	8	9	2	6	3
4	6	8	3	2	5	7	9	1
9	3	2	7	1	6	8	4	5
8	9	7	1	6	4	5	3	2
3	5	6	2	9	7	1	8	4
1	2	4	8	5	3	9	7	6
5	7	1	6	3	8	4	2	9
6	4	9	5	7	2	3	1	8
2	8	3	9	4	1	6	5	7

423

5	1	4	8	9	6	2	7	3
2	3	6	7	4	1	5	9	8
9	7	8	5	2	3	4	6	1
8	4	2	3	5	9	6	1	7
1	5	9	6	7	4	8	3	2
7	6	3	1	8	2	9	4	5
6	2	1	9	3	8	7	5	4
4	9	7	2	1	5	3	8	6
3	8	5	4	6	7	1	2	9

424

2	7	5	8	4	6	3	1	9
8	1	9	3	5	7	2	6	4
6	3	4	9	1	2	5	7	8
9	5	1	4	2	3	6	8	7
7	8	2	1	6	9	4	5	3
4	6	3	5	7	8	9	2	1
1	4	8	2	9	5	7	3	6
5	9	6	7	3	1	8	4	2
3	2	7	6	8	4	1	9	5

425

5						2	4	
7	1			2		5	6	
9					4		7	
		9			5	1		
	5		3		6			
					9			
8			1	5			2	
1						6		
			4		3		1	8

426

		1		6				
	7	5	3					9
2		3				4	6	8
1			8		3			2
						1		
	3				7	8		
	8	2	1	3	5			
		9						
	6				9	3		

427

	2	7		8	6			
				4			6	2
			2		5		3	
			4		8			
1		4	5	6				
6	8			3	2	4		
		2			9			
							9	7
	5		8	7	3			

428

7			6					
2		8		5			9	
9	1		3			5		
	9						7	
						6	3	
6					3		1	9
						1		2
3	5		7	2				8
8	2		9		5	3	4	

425

5	3	8	6	7	1	2	4	9
7	1	4	9	2	8	5	6	3
9	6	2	5	3	4	8	7	1
3	2	9	7	4	5	1	8	6
4	5	1	3	8	6	7	9	2
6	8	7	2	1	9	4	3	5
8	9	6	1	5	7	3	2	4
1	4	3	8	9	2	6	5	7
2	7	5	4	6	3	9	1	8

426

8	4	1	9	6	2	7	3	5
6	7	5	3	8	4	2	1	9
2	9	3	7	5	1	4	6	8
1	5	6	8	4	3	9	7	2
7	2	8	5	9	6	1	4	3
9	3	4	2	1	7	8	5	6
4	8	2	1	3	5	6	9	7
3	1	9	6	7	8	5	2	4
5	6	7	4	2	9	3	8	1

427

4	2	7	3	8	6	9	1	5
5	3	9	7	4	1	8	6	2
8	1	6	2	9	5	7	3	4
2	7	3	4	1	8	6	5	9
1	9	4	5	6	7	3	2	8
6	8	5	9	3	2	4	7	1
7	4	2	6	5	9	1	8	3
3	6	8	1	2	4	5	9	7
9	5	1	8	7	3	2	4	6

428

7	3	5	6	9	2	4	8	1
2	6	8	4	5	1	7	9	3
9	1	4	3	8	7	5	2	6
5	9	3	1	6	8	2	7	4
1	8	7	2	4	9	6	3	5
6	4	2	5	7	3	8	1	9
4	7	9	8	3	6	1	5	2
3	5	1	7	2	4	9	6	8
8	2	6	9	1	5	3	4	7

429

	3				6			2
		9			1	5	7	
7			9	3				
2								
		4		7		9		
			5	9				
6	1						4	
					9	7	6	8
	7		3		4		5	

430

9		6	8			1	3	
		2	9		3			
					7			4
			2	3	5		9	
1				8		3	7	
7	1	4		9	8			3
8								
	6	3		4				

431

	8			3				5
	5		7	1			2	
2							3	
		9	1	4			8	
7		4		8			5	3
				5		1		
	9	2		7				
					3			8
		7	5					1

432

7							2	1
		8		6				
4	2			9		5		
8		4					9	5
						7		3
6			3		9			
1	8				3			
5				7				9
	6		9	2	4			

429

4	3	5	7	8	6	1	9	2
8	6	9	4	2	1	5	7	3
7	2	1	9	3	5	6	8	4
2	9	7	6	4	3	8	1	5
3	5	4	1	7	8	9	2	6
1	8	6	5	9	2	4	3	7
6	1	2	8	5	7	3	4	9
5	4	3	2	1	9	7	6	8
9	7	8	3	6	4	2	5	1

430

9	7	6	8	5	4	1	3	2
4	8	2	9	1	3	7	6	5
5	3	1	6	7	2	9	4	8
3	9	8	1	6	7	2	5	4
6	4	7	2	3	5	8	9	1
1	2	5	4	8	9	3	7	6
7	1	4	5	9	8	6	2	3
8	5	9	3	2	6	4	1	7
2	6	3	7	4	1	5	8	9

431

4	8	6	9	3	2	7	1	5
9	5	3	7	1	8	4	2	6
2	7	1	4	6	5	8	3	9
5	3	9	1	4	7	6	8	2
7	1	4	2	8	6	9	5	3
6	2	8	3	5	9	1	4	7
3	9	2	8	7	1	5	6	4
1	4	5	6	9	3	2	7	8
8	6	7	5	2	4	3	9	1

432

7	5	6	4	3	8	9	2	1
9	1	8	2	6	5	4	3	7
4	2	3	1	9	7	5	8	6
8	3	4	7	1	2	6	9	5
2	9	1	5	8	6	7	4	3
6	7	5	3	4	9	8	1	2
1	8	9	6	5	3	2	7	4
5	4	2	8	7	1	3	6	9
3	6	7	9	2	4	1	5	8

433

		8		1	5			
4								
		7	3			1		8
2		3	9	5	4		6	
	9	4		3	7			
	7						9	
								5
						6		9
		5		7	3			

434

				9	6		4	5
9	8		1	4	3	7	6	
8								
		9		5				
5			6		1			3
		7			5	2		
4			3		9	1	8	
			4	6				

435

	2				9			
5				2		7		
		6	4				2	
6		7						
	3	1		6			9	5
2	5				3	6		
		3			2			
	7				8	5		
	6			4	7	8		

436

5	7		9					4
	6					5	9	
				4		7		3
4		7	2					
	3			9		6	2	
6		2		5	1		4	
		6						
			4	8	2	3		
8			6	1				

433

3	2	8	7	1	5	9	4	6
4	1	9	8	6	2	3	5	7
6	5	7	3	4	9	1	2	8
2	8	3	9	5	4	7	6	1
1	9	4	6	3	7	5	8	2
5	7	6	1	2	8	4	9	3
8	3	1	4	9	6	2	7	5
7	4	2	5	8	1	6	3	9
9	6	5	2	7	3	8	1	4

434

2	1	3	7	9	6	8	4	5
7	4	6	5	2	8	3	9	1
9	8	5	1	4	3	7	6	2
8	2	1	9	3	4	6	5	7
3	6	9	2	5	7	4	1	8
5	7	4	6	8	1	9	2	3
6	9	7	8	1	5	2	3	4
4	5	2	3	7	9	1	8	6
1	3	8	4	6	2	5	7	9

435

7	2	8	3	1	9	4	5	6
5	4	9	8	2	6	7	1	3
3	1	6	4	7	5	9	2	8
6	9	7	2	5	1	3	8	4
8	3	1	7	6	4	2	9	5
2	5	4	9	8	3	6	7	1
4	8	3	5	9	2	1	6	7
1	7	2	6	3	8	5	4	9
9	6	5	1	4	7	8	3	2

436

5	7	1	9	3	6	2	8	4
3	6	4	8	2	7	5	9	1
9	2	8	1	4	5	7	6	3
4	9	7	2	6	8	1	3	5
1	3	5	7	9	4	6	2	8
6	8	2	3	5	1	9	4	7
2	4	6	5	7	3	8	1	9
7	1	9	4	8	2	3	5	6
8	5	3	6	1	9	4	7	2

437

						3	5	
				6		2		9
					9			
7	3		8		4		2	
5			6		3	8		1
	2			9	6			7
	9			4	7			3
1	7						6	

438

	6		5	1				
		4	2		3		9	
				6				3
		2						1
8	7	1	6					4
		3					6	8
						4	8	
7	8	5	4		1			
				3				5

439

						5		
	8		7			3	6	
		7		6		8		
7			5					
		9	4	8	3			
					9		4	
	3	2		1				9
	9			4		7		6
5	7	4						

440

	9				6			
				3				
7			2		1			
9					8			3
1	7	2					4	
5		3		7			1	2
	1			6				
2		4	7			1		5
		7					8	6

437

9	1	7	4	8	2	3	5	6
2	5	6	9	3	1	4	7	8
4	8	3	7	6	5	2	1	9
8	6	1	5	2	9	7	3	4
7	3	9	8	1	4	6	2	5
5	4	2	6	7	3	8	9	1
3	2	8	1	9	6	5	4	7
6	9	5	2	4	7	1	8	3
1	7	4	3	5	8	9	6	2

438

3	6	8	5	1	9	2	4	7
5	1	4	2	7	3	8	9	6
2	9	7	8	6	4	5	1	3
6	4	2	3	8	7	9	5	1
8	7	1	6	9	5	3	2	4
9	5	3	1	4	2	7	6	8
1	3	9	7	5	6	4	8	2
7	8	5	4	2	1	6	3	9
4	2	6	9	3	8	1	7	5

439

4	2	6	9	3	8	5	1	7
9	8	1	7	5	4	3	6	2
3	5	7	2	6	1	8	9	4
7	4	3	5	2	6	9	8	1
2	1	9	4	8	3	6	7	5
8	6	5	1	7	9	2	4	3
6	3	2	8	1	7	4	5	9
1	9	8	3	4	5	7	2	6
5	7	4	6	9	2	1	3	8

440

4	9	1	8	5	6	3	2	7
6	2	8	9	3	7	4	5	1
7	3	5	2	4	1	8	6	9
9	4	6	1	2	8	5	7	3
1	7	2	3	9	5	6	4	8
5	8	3	6	7	4	9	1	2
8	1	9	5	6	2	7	3	4
2	6	4	7	8	3	1	9	5
3	5	7	4	1	9	2	8	6

441

	5	2		3		1		
	8					9		
	7		1	8	6		2	
3					4			8
	6				3		5	
			6		8		7	
					1			
8	2	9		6	7	5		
			4	9				

442

		9			3			2
		7					5	
1							9	8
7			8			9		6
		2		1				
	4					8		
3			9					1
6	5			8	4		3	
			7	3		5		

443

		9		5	7			
6	3		8					
			4				2	
			5					
	7				4			
1	6		7		3	8		
		8	3					2
	5		1			4		
2		1	9			3		6

444

5				4		2		1
			8					
			1	2		9	6	
			5	9		6		7
		2			7		4	9
	4					1		
	6			3	1	7		
4			9			3	1	6
	7							2

4	5	2	7	3	9	1	8	6
6	8	1	5	4	2	9	3	7
9	7	3	1	8	6	4	2	5
3	9	5	2	7	4	6	1	8
7	6	8	9	1	3	2	5	4
2	1	4	6	5	8	3	7	9
5	4	6	8	2	1	7	9	3
8	2	9	3	6	7	5	4	1
1	3	7	4	9	5	8	6	2

441

4	8	9	5	6	3	1	7	2
2	6	7	1	9	8	4	5	3
1	3	5	4	7	2	6	9	8
7	1	3	8	4	5	9	2	6
8	9	2	6	1	7	3	4	5
5	4	6	3	2	9	8	1	7
3	7	4	9	5	6	2	8	1
6	5	1	2	8	4	7	3	9
9	2	8	7	3	1	5	6	4

442

4	2	9	6	5	7	1	3	8
6	3	5	8	1	2	7	4	9
8	1	7	4	3	9	6	2	5
9	8	4	5	6	1	2	7	3
5	7	3	2	8	4	9	6	1
1	6	2	7	9	3	8	5	4
7	9	8	3	4	6	5	1	2
3	5	6	1	2	8	4	9	7
2	4	1	9	7	5	3	8	6

443

5	9	6	7	4	3	2	8	1
1	2	4	8	6	9	5	7	3
7	3	8	1	2	5	9	6	4
8	1	3	5	9	4	6	2	7
6	5	2	3	1	7	8	4	9
9	4	7	2	8	6	1	3	5
2	6	9	4	3	1	7	5	8
4	8	5	9	7	2	3	1	6
3	7	1	6	5	8	4	9	2

444

445

							6	
5	4	1	6			7		
	8	2		7				1
					2			
1			8			5	3	4
3						1	2	
		5	7					3
		3	4	8	1	9		
4						6		

446

	6		5					
			6	9	7	8	1	
		9			4	5		
9		5		7	2			
	8							
1	3		4				2	
				4		1		
		6	2		9	3		
				6	8		9	4

447

				9		4		3
					3		1	9
	9			7				
5		7	6	3	1	2		
						5		1
2					9			
7	3						8	
		2		4		1		
		1			6	3		

448

				8	3	7	1	4
2	1		5		7			
					4		6	
		7						
			1	4				3
3	4		7				9	
5	8	3						1
					2		4	
	2	6				9		

445

9	3	7	1	5	8	4	6	2
5	4	1	6	2	3	7	8	9
6	8	2	9	7	4	3	5	1
7	5	4	3	1	2	8	9	6
1	2	6	8	9	7	5	3	4
3	9	8	5	4	6	1	2	7
8	1	5	7	6	9	2	4	3
2	6	3	4	8	1	9	7	5
4	7	9	2	3	5	6	1	8

446

8	6	1	5	2	3	7	4	9
3	5	4	6	9	7	8	1	2
7	2	9	1	8	4	5	6	3
9	4	5	8	7	2	6	3	1
6	8	2	9	3	1	4	5	7
1	3	7	4	5	6	9	2	8
2	9	8	3	4	5	1	7	6
4	7	6	2	1	9	3	8	5
5	1	3	7	6	8	2	9	4

447

1	7	5	8	9	2	4	6	3
8	2	4	5	6	3	7	1	9
6	9	3	1	7	4	8	2	5
5	4	7	6	3	1	2	9	8
3	6	9	7	2	8	5	4	1
2	1	8	4	5	9	6	3	7
7	3	6	2	1	5	9	8	4
9	8	2	3	4	7	1	5	6
4	5	1	9	8	6	3	7	2

448

6	5	9	2	8	3	7	1	4
2	1	4	5	6	7	8	3	9
7	3	8	9	1	4	2	6	5
1	6	7	3	9	5	4	8	2
8	9	2	1	4	6	5	7	3
3	4	5	7	2	8	1	9	6
5	8	3	4	7	9	6	2	1
9	7	1	6	5	2	3	4	8
4	2	6	8	3	1	9	5	7

449

				2			4	
	2		6		1		5	
	9	1		7				3
9		4		3		7		
			4				9	5
	6				8	3		
6			2	9		4		
	8	9			6			

450

				7	6	4		
	7	4						
5		6		9	4			8
		3				2		
9				1	5		7	
1							5	4
	6						4	
	1					9		
3				2		6		7

451

	9		5		8		4	3
			7					
					4		2	8
		4			5	1		
							7	
2	5					6	9	
			9		2		3	1
5					7	2		
	4	2	1					

452

								3
	3	4		6				
	2						9	
	7		2		8	9		
9		6		4	7		2	5
7	1		8				4	9
	9				2	7	3	6
			5			8		

449

5	7	6	3	2	9	8	4	1
4	2	3	6	8	1	9	5	7
8	9	1	5	7	4	2	6	3
9	5	4	1	3	2	7	8	6
2	3	8	4	6	7	1	9	5
1	6	7	9	5	8	3	2	4
6	1	5	2	9	3	4	7	8
3	8	9	7	4	6	5	1	2
7	4	2	8	1	5	6	3	9

450

2	9	1	8	7	6	4	3	5
8	7	4	5	3	2	1	6	9
5	3	6	1	9	4	7	2	8
6	5	3	7	4	8	2	9	1
9	4	8	2	1	5	3	7	6
1	2	7	9	6	3	8	5	4
7	6	9	3	8	1	5	4	2
4	1	2	6	5	7	9	8	3
3	8	5	4	2	9	6	1	7

451

1	9	6	5	2	8	7	4	3
4	2	8	7	3	9	5	1	6
3	7	5	6	1	4	9	2	8
7	6	4	3	9	5	1	8	2
8	1	9	2	4	6	3	7	5
2	5	3	8	7	1	6	9	4
6	8	7	9	5	2	4	3	1
5	3	1	4	8	7	2	6	9
9	4	2	1	6	3	8	5	7

452

1	5	9	7	2	4	6	8	3
8	3	4	9	6	1	2	5	7
6	2	7	3	8	5	4	9	1
3	7	1	2	5	8	9	6	4
9	8	6	1	4	7	3	2	5
2	4	5	6	9	3	1	7	8
7	1	2	8	3	6	5	4	9
5	9	8	4	1	2	7	3	6
4	6	3	5	7	9	8	1	2

453

		8		4		1		2
5				9				4
6			1				9	
			9		4			
	8			5	7			9
9				1	2			
7		2	8	6				
		9		7	1	6	2	
	5					8		

454

		7			2		9	6
		8			5		7	
			9		4	2		8
	9	6	7				4	1
8			6					
	5	3			9			
		1						
5			4			3		
	8					6		

455

		4	3	6				5
	3	1		4				
5			8			4	2	
	2						3	
6								
		8	7	1				4
1		3	9			5		
7					8			1
						9	7	

456

	7					4		
	6		2	4			5	
			8		9			
	1							2
9					6	5	3	
		6		3			8	
1		2	4	8				
		8	9					
5	4		3					

453

3	9	8	5	4	6	1	7	2
5	2	1	7	9	8	3	6	4
6	4	7	1	2	3	5	9	8
2	6	3	9	8	4	7	5	1
1	8	4	6	5	7	2	3	9
9	7	5	3	1	2	4	8	6
7	1	2	8	6	5	9	4	3
8	3	9	4	7	1	6	2	5
4	5	6	2	3	9	8	1	7

454

3	4	7	1	8	2	5	9	6
9	2	8	3	6	5	1	7	4
6	1	5	9	7	4	2	3	8
2	9	6	7	5	3	8	4	1
8	7	4	6	2	1	9	5	3
1	5	3	8	4	9	7	6	2
7	3	1	2	9	6	4	8	5
5	6	9	4	1	8	3	2	7
4	8	2	5	3	7	6	1	9

455

9	8	4	3	6	2	7	1	5
2	3	1	5	4	7	6	9	8
5	7	6	8	9	1	4	2	3
4	2	5	6	8	9	1	3	7
6	1	7	4	2	3	8	5	9
3	9	8	7	1	5	2	6	4
1	4	3	9	7	6	5	8	2
7	6	9	2	5	8	3	4	1
8	5	2	1	3	4	9	7	6

456

2	7	1	6	5	3	4	9	8
8	6	9	2	4	1	7	5	3
4	5	3	8	7	9	1	2	6
3	1	5	7	9	8	6	4	2
9	8	4	1	2	6	5	3	7
7	2	6	5	3	4	9	8	1
1	9	2	4	8	7	3	6	5
6	3	8	9	1	5	2	7	4
5	4	7	3	6	2	8	1	9

457

	4				7	9	2	
		3						5
								8
6			4		9	2		
		7		6	5			4
			7	2			8	
		1					9	
		9			2	8	1	
2					4			

458

	1		6		5	7		
						3		
7				1	9			2
	2		1	5			9	8
	7	5	9					
6	9						2	
	4					9	6	
					8			
			4	2				

459

	3		8	7			9	
	2	5						
	9		2			4		5
7	5		6					
2	6			9				8
			1			3		7
5		2				1		
		6		1			3	2
			9					

460

		1	6					3
					3	4		6
		4			2	9		
2				3	4			9
			2	1				
			7	8				
	2	8					7	
6	1			2	7			8
	3				8		6	

457

8	4	5	6	3	7	9	2	1
1	9	3	2	4	8	7	6	5
7	6	2	9	5	1	3	4	8
6	3	8	4	1	9	2	5	7
9	2	7	8	6	5	1	3	4
5	1	4	7	2	3	6	8	9
3	7	1	5	8	6	4	9	2
4	5	9	3	7	2	8	1	6
2	8	6	1	9	4	5	7	3

458

3	1	2	6	8	5	7	4	9
5	8	9	2	7	4	3	1	6
7	6	4	3	1	9	8	5	2
4	2	3	1	5	7	6	9	8
8	7	5	9	6	2	4	3	1
6	9	1	8	4	3	5	2	7
2	4	8	7	3	1	9	6	5
1	3	6	5	9	8	2	7	4
9	5	7	4	2	6	1	8	3

459

1	3	4	8	7	5	2	9	6
8	2	5	4	6	9	7	1	3
6	9	7	2	3	1	4	8	5
7	5	3	6	4	8	9	2	1
2	6	1	7	9	3	5	4	8
4	8	9	1	5	2	3	6	7
5	4	2	3	8	6	1	7	9
9	7	6	5	1	4	8	3	2
3	1	8	9	2	7	6	5	4

460

8	9	1	6	4	5	7	2	3
7	5	2	1	9	3	4	8	6
3	6	4	8	7	2	9	5	1
2	7	6	5	3	4	8	1	9
5	8	3	2	1	9	6	4	7
1	4	9	7	8	6	2	3	5
9	2	8	3	6	1	5	7	4
6	1	5	4	2	7	3	9	8
4	3	7	9	5	8	1	6	2

461

	1		3		9			6
5		7				3	4	
3						1	2	
				9	7			
6					1		5	3
			6	3		7		
		1	5	4	6	8		
				7	8			
	4		2					

462

		2						9
	5	1						
	8			1		6	7	
					7	8		1
					5			
	2		9					3
2			6					5
7		6			3	4		8
5				8		9	3	

463

5		4						7
		2	5		6	3		
	9					5	1	
					2		3	6
3								9
2		6			4		5	
			3				4	5
7	1	5				6		
				6		9	7	

464

	4	3			1			
	2			7		5		9
8	9				5	2		
			7			1	6	4
7		5	1		2			3
					6	8	5	
3		2	5	1				
4			2			3		

461

4	1	2	3	8	9	5	7	6
5	8	7	1	6	2	3	4	9
3	6	9	7	5	4	1	2	8
1	5	3	8	9	7	2	6	4
6	7	8	4	2	1	9	5	3
9	2	4	6	3	5	7	8	1
7	9	1	5	4	6	8	3	2
2	3	6	9	7	8	4	1	5
8	4	5	2	1	3	6	9	7

462

6	7	2	3	4	8	1	5	9
9	5	1	2	7	6	3	8	4
4	8	3	5	1	9	6	7	2
3	6	5	4	2	7	8	9	1
1	4	9	8	3	5	2	6	7
8	2	7	9	6	1	5	4	3
2	3	8	6	9	4	7	1	5
7	9	6	1	5	3	4	2	8
5	1	4	7	8	2	9	3	6

463

5	3	4	2	1	9	8	6	7
1	7	2	5	8	6	3	9	4
6	9	8	7	4	3	5	1	2
9	5	1	8	7	2	4	3	6
3	4	7	6	5	1	2	8	9
2	8	6	9	3	4	7	5	1
8	6	9	3	2	7	1	4	5
7	1	5	4	9	8	6	2	3
4	2	3	1	6	5	9	7	8

464

5	4	3	9	2	1	6	7	8
6	2	1	8	7	4	5	3	9
8	9	7	3	6	5	2	4	1
2	3	8	7	5	9	1	6	4
7	6	5	1	4	2	9	8	3
9	1	4	6	8	3	7	2	5
1	7	9	4	3	6	8	5	2
3	8	2	5	1	7	4	9	6
4	5	6	2	9	8	3	1	7

465

8	6	4		7	1			
		5				2	8	1
		1		9			6	
1				4			9	
		9		3			5	
	4				8		2	
			1		9	5		
			3					2
3								9

466

	6	5			1			
8	9	4						2
					9			
7				3	5		9	
				2	8			
	3						8	
	8	3		9			7	
		7		1		3	2	8
2						4		

467

	8						5	1
							4	
		6			9	2		
7	6			1			2	
	3	8	7				9	
2	4		5	3	6		1	
			4		1	5		
	1	4						
8			3		2	1		

468

	5				4		6	
				2			1	5
3					9		7	2
5	6		4		8			
				7				
		8	1			7		
8			3		2			
		6		8			9	
2							4	

465

8	6	4	2	7	1	9	3	5
7	9	5	4	6	3	2	8	1
2	3	1	8	9	5	4	6	7
1	7	2	5	4	6	3	9	8
6	8	9	7	3	2	1	5	4
5	4	3	9	1	8	7	2	6
4	2	6	1	8	9	5	7	3
9	1	8	3	5	7	6	4	2
3	5	7	6	2	4	8	1	9

466

3	6	5	2	8	1	9	4	7
8	9	4	3	6	7	5	1	2
1	7	2	4	5	9	8	6	3
7	2	8	1	3	5	6	9	4
6	4	1	9	2	8	7	3	5
5	3	9	7	4	6	2	8	1
4	8	3	5	9	2	1	7	6
9	5	7	6	1	4	3	2	8
2	1	6	8	7	3	4	5	9

467

3	8	2	6	4	7	9	5	1
5	9	1	2	8	3	7	4	6
4	7	6	1	5	9	2	3	8
7	6	5	9	1	8	4	2	3
1	3	8	7	2	4	6	9	5
2	4	9	5	3	6	8	1	7
6	2	3	4	7	1	5	8	9
9	1	4	8	6	5	3	7	2
8	5	7	3	9	2	1	6	4

468

9	5	2	7	1	4	3	6	8
6	7	4	8	2	3	9	1	5
3	8	1	6	5	9	4	7	2
5	6	7	4	3	8	1	2	9
1	9	3	2	7	6	5	8	4
4	2	8	1	9	5	7	3	6
8	1	9	3	4	2	6	5	7
7	4	6	5	8	1	2	9	3
2	3	5	9	6	7	8	4	1

469

				1	4	3		
							2	4
	8	2	7			1	9	
								2
3	4	9						8
		5		6	3		1	9
1		3	4			8		
9	6							
	5	8	6					

470

	6		8			4		
	5	4	6					1
	8		4		9			7
5				1				
3					5	6		
	2	9				1	4	
4								
							9	
6		1			3		7	

471

			5			9	8	
		1		9			4	
			3					
	5				9		1	7
			7	4	6			8
3						4		
7	1		9					
		5			8		9	
	3					7	6	4

472

	3	2		7				
9	1	5	2		3			
4			1				5	
						1		3
	4				1			
	8	1			9		7	6
5						9		4
				5		6		1
	2	8						

469

5	9	7	2	1	4	3	8	6
6	3	1	5	8	9	7	2	4
4	8	2	7	3	6	1	9	5
8	1	6	9	4	7	5	3	2
3	4	9	1	5	2	6	7	8
2	7	5	8	6	3	4	1	9
1	2	3	4	9	5	8	6	7
9	6	4	3	7	8	2	5	1
7	5	8	6	2	1	9	4	3

470

9	6	2	8	7	1	4	5	3
7	5	4	6	3	2	9	8	1
1	8	3	4	5	9	2	6	7
5	4	6	2	1	8	7	3	9
3	1	7	9	4	5	6	2	8
8	2	9	3	6	7	1	4	5
4	3	8	7	9	6	5	1	2
2	7	5	1	8	4	3	9	6
6	9	1	5	2	3	8	7	4

471

2	7	3	5	1	4	9	8	6
5	8	1	6	9	7	2	4	3
9	4	6	3	8	2	1	7	5
4	5	8	2	3	9	6	1	7
1	9	2	7	4	6	5	3	8
3	6	7	8	5	1	4	2	9
7	1	4	9	6	3	8	5	2
6	2	5	4	7	8	3	9	1
8	3	9	1	2	5	7	6	4

472

8	3	2	6	7	5	4	1	9
9	1	5	2	4	3	8	6	7
4	7	6	1	9	8	3	5	2
2	5	9	7	8	6	1	4	3
6	4	7	5	3	1	2	9	8
3	8	1	4	2	9	5	7	6
5	6	3	8	1	7	9	2	4
7	9	4	3	5	2	6	8	1
1	2	8	9	6	4	7	3	5

473

			9			8		1
			6				9	2
	9	2			8		3	
	8	9	7				4	
	3				4			
6								9
			8		6			5
8		7				4		
		1	4					

474

	4					8	9	
				2	4	6		
5			8		1			
	2			6		5		
4	7					2		
	8	6	2		9			7
	3			7			5	6
		7						
		9			3			2

475

		7				5	9	8
			7	2				6
	6		5		9			
			6				8	
				5	8	9		2
		2		3				
6	7					3		9
2					4			5
	8		2			7		

476

5	9	2	7	6			1	4
							8	
	8			1	5	2		
	3	6		8			4	
7		4			6	8		
			1					
3				9		1		
	2			7	3			
		5				7	3	

473

5	4	6	9	2	3	8	7	1
3	1	8	6	4	7	5	9	2
7	9	2	5	1	8	6	3	4
2	8	9	7	6	5	1	4	3
1	3	5	2	9	4	7	6	8
6	7	4	3	8	1	2	5	9
4	2	3	8	7	6	9	1	5
8	5	7	1	3	9	4	2	6
9	6	1	4	5	2	3	8	7

474

7	4	2	6	3	5	8	9	1
1	9	8	7	2	4	6	3	5
5	6	3	8	9	1	7	2	4
9	2	1	4	6	7	5	8	3
4	7	5	3	1	8	2	6	9
3	8	6	2	5	9	1	4	7
8	3	4	1	7	2	9	5	6
2	5	7	9	4	6	3	1	8
6	1	9	5	8	3	4	7	2

475

1	2	7	3	4	6	5	9	8
9	5	8	7	2	1	4	3	6
4	6	3	5	8	9	2	1	7
7	4	5	6	9	2	1	8	3
3	1	6	4	5	8	9	7	2
8	9	2	1	3	7	6	5	4
6	7	4	8	1	5	3	2	9
2	3	1	9	7	4	8	6	5
5	8	9	2	6	3	7	4	1

476

5	9	2	7	6	8	3	1	4
6	7	1	4	3	2	9	8	5
4	8	3	9	1	5	2	6	7
9	3	6	2	8	7	5	4	1
7	1	4	3	5	6	8	9	2
2	5	8	1	4	9	6	7	3
3	6	7	5	9	4	1	2	8
1	2	9	8	7	3	4	5	6
8	4	5	6	2	1	7	3	9

477

	6			5	3	1	8	
			6					
			1		2			3
				4	5			8
		2		1				
		7			8			9
1					6	8		
			8	9				
	5	6			1	9		

478

			4	3				
8	3	9		5		4	2	
6								5
9		2						7
	8	4	9		1			
3						8		
	7						5	1
					3			
		8	2		9		6	

479

					6			7
		4	1		8			6
	2	8				4		
			8			5	1	
2	4	1			3			8
		7						
9	8					7		
						9	4	
			3		7		8	5

480

		6			1	7	4	8
			7			1	9	
	8							
5				7		3		
				2			6	
	1				8	4		
1		9				5		
		3	6			9	1	
4							3	

477

2	6	9	4	5	3	1	8	7
3	1	8	6	7	9	2	4	5
4	7	5	1	8	2	6	9	3
6	3	1	9	4	5	7	2	8
9	8	2	3	1	7	4	5	6
5	4	7	2	6	8	3	1	9
1	9	4	5	3	6	8	7	2
7	2	3	8	9	4	5	6	1
8	5	6	7	2	1	9	3	4

478

5	2	7	4	3	6	1	9	8
8	3	9	1	5	7	4	2	6
6	4	1	8	9	2	3	7	5
9	1	2	3	8	5	6	4	7
7	8	4	9	6	1	5	3	2
3	6	5	7	2	4	8	1	9
2	7	3	6	4	8	9	5	1
1	9	6	5	7	3	2	8	4
4	5	8	2	1	9	7	6	3

479

1	3	9	5	4	6	8	2	7
5	7	4	1	2	8	3	9	6
6	2	8	7	3	9	4	5	1
3	9	6	8	7	2	5	1	4
2	4	1	9	5	3	6	7	8
8	5	7	4	6	1	2	3	9
9	8	5	2	1	4	7	6	3
7	1	3	6	8	5	9	4	2
4	6	2	3	9	7	1	8	5

480

2	9	6	5	3	1	7	4	8
3	5	4	7	8	2	1	9	6
7	8	1	9	6	4	2	5	3
5	4	8	1	7	6	3	2	9
9	3	7	4	2	5	8	6	1
6	1	2	3	9	8	4	7	5
1	6	9	2	4	3	5	8	7
8	2	3	6	5	7	9	1	4
4	7	5	8	1	9	6	3	2

481

	6	3			5		1	9
		8					2	
	9	1					4	
		5	6			4		
4				9		2	6	3
1	3		4	8				
					3		7	
	1					6		
					6		9	

482

			3		7		8	
8	1	3						
	6				3			
					5	1		3
	2	4					9	
				9	2	5	6	
	7		6			3		
		8	1			7	2	

483

		5	9	8				
2		3			1	8		
							6	4
8					2	5		1
		1			8		4	9
					3	7		2
								7
	5	6						
	8	2		5	9		1	

484

1	9				6			
4	6		3					
	2			9				
6				3	8	1		7
			2				6	
			9					3
					5		7	
		3		8	9			5
2	5			1		8	4	

481

7	6	3	2	4	5	8	1	9
5	4	8	1	7	9	3	2	6
2	9	1	3	6	8	7	4	5
9	2	5	6	3	7	4	8	1
4	8	7	5	9	1	2	6	3
1	3	6	4	8	2	9	5	7
6	5	4	9	2	3	1	7	8
8	1	9	7	5	4	6	3	2
3	7	2	8	1	6	5	9	4

482

5	9	2	3	1	7	4	8	6
7	4	6	5	8	9	2	3	1
8	1	3	4	2	6	9	5	7
1	6	5	9	4	3	8	7	2
9	8	7	2	6	5	1	4	3
3	2	4	8	7	1	6	9	5
4	3	1	7	9	2	5	6	8
2	7	9	6	5	8	3	1	4
6	5	8	1	3	4	7	2	9

483

6	1	5	9	8	4	2	7	3
2	4	3	7	6	1	8	9	5
9	7	8	2	3	5	1	6	4
8	9	7	6	4	2	5	3	1
3	2	1	5	7	8	6	4	9
5	6	4	1	9	3	7	8	2
1	3	9	8	2	6	4	5	7
4	5	6	3	1	7	9	2	8
7	8	2	4	5	9	3	1	6

484

1	9	5	8	4	6	7	3	2
4	6	7	3	5	2	9	1	8
3	2	8	1	9	7	4	5	6
6	4	2	5	3	8	1	9	7
8	3	9	2	7	1	5	6	4
5	7	1	9	6	4	2	8	3
9	8	4	6	2	5	3	7	1
7	1	3	4	8	9	6	2	5
2	5	6	7	1	3	8	4	9

485

5	6			3				
		9				3	7	
				9			5	1
	4	7	9	1				6
		5					3	
2			6			1		
	5	2	1			7		
						9		
	7		3	4	5			8

486

					2	4		5
			5					
			1	3	4	2		6
7	3		2					
5					7			
9		6		1				7
						3		
		5					9	4
		3		9			8	2

487

					5		7	2
3	7					9	5	
		1						
						2		
5				4	7			3
	9	7		1	3			
7				6			3	
	4	8				7	2	
	3			9		8		

488

4	6		3	8	2			1
	3				1			
			6			3		8
9						2		
					3		6	
6	5					4		
				5	8		9	
8	7	6						2
2		5		7			1	

485

5	6	4	7	3	1	8	9	2
1	2	9	5	6	8	3	7	4
7	3	8	4	9	2	6	5	1
8	4	7	9	1	3	5	2	6
6	1	5	8	2	7	4	3	9
2	9	3	6	5	4	1	8	7
4	5	2	1	8	9	7	6	3
3	8	1	2	7	6	9	4	5
9	7	6	3	4	5	2	1	8

486

3	6	7	9	8	2	4	1	5
2	4	1	5	7	6	8	3	9
8	5	9	1	3	4	2	7	6
7	3	4	2	5	9	1	6	8
5	1	8	6	4	7	9	2	3
9	2	6	8	1	3	5	4	7
4	9	2	7	6	8	3	5	1
6	8	5	3	2	1	7	9	4
1	7	3	4	9	5	6	8	2

487

8	6	9	1	3	5	4	7	2
3	7	4	6	2	8	9	5	1
2	5	1	4	7	9	3	6	8
4	1	3	5	8	6	2	9	7
5	8	2	9	4	7	6	1	3
6	9	7	2	1	3	5	8	4
7	2	5	8	6	4	1	3	9
9	4	8	3	5	1	7	2	6
1	3	6	7	9	2	8	4	5

488

4	6	7	3	8	2	9	5	1
5	3	8	7	9	1	6	2	4
1	2	9	6	4	5	3	7	8
9	1	3	5	6	4	2	8	7
7	8	4	9	2	3	1	6	5
6	5	2	8	1	7	4	3	9
3	4	1	2	5	8	7	9	6
8	7	6	1	3	9	5	4	2
2	9	5	4	7	6	8	1	3

489

	7			5			2	
3				7				
	9		4		1		6	
7					9			
		1				9		8
		8		6	5			2
2								7
			3	9	8			
	6		5			4		

490

	2			7	1		4	
					4		8	
		5			9	6		
	8							
							1	9
6			4			8		3
4			1				9	
				4		2	7	8
8	7				3	4		

491

		5		4				
		9						
1					7	9		6
	3			6			5	
		2				4		
		8		3	9	6		2
				8	3	7		
	7		4				3	
3			7			5	6	4

492

						5	7	
	6		8			3	9	
	8		4	3	7			
	5	6						
				6				
7			3		5	9		
5			6				2	
		8	1		4	7		3
	3	4	5		9			

489

8	7	6	9	5	3	1	2	4
3	1	4	2	7	6	8	9	5
5	9	2	4	8	1	7	6	3
7	2	5	8	3	9	6	4	1
6	3	1	7	4	2	9	5	8
9	4	8	1	6	5	3	7	2
2	8	9	6	1	4	5	3	7
4	5	7	3	9	8	2	1	6
1	6	3	5	2	7	4	8	9

490

3	2	8	6	7	1	9	4	5
7	6	9	3	5	4	1	8	2
1	4	5	8	2	9	6	3	7
5	8	1	9	3	2	7	6	4
2	3	4	7	6	8	5	1	9
6	9	7	4	1	5	8	2	3
4	5	2	1	8	7	3	9	6
9	1	3	5	4	6	2	7	8
8	7	6	2	9	3	4	5	1

491

8	2	5	9	4	6	3	1	7
7	6	9	3	1	8	2	4	5
1	4	3	5	2	7	9	8	6
9	3	7	2	6	4	1	5	8
6	1	2	8	7	5	4	9	3
4	5	8	1	3	9	6	7	2
5	9	4	6	8	3	7	2	1
2	7	6	4	5	1	8	3	9
3	8	1	7	9	2	5	6	4

492

4	2	3	9	1	6	5	7	8
1	6	7	8	5	2	3	9	4
9	8	5	4	3	7	6	1	2
3	5	6	2	9	8	1	4	7
8	4	9	7	6	1	2	3	5
7	1	2	3	4	5	9	8	6
5	7	1	6	8	3	4	2	9
6	9	8	1	2	4	7	5	3
2	3	4	5	7	9	8	6	1

493

7	6		1	8				3
1		3		7	9	5		
	5		4					
		1	3		4			
3				2				
5					7			4
		6		3			4	
9								
	3	5			6	9		8

494

	5							8
		8	1		5			
				8	4	6	2	
2	3			9				
4						7		
	1					2	5	
	2		4	5		3	8	6
				7	8			
		9						7

495

8		4						
	1		6				4	3
			2			5		
			1		9			
	7						5	2
1		3				9	6	
	9		4		8	7	1	
7						3		
4	2							

496

5		2	7	4		9		
						7		5
3			8	5	9			6
				3			7	
2	1				5			
		5		2	4			1
	3	8						
6			4					
	5	7					4	8

496

5	6	2	7	4	1	9	8	3
8	9	4	3	6	2	7	1	5
3	7	1	8	5	9	4	2	6
9	4	6	1	3	8	5	7	2
2	1	3	6	7	5	8	9	4
7	8	5	9	2	4	6	3	1
4	3	8	5	1	7	2	6	9
6	2	9	4	8	3	1	5	7
1	5	7	2	9	6	3	4	8

495

8	5	4	7	1	3	2	9	6
2	1	7	6	9	5	8	4	3
6	3	9	2	8	4	5	7	1
5	6	2	1	7	9	4	3	8
9	7	8	3	4	6	1	5	2
1	4	3	8	5	2	9	6	7
3	9	6	4	2	8	7	1	5
7	8	5	9	6	1	3	2	4
4	2	1	5	3	7	6	8	9

494

9	5	2	6	3	7	4	1	8
6	4	8	1	2	5	9	7	3
1	7	3	9	8	4	6	2	5
2	3	7	5	9	1	8	6	4
4	9	5	8	6	2	7	3	1
8	1	6	7	4	3	2	5	9
7	2	1	4	5	9	3	8	6
5	6	4	3	7	8	1	9	2
3	8	9	2	1	6	5	4	7

493

7	6	2	1	8	5	4	9	3
1	4	3	2	7	9	5	8	6
8	5	9	4	6	3	2	1	7
6	9	1	3	5	4	8	7	2
3	7	4	8	2	1	6	5	9
5	2	8	6	9	7	1	3	4
2	1	6	9	3	8	7	4	5
9	8	7	5	4	2	3	6	1
4	3	5	7	1	6	9	2	8

497

8				7	9	4		
			2		4	9	1	
	6	9				2		
	4	8				3		
						1		
			4	1				6
		4		5		8	9	
		2	9				5	
		6					4	1

498

7	9	4		3				
				9	7		5	1
5								
	4		7					
	1		6			9		
	8	7		5	4			
		3	1		5			
			2	7				
2					9		6	7

499

						2		
2								
1	6	8						
		2	8				5	3
				9			4	
6	5			1	7			
	4		9		8		1	
				7	3		6	
3			4		5		9	8

500

		8		5				7
	6		2		3	5		
	2			4				
7							5	
				2		4		
8	3	4					7	1
		1		3				
	5				4			
	8	6	5	1			4	

497

8	2	1	3	7	9	4	6	5
5	7	3	2	6	4	9	1	8
4	6	9	1	8	5	2	3	7
1	4	8	5	2	6	3	7	9
6	3	5	7	9	8	1	2	4
2	9	7	4	1	3	5	8	6
3	1	4	6	5	7	8	9	2
7	8	2	9	4	1	6	5	3
9	5	6	8	3	2	7	4	1

498

7	9	4	5	3	1	6	2	8
8	2	6	4	9	7	3	5	1
5	3	1	8	2	6	7	4	9
9	4	2	7	1	3	5	8	6
3	1	5	6	8	2	9	7	4
6	8	7	9	5	4	2	1	3
4	7	3	1	6	5	8	9	2
1	6	9	2	7	8	4	3	5
2	5	8	3	4	9	1	6	7

499

4	9	5	7	8	1	2	3	6
2	3	7	6	5	4	9	8	1
1	6	8	2	3	9	5	7	4
9	7	2	8	4	6	1	5	3
8	1	3	5	9	2	6	4	7
6	5	4	3	1	7	8	2	9
7	4	6	9	2	8	3	1	5
5	8	9	1	7	3	4	6	2
3	2	1	4	6	5	7	9	8

500

3	4	8	9	5	6	1	2	7
1	6	9	2	7	3	5	8	4
5	2	7	1	4	8	6	3	9
7	9	2	4	8	1	3	5	6
6	1	5	3	2	7	4	9	8
8	3	4	6	9	5	2	7	1
4	7	1	8	3	2	9	6	5
9	5	3	7	6	4	8	1	2
2	8	6	5	1	9	7	4	3

501

5					6			3
8			7			2		
							5	
		8	2	1				9
4			9					
	1			3				
					8	9		2
		2						6
	5	1		4				8

502

	2			3		4		
	5			9				
					7			9
					8			7
5		7					9	
8						3		2
		2	1			9	4	5
	6			8	4		1	
								6

503

			7		8	3		
			5					
1		9			4			
3			1					
	1			9		7	5	
	8	7						
9						4		3
			4		3			5
5	3						2	

504

						9		
	8						5	1
					2			4
	9		4				7	6
			8					
		6	1	3		5	9	
9	7	8		6			3	
	3	5		7				
							8	

501

5	9	7	4	2	6	1	8	3
8	6	3	7	5	1	2	9	4
1	2	4	3	8	9	6	5	7
6	7	8	2	1	5	4	3	9
4	3	5	9	6	7	8	2	1
2	1	9	8	3	4	7	6	5
3	4	6	5	7	8	9	1	2
7	8	2	1	9	3	5	4	6
9	5	1	6	4	2	3	7	8

502

6	2	9	5	3	1	4	7	8
7	5	8	4	9	2	6	3	1
1	4	3	8	6	7	5	2	9
2	3	6	9	4	8	1	5	7
5	1	7	6	2	3	8	9	4
8	9	4	7	1	5	3	6	2
3	8	2	1	7	6	9	4	5
9	6	5	2	8	4	7	1	3
4	7	1	3	5	9	2	8	6

503

2	5	6	7	1	8	3	4	9
8	4	3	5	2	9	6	1	7
1	7	9	6	3	4	5	8	2
3	9	5	1	8	7	2	6	4
4	1	2	3	9	6	7	5	8
6	8	7	2	4	5	9	3	1
9	6	1	8	5	2	4	7	3
7	2	8	4	6	3	1	9	5
5	3	4	9	7	1	8	2	6

504

1	6	4	5	8	3	9	2	7
7	8	2	6	4	9	3	5	1
3	5	9	7	1	2	8	6	4
8	9	3	4	2	5	1	7	6
5	1	7	8	9	6	2	4	3
2	4	6	1	3	7	5	9	8
9	7	8	2	6	1	4	3	5
4	3	5	9	7	8	6	1	2
6	2	1	3	5	4	7	8	9

505

				7	9			2
2					5	6		
		3						
			1	8	4			
	5		6			2		4
					2			
1				6	8			5
		2					8	7
5	8							9

506

	7						8	
		3	6		8		2	
		2	3	9				
		6		2		9		
	3			6				4
2						1		
	5		7					
1					5			
			1	4		3	7	

507

4	9							
	7	8						1
3		1				8		
		4		7		5		
			9			2	6	3
6				2	5			
5						3		
					7		8	
9	8			5	3			

508

	5				9	2		
				7	5		8	4
2	8		1					7
1					3			
		6	4			7		
				1				6
					7			2
						6		
7	3	9			6			5

505

6	1	5	3	7	9	8	4	2
2	7	8	4	1	5	6	9	3
4	9	3	8	2	6	7	5	1
7	2	9	1	8	4	5	3	6
8	5	1	6	9	3	2	7	4
3	4	6	7	5	2	9	1	8
1	3	7	9	6	8	4	2	5
9	6	2	5	4	1	3	8	7
5	8	4	2	3	7	1	6	9

506

6	7	9	2	1	4	5	8	3
4	1	3	6	5	8	7	2	9
5	8	2	3	9	7	4	1	6
8	4	6	5	2	1	9	3	7
7	3	1	8	6	9	2	5	4
2	9	5	4	7	3	1	6	8
3	5	4	7	8	2	6	9	1
1	6	7	9	3	5	8	4	2
9	2	8	1	4	6	3	7	5

507

4	9	6	5	1	8	7	3	2
2	7	8	4	3	9	6	5	1
3	5	1	7	6	2	8	9	4
8	2	4	3	7	6	5	1	9
7	1	5	9	8	4	2	6	3
6	3	9	1	2	5	4	7	8
5	4	7	8	9	1	3	2	6
1	6	3	2	4	7	9	8	5
9	8	2	6	5	3	1	4	7

508

4	5	7	3	8	9	2	6	1
9	6	1	2	7	5	3	8	4
2	8	3	1	6	4	5	9	7
1	7	4	6	5	3	9	2	8
5	2	6	4	9	8	7	1	3
3	9	8	7	1	2	4	5	6
6	1	5	9	4	7	8	3	2
8	4	2	5	3	1	6	7	9
7	3	9	8	2	6	1	4	5

509

2		7					6	
				9				2
	8					9		
			8		6	1	5	3
			4	5	3			
								5
	7	3	5		8	6	1	
		8					3	7

510

3	5	4		9			8	
9				7				3
		8						
7				8	3	5	2	
5			7			4		
				4				
	1		6	3				2
			9			1		7

511

6					2		8	4
		9						
	3	5			1			
								8
				7		5		
			9	2	6			
1			8		3	7	9	
8	9	6						
		2	1					

512

						7		
				9	6			4
		3	7		1	2		6
6								
		9	2					3
		1		5	7			
1			6	8	9			
				1				2
	9		4			6	8	

509

2	9	7	3	8	1	5	6	4
1	5	4	6	9	7	3	8	2
3	8	6	2	4	5	9	7	1
9	4	2	8	7	6	1	5	3
8	3	5	9	1	2	7	4	6
7	6	1	4	5	3	2	9	8
6	1	9	7	3	4	8	2	5
4	7	3	5	2	8	6	1	9
5	2	8	1	6	9	4	3	7

510

3	5	4	2	9	1	7	8	6
9	6	1	8	7	4	2	5	3
2	7	8	3	5	6	9	1	4
1	4	2	5	6	9	3	7	8
7	9	6	4	8	3	5	2	1
5	8	3	7	1	2	4	6	9
8	2	9	1	4	7	6	3	5
4	1	7	6	3	5	8	9	2
6	3	5	9	2	8	1	4	7

511

6	1	7	5	9	2	3	8	4
2	8	9	7	3	4	6	5	1
4	3	5	6	8	1	2	7	9
7	6	3	4	1	5	9	2	8
9	2	1	3	7	8	5	4	6
5	4	8	9	2	6	1	3	7
1	5	4	8	6	3	7	9	2
8	9	6	2	5	7	4	1	3
3	7	2	1	4	9	8	6	5

512

9	4	6	8	2	3	7	1	5
7	1	2	5	9	6	8	3	4
5	8	3	7	4	1	2	9	6
6	7	8	1	3	4	5	2	9
4	5	9	2	6	8	1	7	3
2	3	1	9	5	7	4	6	8
1	2	4	6	8	9	3	5	7
8	6	7	3	1	5	9	4	2
3	9	5	4	7	2	6	8	1

513

				9	8			5
		5		4				
	4	8						7
1	6				5	3		
						5		9
		7		6			8	
9			6					2
	3		7			9		
5		4						

514

	7	2			5			
4				6			9	
	5					6		
					4			
		8	9			7		
	1	9	8		3		5	
		6		2			3	
	2	7						9
			5					7

515

			5					6
			1			9	8	
		7	2					
5	9		4		7		1	
3						8		7
	4				3			
	2							4
6	8			4		2	7	

516

	6							2
		8			3		1	
1	4			7				
6	7					8		
	1			8				4
							5	7
3	5	9			6			
			7		8	9		3

513

7	1	6	2	9	8	4	3	5
3	9	5	1	4	7	8	2	6
2	4	8	5	3	6	1	9	7
1	6	9	8	2	5	3	7	4
8	2	3	4	7	1	5	6	9
4	5	7	3	6	9	2	8	1
9	8	1	6	5	3	7	4	2
6	3	2	7	1	4	9	5	8
5	7	4	9	8	2	6	1	3

514

6	7	2	3	9	5	8	1	4
4	8	1	7	6	2	3	9	5
9	5	3	1	4	8	6	7	2
7	6	5	2	1	4	9	8	3
3	4	8	9	5	6	7	2	1
2	1	9	8	7	3	4	5	6
5	9	6	4	2	7	1	3	8
8	2	7	6	3	1	5	4	9
1	3	4	5	8	9	2	6	7

515

8	3	1	5	9	4	7	2	6
2	5	4	1	7	6	9	8	3
9	6	7	2	3	8	4	5	1
4	7	8	3	1	2	5	6	9
5	9	6	4	8	7	3	1	2
3	1	2	6	5	9	8	4	7
1	4	5	7	2	3	6	9	8
7	2	9	8	6	5	1	3	4
6	8	3	9	4	1	2	7	5

516

5	6	7	8	1	9	3	4	2
2	9	8	5	4	3	7	1	6
1	4	3	6	7	2	5	8	9
6	7	2	4	3	5	8	9	1
9	1	5	2	8	7	6	3	4
8	3	4	9	6	1	2	5	7
3	5	9	1	2	6	4	7	8
7	8	6	3	9	4	1	2	5
4	2	1	7	5	8	9	6	3

517

1			3		6		7	
		2					6	8
7								3
						5		
		6	1	5		7	4	
			8		4		1	
	3				8			4
	8		9	2	7			

518

				5		7		6
		3	1			8		
5				3				
	5				6		2	7
	2	1	3	9				
7	4		5					3
6	9						5	
	7					6	4	

519

1		7				9		
			9				7	4
6								8
			7		4	6		2
	5					8	3	
				6				
		1	2					6
		8		7				5
			8		5	1		

520

		9	5		1	3		
				3	2		6	8
	2	8		9		4		1
		4						
	5				8	2		
							9	4
		2	6				3	
		6	7		5			

517

1	4	9	3	8	6	2	7	5
3	5	2	7	9	1	4	6	8
7	6	8	5	4	2	1	9	3
4	1	3	2	7	9	5	8	6
8	2	6	1	5	3	7	4	9
9	7	5	8	6	4	3	1	2
2	3	7	6	1	8	9	5	4
6	9	1	4	3	5	8	2	7
5	8	4	9	2	7	6	3	1

518

9	1	4	2	5	8	7	3	6
2	6	3	1	7	4	8	9	5
5	8	7	6	3	9	4	1	2
3	5	9	4	8	6	1	2	7
8	2	1	3	9	7	5	6	4
7	4	6	5	1	2	9	8	3
4	3	8	9	6	5	2	7	1
6	9	2	7	4	1	3	5	8
1	7	5	8	2	3	6	4	9

519

1	2	7	4	5	8	9	6	3
3	8	5	9	1	6	2	7	4
6	4	9	3	2	7	5	1	8
9	1	3	7	8	4	6	5	2
4	5	6	1	9	2	8	3	7
8	7	2	5	6	3	4	9	1
5	3	1	2	4	9	7	8	6
2	9	8	6	7	1	3	4	5
7	6	4	8	3	5	1	2	9

520

2	8	9	5	6	1	3	4	7
5	4	7	9	3	2	1	6	8
6	3	1	8	7	4	5	2	9
7	2	8	3	9	6	4	5	1
1	6	4	2	5	7	9	8	3
9	5	3	4	1	8	2	7	6
8	7	5	1	2	3	6	9	4
4	1	2	6	8	9	7	3	5
3	9	6	7	4	5	8	1	2

521

				9				
4	3			2	5			
		6						
6	4				9	1		
	7	8	2					
		3				8	7	
				5				
	2		1		3		5	6
		4					9	7

522

	2	7		1				3
	3				7	2		4
4						6		
		4			1			
						7		5
		6	7	3				
		5		2		9	8	
	9			6		3	2	

523

					4			
	1	9	7	3				
	6	2	8				3	
	8			1		6		
7		6	5	8				4
9								
				2	8	4	7	
		5	6	7		3		

524

3	6							
		2	3	1			4	
					8			7
	7	5			4			
9				5				8
		3	7				9	
	9		6					
						5		2
2			4			3	6	

521

2	8	5	3	9	7	6	4	1
4	3	1	6	2	5	7	8	9
7	9	6	4	1	8	5	2	3
6	4	2	7	8	9	1	3	5
5	7	8	2	3	1	9	6	4
9	1	3	5	4	6	8	7	2
3	6	7	9	5	4	2	1	8
8	2	9	1	7	3	4	5	6
1	5	4	8	6	2	3	9	7

522

8	2	7	6	1	4	5	9	3
6	3	9	5	8	7	2	1	4
4	5	1	3	9	2	6	7	8
3	7	4	2	5	1	8	6	9
9	1	2	8	4	6	7	3	5
5	8	6	7	3	9	1	4	2
7	4	5	1	2	3	9	8	6
2	6	3	9	7	8	4	5	1
1	9	8	4	6	5	3	2	7

523

3	5	7	1	6	4	9	2	8
8	1	9	7	3	2	5	4	6
4	6	2	8	5	9	7	3	1
5	8	4	2	1	7	6	9	3
7	9	6	5	8	3	2	1	4
1	2	3	4	9	6	8	5	7
9	7	8	3	4	5	1	6	2
6	3	1	9	2	8	4	7	5
2	4	5	6	7	1	3	8	9

524

3	6	8	2	4	7	9	5	1
7	5	2	3	1	9	8	4	6
4	1	9	5	6	8	2	3	7
8	7	5	9	2	4	6	1	3
9	4	6	1	5	3	7	2	8
1	2	3	7	8	6	4	9	5
5	9	7	6	3	2	1	8	4
6	3	4	8	9	1	5	7	2
2	8	1	4	7	5	3	6	9

525

8					1			3
		2						
1	5		3					
	4					2		5
3			1			6		
		8	7		3		4	
					6			1
	8						6	
9			4			5	2	7

526

							9	6
	7							8
				8	3		1	7
	4	6	2			8		
		9		1		5		
2								
		4	9	5				
6					8			4
	1	3						

527

						3		
	1			4			9	6
5		4					7	
6		5			2			
3		2	4		8			7
			5				2	9
7	5	6					4	
		1		6				
							8	

528

6	5			2	1		7	
9	7							4
	4					2	6	
2								
		5			9	8		
			7	4				2
					6			
1		3		7				6
		4	1	3				

525

8	6	9	2	7	1	4	5	3
4	3	2	8	9	5	7	1	6
1	5	7	3	6	4	8	9	2
7	4	1	6	8	9	2	3	5
3	9	5	1	4	2	6	7	8
6	2	8	7	5	3	1	4	9
5	7	4	9	2	6	3	8	1
2	8	3	5	1	7	9	6	4
9	1	6	4	3	8	5	2	7

526

5	3	8	1	4	7	2	9	6
4	7	1	6	2	9	3	5	8
9	6	2	5	8	3	4	1	7
1	4	6	2	3	5	8	7	9
3	8	9	7	1	6	5	4	2
2	5	7	8	9	4	6	3	1
8	2	4	9	5	1	7	6	3
6	9	5	3	7	8	1	2	4
7	1	3	4	6	2	9	8	5

527

2	6	9	8	7	1	3	5	4
8	1	7	3	4	5	2	9	6
5	3	4	6	2	9	1	7	8
6	4	5	7	9	2	8	1	3
3	9	2	4	1	8	5	6	7
1	7	8	5	3	6	4	2	9
7	5	6	1	8	3	9	4	2
9	8	1	2	6	4	7	3	5
4	2	3	9	5	7	6	8	1

528

6	5	8	4	2	1	9	7	3
9	7	2	6	8	3	1	5	4
3	4	1	5	9	7	2	6	8
2	9	7	3	1	8	6	4	5
4	3	5	2	6	9	8	1	7
8	1	6	7	4	5	3	9	2
7	2	9	8	5	6	4	3	1
1	8	3	9	7	4	5	2	6
5	6	4	1	3	2	7	8	9

529

				8			1	
	3	8	1			4		
						3		5
				5				4
2	5			9				7
7			6					
6		3	7					
9	7				2	5		1

530

4						7		
8	3			7		5		
				5			8	3
3						2	6	
			9					1
		8	6	1			5	
				2				7
		6	7	9				2
	9		8					

531

	3		1					4
		5			3		2	7
		4			8			5
		3	7			6	4	
				1				
	2	6				8		
		7						
					1			
6			3	9				

532

	9		5			4	7	
								9
	8			9		5		6
			8	5			9	
4				1	7			5
			9		3		4	1
	5	1	7	4				
	3					7	8	

529

4	9	7	5	8	3	6	1	2
5	3	8	1	2	6	4	7	9
1	6	2	4	7	9	3	8	5
3	8	6	2	5	7	1	9	4
2	5	1	3	9	4	8	6	7
7	4	9	6	1	8	2	5	3
6	1	3	7	4	5	9	2	8
9	7	4	8	6	2	5	3	1
8	2	5	9	3	1	7	4	6

530

4	2	5	3	6	8	7	1	9
8	3	1	4	7	9	5	2	6
9	6	7	2	5	1	4	8	3
3	1	9	5	4	7	2	6	8
6	5	4	9	8	2	3	7	1
2	7	8	6	1	3	9	5	4
5	8	3	1	2	4	6	9	7
1	4	6	7	9	5	8	3	2
7	9	2	8	3	6	1	4	5

531

7	3	2	1	6	5	9	8	4
8	6	5	9	4	3	1	2	7
1	9	4	2	7	8	3	6	5
5	1	3	7	8	9	6	4	2
4	7	8	6	1	2	5	9	3
9	2	6	5	3	4	8	7	1
3	5	7	8	2	6	4	1	9
2	8	9	4	5	1	7	3	6
6	4	1	3	9	7	2	5	8

532

1	9	2	5	3	6	4	7	8
6	4	5	2	7	8	3	1	9
7	8	3	4	9	1	5	2	6
3	1	6	8	5	4	2	9	7
4	2	9	6	1	7	8	3	5
5	7	8	9	2	3	6	4	1
2	6	7	3	8	9	1	5	4
8	5	1	7	4	2	9	6	3
9	3	4	1	6	5	7	8	2

533

			5					2
		9	4		2	7		
4		3		1				
	4		6	2				
5					3			6
	6		7			2	9	3
						5	3	
	3				4	9		1

534

				3	7			2
1	5			2				8
				4			6	
				5		2		
8	4							
2			3			5		1
	8		5				3	
		2	6					
				1		6		

535

6								2
				1	8		5	
	7		6					
		7	2					
8			5			3		1
4	2		8				7	
							4	
5					6			9
	6		1		5	8		

536

6		7						
	1				6			8
	8			9	4			
4						8		3
			2	3				
1								
7			6					
			1			9		4
	9	3			7	5	6	

533

7	8	1	5	9	6	3	4	2
6	5	9	4	3	2	7	1	8
4	2	3	8	1	7	6	5	9
3	4	7	6	2	9	1	8	5
5	9	2	1	8	3	4	7	6
1	6	8	7	4	5	2	9	3
2	1	4	9	6	8	5	3	7
9	7	6	3	5	1	8	2	4
8	3	5	2	7	4	9	6	1

534

9	6	4	8	3	7	1	5	2
1	5	3	9	2	6	4	7	8
7	2	8	1	4	5	9	6	3
3	1	9	7	5	4	2	8	6
8	4	5	2	6	1	3	9	7
2	7	6	3	8	9	5	4	1
6	8	1	5	9	2	7	3	4
4	9	2	6	7	3	8	1	5
5	3	7	4	1	8	6	2	9

535

6	8	1	3	5	4	7	9	2
2	4	9	7	1	8	6	5	3
3	7	5	6	9	2	1	8	4
1	5	7	2	3	9	4	6	8
8	9	6	5	4	7	3	2	1
4	2	3	8	6	1	9	7	5
7	1	2	9	8	3	5	4	6
5	3	8	4	7	6	2	1	9
9	6	4	1	2	5	8	3	7

536

6	5	7	8	1	2	4	3	9
9	1	4	3	7	6	2	5	8
3	8	2	5	9	4	6	1	7
4	2	5	7	6	1	8	9	3
8	7	9	2	3	5	1	4	6
1	3	6	9	4	8	7	2	5
7	4	1	6	5	9	3	8	2
5	6	8	1	2	3	9	7	4
2	9	3	4	8	7	5	6	1

537

							7	
7		1			9			
	8	6				3		9
6				2		4	1	
4			5					
	2			1			5	
			2		4			
			9		3		6	4
		9						7

538

		8		6			3	
				7		9		
9	3				5			
		7	8				2	
	2		5	3			8	
	6				2			
		6	3				5	1
4								
	5		9		7			

539

	3						1	9
					5			
8			9				5	7
	9					8		
		2		7				
		6	2	4				
	8			1		3		
9		1	7		8		2	

540

			4	9		6		
	3					2		
	2	4		8		5		
	7				3			
	9		1				8	4
4					5			2
							1	5
							3	
9		5				8		

9	5	4	8	3	2	6	7	1
7	3	1	6	4	9	5	8	2
2	8	6	7	5	1	3	4	9
6	9	5	3	2	7	4	1	8
4	1	8	5	9	6	7	2	3
3	2	7	4	1	8	9	5	6
1	6	3	2	7	4	8	9	5
5	7	2	9	8	3	1	6	4
8	4	9	1	6	5	2	3	7

537

2	7	8	4	6	9	1	3	5
6	1	5	2	7	3	9	4	8
9	3	4	1	8	5	2	7	6
5	4	7	8	1	6	3	2	9
1	2	9	5	3	4	6	8	7
8	6	3	7	9	2	5	1	4
7	9	6	3	2	8	4	5	1
4	8	2	6	5	1	7	9	3
3	5	1	9	4	7	8	6	2

538

6	3	5	4	8	7	2	1	9
7	2	9	1	6	5	4	3	8
8	1	4	9	2	3	6	5	7
1	9	3	6	5	4	8	7	2
5	6	2	8	7	1	9	4	3
4	7	8	3	9	2	1	6	5
3	5	6	2	4	9	7	8	1
2	8	7	5	1	6	3	9	4
9	4	1	7	3	8	5	2	6

539

1	5	8	4	9	2	6	7	3
7	3	9	6	5	1	2	4	8
6	2	4	3	8	7	5	9	1
2	7	6	8	4	3	1	5	9
5	9	3	1	2	6	7	8	4
4	8	1	9	7	5	3	6	2
3	4	7	2	6	8	9	1	5
8	6	2	5	1	9	4	3	7
9	1	5	7	3	4	8	2	6

540

541

8				2		7		
	3	2	9		5			
				4			1	
	6					9		3
	8	5						
			5					7
5	2		6	3		4		
				8	7			
3						8		

542

3				7	9	2	6	
		7	2			9		
	4		8					
	5							9
			7		8			
					5		3	1
	3			1		8		
9	1							2
8					7			3

543

		4				8	7	3
					4			
8		3			1		4	
		5	8					
			1					
7				4		2	6	
				5				1
6		2			7			
1					3		2	7

544

		1		8				
				1			8	4
		5				6	3	
1		2			9	7		
7							2	
				6				
3						2		
4				7		8		
	7				6		5	

544

9	3	1	6	8	4	5	7	2
6	2	7	3	1	5	9	8	4
8	4	5	9	2	7	6	3	1
1	8	2	4	3	9	7	6	5
7	6	4	8	5	1	3	2	9
5	9	3	7	6	2	1	4	8
3	1	6	5	4	8	2	9	7
4	5	9	2	7	3	8	1	6
2	7	8	1	9	6	4	5	3

543

9	1	4	6	2	5	8	7	3
5	7	6	3	8	4	9	1	2
8	2	3	7	9	1	5	4	6
4	6	5	8	7	2	1	3	9
2	8	9	1	3	6	7	5	4
7	3	1	5	4	9	2	6	8
3	4	7	2	5	8	6	9	1
6	9	2	4	1	7	3	8	5
1	5	8	9	6	3	4	2	7

542

3	8	1	4	7	9	2	6	5
5	6	7	2	3	1	9	4	8
2	4	9	8	5	6	3	1	7
4	5	2	1	6	3	7	8	9
1	9	3	7	4	8	5	2	6
6	7	8	9	2	5	4	3	1
7	3	6	5	1	2	8	9	4
9	1	5	3	8	4	6	7	2
8	2	4	6	9	7	1	5	3

541

8	5	4	1	2	6	7	3	9
1	3	2	9	7	5	6	4	8
7	9	6	3	4	8	5	1	2
4	6	7	8	1	2	9	5	3
2	8	5	7	9	3	1	6	4
9	1	3	5	6	4	2	8	7
5	2	8	6	3	9	4	7	1
6	4	1	2	8	7	3	9	5
3	7	9	4	5	1	8	2	6

545

9			3					2
	2	7	6			5	8	
	6			7				
		9		8	7		5	3
5								1
		2	4					
						2		
					6		3	
8								7

546

				3	7			
	1	5						
				8				4
	7							
		6	9			3		
		3	4				8	
2					3			7
7					1	6		2
	4							5

547

						9		
9			3			2		
7		6			5			
5	2						8	
			7					4
				1				2
3					8		5	7
2	6		4			1		
	7			9				

548

								6
		2	5	9			8	
		5			2			3
				1			7	
								9
	4	1					2	
	2			7		6		
	5		9				1	
3		4	1					2

545

9	8	1	3	4	5	6	7	2
3	2	7	6	1	9	5	8	4
4	6	5	8	7	2	3	1	9
6	1	9	2	8	7	4	5	3
5	4	8	9	6	3	7	2	1
7	3	2	4	5	1	8	9	6
1	9	6	7	3	8	2	4	5
2	7	4	5	9	6	1	3	8
8	5	3	1	2	4	9	6	7

546

4	6	2	1	3	7	9	5	8
8	1	5	6	9	4	2	7	3
3	9	7	2	8	5	1	6	4
9	7	4	3	1	8	5	2	6
5	8	6	9	7	2	3	4	1
1	2	3	4	5	6	7	8	9
2	5	9	8	6	3	4	1	7
7	3	8	5	4	1	6	9	2
6	4	1	7	2	9	8	3	5

547

1	3	2	8	4	6	9	7	5
9	5	4	3	7	1	2	6	8
7	8	6	9	2	5	3	4	1
5	2	1	6	3	4	7	8	9
6	9	3	7	8	2	5	1	4
8	4	7	5	1	9	6	3	2
3	1	9	2	6	8	4	5	7
2	6	8	4	5	7	1	9	3
4	7	5	1	9	3	8	2	6

548

7	9	8	3	4	1	2	5	6
4	3	2	5	9	6	7	8	1
6	1	5	7	8	2	9	4	3
2	6	3	8	1	9	5	7	4
5	8	7	2	3	4	1	6	9
9	4	1	6	5	7	3	2	8
1	2	9	4	7	8	6	3	5
8	5	6	9	2	3	4	1	7
3	7	4	1	6	5	8	9	2

549

5			1	4				
	7				5			
3							8	4
2								
4				9	1	7	5	
				7	4			
	8		5				4	
9	4			1				
				6		9		2

550

2		9			8		3	
7			6		2			4
	3			1				7
		5					6	
		2				1		
			8		7		9	
	6		5		3			
							4	
	8			7			2	

551

	3					1		
		9						6
8				2	9	7		3
		7			4			
								8
5	2	8	7		6			
		2	1					9
		6					8	
1	9			5			6	

552

			3	2	7	9		6
				4			1	
8	2							
9		3						
			1		8		4	3
3			4			2		
4	9			6				8
	7	6					9	

549

5	2	8	1	4	3	6	9	7
6	7	4	9	8	5	3	2	1
3	1	9	6	2	7	5	8	4
2	9	7	8	5	6	4	1	3
4	6	3	2	9	1	7	5	8
8	5	1	3	7	4	2	6	9
7	8	2	5	3	9	1	4	6
9	4	6	7	1	2	8	3	5
1	3	5	4	6	8	9	7	2

550

2	5	9	7	4	8	6	3	1
7	1	8	6	3	2	9	5	4
6	3	4	9	1	5	2	8	7
3	7	5	2	9	1	4	6	8
8	9	2	3	6	4	1	7	5
1	4	6	8	5	7	3	9	2
4	6	7	5	2	3	8	1	9
5	2	3	1	8	9	7	4	6
9	8	1	4	7	6	5	2	3

551

6	3	5	4	7	8	1	9	2
2	7	9	5	3	1	8	4	6
8	4	1	6	2	9	7	5	3
9	1	7	3	8	4	6	2	5
3	6	4	2	1	5	9	7	8
5	2	8	7	9	6	3	1	4
4	8	2	1	6	7	5	3	9
7	5	6	9	4	3	2	8	1
1	9	3	8	5	2	4	6	7

552

5	4	1	3	2	7	9	8	6
6	3	9	8	4	5	7	1	2
8	2	7	9	1	6	5	3	4
9	8	3	6	5	4	1	2	7
1	6	4	7	3	2	8	5	9
7	5	2	1	9	8	6	4	3
3	1	8	4	7	9	2	6	5
4	9	5	2	6	1	3	7	8
2	7	6	5	8	3	4	9	1

553

		7	9			2		5
4					3			1
9	8		4	5				
6		5			7	4		
7				3		8		
		8						9
			3	9				
		4		2		5		

554

4	6	2		5			7	
							1	
			3					
9		6		2			4	
				1				
5					9	6		
	7	8			2	9	6	
6	2	4						8
					4			

555

5	3							
		9			7			
			1			2	9	6
1					8	9		
2		8						
	9		6					8
7			2	9			5	
				7				
				5			2	4

556

4		2			8			
			1					6
	1						9	
	6					8		
					3			
	8	5			2	7	6	
			2			5		3
		9			4			
6				3	5			

553

3	6	7	9	8	1	2	4	5
4	5	2	6	7	3	9	8	1
9	8	1	4	5	2	3	6	7
8	4	3	5	6	9	7	1	2
6	2	5	8	1	7	4	9	3
7	1	9	2	3	4	8	5	6
2	3	8	1	4	5	6	7	9
5	7	6	3	9	8	1	2	4
1	9	4	7	2	6	5	3	8

554

4	6	2	9	5	1	8	7	3
8	3	9	2	7	6	4	1	5
7	5	1	3	4	8	2	9	6
9	8	6	7	2	3	5	4	1
2	4	3	6	1	5	7	8	9
5	1	7	4	8	9	6	3	2
1	7	8	5	3	2	9	6	4
6	2	4	1	9	7	3	5	8
3	9	5	8	6	4	1	2	7

555

5	3	1	9	6	2	4	8	7
6	2	9	4	8	7	5	3	1
8	4	7	1	3	5	2	9	6
1	7	3	5	4	8	9	6	2
2	6	8	7	1	9	3	4	5
4	9	5	6	2	3	1	7	8
7	1	4	2	9	6	8	5	3
3	5	2	8	7	4	6	1	9
9	8	6	3	5	1	7	2	4

556

4	9	2	3	6	8	1	5	7
7	5	3	1	2	9	4	8	6
8	1	6	4	5	7	3	9	2
2	6	4	5	7	1	8	3	9
9	7	1	6	8	3	2	4	5
3	8	5	9	4	2	7	6	1
1	4	8	2	9	6	5	7	3
5	3	9	7	1	4	6	2	8
6	2	7	8	3	5	9	1	4

557

	4					6		
	5	6	9					7
					4			9
	7						3	1
	8			2				5
				4	3	9		
		3	6		5			
						1		
		8		7			6	

558

		5		7				6
	2				8			1
							3	
					6			
2		3		1				4
	8	1	5	3				7
	9				2		4	
7					9			
	5		8					

559

				5	9			8
9		6		7		4		
	2	7					9	
	9	2	4					
				3	1	8	7	
					5		1	
5			8					
	6			4		3		

560

			1			6		
	3		8	6				
5				3	4	7		
				2				
6		4			1			2
		2	6		7			
		6				8		
7			9	1				
			4			3	9	

557

9	4	1	3	8	7	6	5	2
8	5	6	9	1	2	3	4	7
7	3	2	5	6	4	8	1	9
6	7	4	8	5	9	2	3	1
3	8	9	1	2	6	4	7	5
1	2	5	7	4	3	9	8	6
4	1	3	6	9	5	7	2	8
5	6	7	2	3	8	1	9	4
2	9	8	4	7	1	5	6	3

558

8	3	5	4	7	1	2	9	6
6	2	7	3	9	8	4	5	1
4	1	9	6	2	5	7	3	8
5	7	4	2	8	6	3	1	9
2	6	3	9	1	7	5	8	4
9	8	1	5	3	4	6	2	7
3	9	8	7	6	2	1	4	5
7	4	2	1	5	9	8	6	3
1	5	6	8	4	3	9	7	2

559

4	3	1	6	5	9	7	2	8
9	5	6	2	7	8	4	3	1
8	2	7	3	1	4	5	9	6
3	7	8	5	2	6	1	4	9
1	9	2	4	8	7	6	5	3
6	4	5	9	3	1	8	7	2
2	8	3	7	6	5	9	1	4
5	1	4	8	9	3	2	6	7
7	6	9	1	4	2	3	8	5

560

8	2	9	1	7	5	6	4	3
4	3	7	8	6	9	1	2	5
5	6	1	2	3	4	7	8	9
9	7	3	5	2	8	4	6	1
6	8	4	3	9	1	5	7	2
1	5	2	6	4	7	9	3	8
3	9	6	7	5	2	8	1	4
7	4	8	9	1	3	2	5	6
2	1	5	4	8	6	3	9	7

561

			6	1				
			9					6
2							8	
	4		8			5		
3	5				2		9	
					3	8		
4			5	7	9		2	
5	2	7		6				

562

		3			1			
9					2			
			6	4			9	
	4	7					6	
1	2					4		
						5	8	
			8	1		3		7
2			5			6		
3		6						

563

			6	2			4	
	2		5		7	1		
9				3				5
	4			6				
1			9		3	8	7	
				7			9	
		3						4
		4					6	
5					4			2

564

		9				1		
2			6		7			4
	6				8		3	
	7			3			6	
							4	2
	8							
		1	5	7				
8			3					9
				4		5		

561

9	7	4	6	1	8	2	5	3
8	1	3	9	2	5	4	7	6
2	6	5	4	3	7	1	8	9
7	4	1	8	9	6	5	3	2
3	5	8	1	4	2	6	9	7
6	9	2	7	5	3	8	1	4
4	8	6	5	7	9	3	2	1
5	2	7	3	6	1	9	4	8
1	3	9	2	8	4	7	6	5

562

7	6	3	9	8	1	2	5	4
9	1	4	7	5	2	8	3	6
8	5	2	6	4	3	7	9	1
5	4	7	2	9	8	1	6	3
1	2	8	3	6	5	4	7	9
6	3	9	1	7	4	5	8	2
4	9	5	8	1	6	3	2	7
2	7	1	5	3	9	6	4	8
3	8	6	4	2	7	9	1	5

563

3	1	5	6	2	9	7	4	8
4	2	6	5	8	7	1	3	9
9	8	7	4	3	1	6	2	5
7	4	9	1	6	8	2	5	3
1	5	2	9	4	3	8	7	6
6	3	8	2	7	5	4	9	1
2	7	3	8	5	6	9	1	4
8	9	4	3	1	2	5	6	7
5	6	1	7	9	4	3	8	2

564

7	4	9	2	5	3	1	8	6
2	3	8	6	1	7	9	5	4
1	6	5	4	9	8	2	3	7
5	7	2	9	3	4	8	6	1
9	1	6	7	8	5	3	4	2
4	8	3	1	6	2	7	9	5
3	9	1	5	7	6	4	2	8
8	5	4	3	2	1	6	7	9
6	2	7	8	4	9	5	1	3

565

		8			2	1		
				3				
		6	9	1	7			3
	4							5
	2	1				4		
		7					2	
		4	2	7	6			
	3		4	5				
							8	

566

				3	8		6	
6		8						7
						9	1	
	8			7	2			
4		2	6					
		9			3			
			2	6		4		1
	2	6					5	
			5			8		

567

		2				9		
			9	3		7		
					5			1
7		4						9
			4			3		8
3		9				1	7	
		6						
	1	7	2	9				6
5	2				1	4		

568

	7	6	9					
		4						
8	9					3		
					1	9		
		7	4				5	
5			3				7	4
	3	9			7		1	
		2		3			9	
			8	2				

3	7	8	6	4	2	1	5	9
4	1	9	8	3	5	7	6	2
2	5	6	9	1	7	8	4	3
8	4	3	7	2	9	6	1	5
6	2	1	5	8	3	4	9	7
5	9	7	1	6	4	3	2	8
9	8	4	2	7	6	5	3	1
1	3	2	4	5	8	9	7	6
7	6	5	3	9	1	2	8	4

565

9	4	7	1	3	8	5	6	2
6	1	8	9	2	5	3	4	7
2	5	3	7	4	6	9	1	8
3	8	1	4	7	2	6	9	5
4	7	2	6	5	9	1	8	3
5	6	9	8	1	3	2	7	4
8	9	5	2	6	7	4	3	1
1	2	6	3	8	4	7	5	9
7	3	4	5	9	1	8	2	6

566

6	7	2	1	8	4	9	3	5
1	4	5	9	3	6	7	8	2
9	3	8	7	2	5	6	4	1
7	6	4	3	1	8	5	2	9
2	5	1	4	7	9	3	6	8
3	8	9	6	5	2	1	7	4
8	9	6	5	4	7	2	1	3
4	1	7	2	9	3	8	5	6
5	2	3	8	6	1	4	9	7

567

3	7	6	9	8	4	5	2	1
2	5	4	6	1	3	7	8	9
8	9	1	2	7	5	3	4	6
4	2	3	7	5	1	9	6	8
9	1	7	4	6	8	2	5	3
5	6	8	3	9	2	1	7	4
6	3	9	5	4	7	8	1	2
7	8	2	1	3	6	4	9	5
1	4	5	8	2	9	6	3	7

568

569

							9	
8	6	2					1	
	7				2			6
		5		2			8	
4	9							
2		8	9		1			
		4						7
6			7	8				5
			5				6	

570

2	9							
		8				7		
	4	5	6			8		
			8	5	9			
							3	
					4		2	6
7				8	6			
				9			5	1
		1		4				

571

					2	1		
	6			5	4			2
		5				9		
	5		2	3		4		1
	1	9					7	6
3				6				
	9			2	3			
			7					8
		3						

572

	8	1	7		4	2	6	
					8			
	3	7		1		4		
	1	6						
			6					7
	7		4			3	5	
								2
			3	2	9	1		
							4	

569

5	4	3	1	6	7	2	9	8
8	6	2	4	9	5	7	1	3
1	7	9	8	3	2	4	5	6
7	1	5	6	2	4	3	8	9
4	9	6	3	7	8	5	2	1
2	3	8	9	5	1	6	7	4
9	5	4	2	1	6	8	3	7
6	2	1	7	8	3	9	4	5
3	8	7	5	4	9	1	6	2

570

2	9	7	4	1	8	3	6	5
1	6	8	9	3	5	7	4	2
3	4	5	6	2	7	8	1	9
6	2	3	8	5	9	1	7	4
5	7	4	2	6	1	9	3	8
8	1	9	3	7	4	5	2	6
7	5	2	1	8	6	4	9	3
4	8	6	7	9	3	2	5	1
9	3	1	5	4	2	6	8	7

571

8	3	7	6	9	2	1	5	4
9	6	1	3	5	4	7	8	2
4	2	5	1	7	8	9	6	3
6	5	8	2	3	7	4	9	1
2	1	9	4	8	5	3	7	6
3	7	4	9	6	1	8	2	5
1	9	6	8	2	3	5	4	7
5	4	2	7	1	9	6	3	8
7	8	3	5	4	6	2	1	9

572

9	8	1	7	5	4	2	6	3
6	4	2	9	3	8	5	7	1
5	3	7	2	1	6	4	9	8
8	1	6	5	7	3	9	2	4
4	5	3	6	9	2	8	1	7
2	7	9	4	8	1	3	5	6
1	9	5	8	4	7	6	3	2
7	6	4	3	2	9	1	8	5
3	2	8	1	6	5	7	4	9

573

				6				
5	2	4	7		1			
7								
3	7							
2				5		4	6	
		9					7	8
6			3				8	
		5				9	1	
				1			5	7

574

5			8	6	2		1	
		2				7		
8					1	6		7
	7						9	1
			9					
					4			8
6				2		1		
1	9			3			5	4

575

	7			5		3	1	9
5	2							4
							6	
			4	1				
			9				2	
			2				8	3
9			1					
	5			7		2	3	
3								7

576

	7	4						
		2						
			1	6				
			5				8	
	6		2	7		9		
3	9	7						
				5		8	2	
7		9		4			6	
		5		8	1	4		7

573

1	9	8	4	6	3	7	2	5
5	2	4	7	8	1	6	3	9
7	6	3	5	2	9	8	4	1
3	7	6	1	4	8	5	9	2
2	8	1	9	5	7	4	6	3
4	5	9	6	3	2	1	7	8
6	1	7	3	9	5	2	8	4
8	3	5	2	7	4	9	1	6
9	4	2	8	1	6	3	5	7

574

5	4	7	8	6	2	9	1	3
3	1	2	4	5	9	7	8	6
9	8	6	3	1	7	5	4	2
8	5	9	2	4	1	6	3	7
2	7	3	6	8	5	4	9	1
4	6	1	9	7	3	8	2	5
7	2	5	1	9	4	3	6	8
6	3	4	5	2	8	1	7	9
1	9	8	7	3	6	2	5	4

575

4	7	6	8	5	2	3	1	9
5	2	1	3	9	6	8	7	4
8	9	3	7	4	1	5	6	2
2	3	8	4	1	7	9	5	6
6	4	5	9	3	8	7	2	1
7	1	9	2	6	5	4	8	3
9	8	7	1	2	3	6	4	5
1	5	4	6	7	9	2	3	8
3	6	2	5	8	4	1	9	7

576

6	7	4	9	2	5	3	1	8
8	1	2	4	3	7	6	5	9
9	5	3	1	6	8	2	7	4
4	2	1	5	9	3	7	8	6
5	6	8	2	7	4	9	3	1
3	9	7	8	1	6	5	4	2
1	4	6	7	5	9	8	2	3
7	8	9	3	4	2	1	6	5
2	3	5	6	8	1	4	9	7

577

8			4					9
	5	3	6		7	1		
		7		8				
		1				5		
				3	9	4		2
	2						3	
6			7					
	9			1				3
		4					7	

578

			5			3	9	2
2	8	1				4		5
6			8					
	7	3						
	4	2		9				
7			2	5				6
			4			1		9
	1				6			

579

		2		6	8		4	
	9	6			7			1
3			1	4				
	6					8		
				9				6
					3			5
	7					6		
			2		1			
1	8			5		7		

580

	3			9				
			4			5		
	7					8	2	
5	4					7		
				8		9	6	
				7			5	
		4						8
7	5				3	2		
8	1		2					

8	1	6	4	5	3	7	2	9
9	5	3	6	2	7	1	8	4
2	4	7	9	8	1	3	5	6
3	6	1	2	4	8	5	9	7
5	7	8	1	3	9	4	6	2
4	2	9	5	7	6	8	3	1
6	3	5	7	9	4	2	1	8
7	9	2	8	1	5	6	4	3
1	8	4	3	6	2	9	7	5

577

4	6	7	5	1	8	3	9	2
2	8	1	3	6	9	4	7	5
9	3	5	7	4	2	6	8	1
6	5	9	8	7	4	2	1	3
1	7	3	6	2	5	9	4	8
8	4	2	1	9	3	5	6	7
7	9	4	2	5	1	8	3	6
3	2	6	4	8	7	1	5	9
5	1	8	9	3	6	7	2	4

578

7	1	2	5	6	8	9	4	3
4	9	6	3	2	7	5	8	1
3	5	8	1	4	9	2	6	7
5	6	3	7	1	2	8	9	4
8	2	1	4	9	5	3	7	6
9	4	7	6	8	3	1	2	5
2	7	5	8	3	4	6	1	9
6	3	9	2	7	1	4	5	8
1	8	4	9	5	6	7	3	2

579

6	3	2	5	9	8	4	1	7
9	8	1	4	2	7	5	3	6
4	7	5	1	3	6	8	2	9
5	4	6	9	1	2	7	8	3
1	2	7	3	8	5	9	6	4
3	9	8	6	7	4	1	5	2
2	6	4	7	5	1	3	9	8
7	5	9	8	6	3	2	4	1
8	1	3	2	4	9	6	7	5

580

581

5						4		
					9		1	
	2	1				3	8	
			4	2	3			1
		7				6		3
	1			8			9	
9		4	6					
				3		7		
7								

582

		9						
3			5		6			
	4		8		2	6		
			9	5		3		8
	7				8		1	2
					7			
		1						6
9						7	2	3
7		2		4		1		

583

	2				8	1		
						4		
	6	1		5			3	
					4		8	
7		4		3				
			1	6		7		4
2	9							1
6								8
		7		8		2		

584

	2			9				
	3							7
6		7			8			
9		6			7	5		
					2		1	3
			5			9		8
		4				6		
8				5	4			
		3					2	

581

5	8	9	3	1	2	4	6	7
3	7	6	8	4	9	2	1	5
4	2	1	5	6	7	3	8	9
6	9	5	4	2	3	8	7	1
8	4	7	1	9	5	6	2	3
2	1	3	7	8	6	5	9	4
9	5	4	6	7	8	1	3	2
1	6	2	9	3	4	7	5	8
7	3	8	2	5	1	9	4	6

582

6	5	9	4	3	1	2	8	7
3	2	8	5	7	6	4	9	1
1	4	7	8	9	2	6	3	5
2	1	6	9	5	4	3	7	8
4	7	5	3	6	8	9	1	2
8	9	3	2	1	7	5	6	4
5	3	1	7	2	9	8	4	6
9	6	4	1	8	5	7	2	3
7	8	2	6	4	3	1	5	9

583

5	2	9	3	4	8	1	6	7
8	7	3	6	9	1	4	2	5
4	6	1	2	5	7	8	3	9
9	1	6	7	2	4	5	8	3
7	5	4	8	3	9	6	1	2
3	8	2	1	6	5	7	9	4
2	9	8	5	7	6	3	4	1
6	3	5	4	1	2	9	7	8
1	4	7	9	8	3	2	5	6

584

1	2	8	7	9	5	4	3	6
5	3	9	4	2	6	1	8	7
6	4	7	1	3	8	2	9	5
9	1	6	3	8	7	5	4	2
4	8	5	9	6	2	7	1	3
3	7	2	5	4	1	9	6	8
2	9	4	8	7	3	6	5	1
8	6	1	2	5	4	3	7	9
7	5	3	6	1	9	8	2	4

585

	7				8			
5		6				2		
			3		1		8	
			4					
8	2		1				4	7
				2		5		
	6			8				
7							1	
		3			9		5	

586

						1		
		2	1				4	9
8	3					5		7
			8			6		3
	2			6				4
5					1			
	5		2		8			
	1	3						
	7				9			

587

5	8				9		2	6
							9	
		2			4	1		
2								
				6	7	3		
	3	5		2				
		6		1			5	
	1							9
		8	6					

588

				1	4	5	2	
		2						6
					7	3	9	
	8		7					5
6		5					4	
9								
8	4			9				
		6	8					
				5	1		7	

585

3	7	1	2	5	8	6	9	4
5	8	6	9	7	4	2	3	1
4	9	2	3	6	1	7	8	5
6	3	7	4	9	5	1	2	8
8	2	5	1	3	6	9	4	7
9	1	4	8	2	7	5	6	3
1	6	9	5	8	3	4	7	2
7	5	8	6	4	2	3	1	9
2	4	3	7	1	9	8	5	6

586

4	9	5	7	2	3	1	8	6
7	6	2	1	8	5	3	4	9
8	3	1	9	4	6	5	2	7
1	4	7	8	9	2	6	5	3
3	2	9	5	6	7	8	1	4
5	8	6	4	3	1	7	9	2
6	5	4	2	7	8	9	3	1
9	1	3	6	5	4	2	7	8
2	7	8	3	1	9	4	6	5

587

5	8	3	1	7	9	4	2	6
1	7	4	2	8	6	5	9	3
6	9	2	3	5	4	1	8	7
2	6	1	4	3	8	9	7	5
8	4	9	5	6	7	3	1	2
7	3	5	9	2	1	6	4	8
9	2	6	7	1	3	8	5	4
3	1	7	8	4	5	2	6	9
4	5	8	6	9	2	7	3	1

588

3	9	8	6	1	4	5	2	7
7	1	2	9	3	5	4	8	6
5	6	4	2	8	7	3	9	1
4	8	3	7	6	9	2	1	5
6	7	5	1	2	3	8	4	9
9	2	1	5	4	8	7	6	3
8	4	7	3	9	6	1	5	2
1	5	6	8	7	2	9	3	4
2	3	9	4	5	1	6	7	8

589

		6		3				
						2		
		1	8				7	
	7				3			
			4			6		8
		2	6					
	5	4		2			9	6
7			9		4	5		3
			3			7		

590

6								5
2			8				9	
	8						6	4
				2		5		3
		2	3		6			
		7						
			5	3				
		9		1				7
4					7		2	

591

		1	8					6
	6		1	3				4
	9	4		5		3		
1			2			4		
				4				
		5			6			9
						8		
	8	2			5	6	7	
				8				

592

					1			9
8				4				
		5		7				
		3			4			
	8	9				7		1
5		2	1		6			3
					7	5	4	
9				1			3	8
				3	2			

592

7	4	6	3	2	1	8	5	9
8	3	1	5	4	9	2	7	6
2	9	5	6	7	8	3	1	4
1	6	3	7	8	4	9	2	5
4	8	9	2	5	3	7	6	1
5	7	2	1	9	6	4	8	3
3	1	8	9	6	7	5	4	2
9	2	7	4	1	5	6	3	8
6	5	4	8	3	2	1	9	7

591

3	5	1	8	2	4	7	9	6
7	6	8	1	3	9	5	2	4
2	9	4	6	5	7	3	1	8
1	7	6	2	9	8	4	3	5
8	3	9	5	4	1	2	6	7
4	2	5	3	7	6	1	8	9
5	1	7	9	6	3	8	4	2
9	8	2	4	1	5	6	7	3
6	4	3	7	8	2	9	5	1

590

6	7	1	9	4	2	8	3	5
2	5	4	8	6	3	7	9	1
9	8	3	1	7	5	2	6	4
8	9	6	7	2	1	5	4	3
5	4	2	3	8	6	1	7	9
1	3	7	4	5	9	6	8	2
7	2	8	5	3	4	9	1	6
3	6	9	2	1	8	4	5	7
4	1	5	6	9	7	3	2	8

589

5	4	6	2	3	7	9	8	1
8	3	7	5	1	9	2	6	4
2	9	1	8	4	6	3	7	5
6	7	5	1	8	3	4	2	9
9	1	3	4	7	2	6	5	8
4	8	2	6	9	5	1	3	7
3	5	4	7	2	1	8	9	6
7	2	8	9	6	4	5	1	3
1	6	9	3	5	8	7	4	2

593

2	5					8		
		8		2				
				3				1
			8		4	1		
			2	1			9	
9	2		5		3			
		6						3
4						9	2	
				6	1			

594

				4	1			
			6				5	
7			3	2				9
2	3					7		
		9			2			6
				3		2	9	4
9								
		6			5			
		1		6			4	2

595

	4		3	8	5			6
				4				
7	2							
	5	6	2					
	1		8		6			
						5		
		3						8
		7	4	3		9		
1						4		

596

	5		3		7	9		
			5	4				
					9		6	
3					1	7	5	
				6				3
	2					8		9
	6	9					7	
2	8					4		
5		4					8	

593

2	5	3	1	4	9	8	6	7
1	7	8	6	2	5	3	4	9
6	4	9	7	3	8	2	5	1
5	6	7	8	9	4	1	3	2
8	3	4	2	1	6	7	9	5
9	2	1	5	7	3	6	8	4
7	8	6	9	5	2	4	1	3
4	1	5	3	8	7	9	2	6
3	9	2	4	6	1	5	7	8

594

8	9	3	5	4	1	6	2	7
4	1	2	6	7	9	8	5	3
7	6	5	3	2	8	4	1	9
2	3	4	9	5	6	7	8	1
1	7	9	4	8	2	5	3	6
6	5	8	1	3	7	2	9	4
9	2	7	8	1	4	3	6	5
3	4	6	2	9	5	1	7	8
5	8	1	7	6	3	9	4	2

595

9	4	1	3	8	5	2	7	6
6	3	8	7	4	2	1	9	5
7	2	5	6	9	1	3	8	4
3	5	6	2	7	4	8	1	9
2	1	9	8	5	6	7	4	3
8	7	4	9	1	3	5	6	2
4	9	3	1	2	7	6	5	8
5	6	7	4	3	8	9	2	1
1	8	2	5	6	9	4	3	7

596

6	5	1	3	8	7	9	2	4
8	9	2	5	4	6	1	3	7
4	7	3	1	2	9	5	6	8
3	4	8	2	9	1	7	5	6
9	1	5	7	6	8	2	4	3
7	2	6	4	3	5	8	1	9
1	6	9	8	5	4	3	7	2
2	8	7	6	1	3	4	9	5
5	3	4	9	7	2	6	8	1

597

			9	7			3	
5				8		1		
		6					8	2
2								6
		3	6		2			
6							1	9
	5				4		9	
4					3	8	2	

598

8					4	6		
	2				5		7	
		7	3			1		
			8		6	2	1	
	6			1		4		
2				9				
			5					9
				4		7		
3		9		2				

599

				9				
		1					4	
9	3			8		1		
	7		5		6			
5		9	8			7		
3	6						1	
	2					4	8	
		8	3	7			6	
6		7					9	

600

	9			2				
8	3				9			6
					3	9	2	
9			7			4		
		6					5	
							1	9
5				7			8	
		8						4
	2	7	4	6		3		

597

8	2	4	9	7	1	6	3	5
5	3	9	2	8	6	1	4	7
7	1	6	3	4	5	9	8	2
2	8	1	4	5	9	3	7	6
9	7	3	6	1	2	4	5	8
6	4	5	7	3	8	2	1	9
1	5	2	8	6	4	7	9	3
4	6	7	5	9	3	8	2	1
3	9	8	1	2	7	5	6	4

598

8	1	3	9	7	4	6	2	5
4	2	6	1	8	5	9	7	3
5	9	7	3	6	2	1	8	4
9	3	4	8	5	6	2	1	7
7	6	5	2	1	3	4	9	8
2	8	1	4	9	7	3	5	6
6	7	2	5	3	1	8	4	9
1	5	8	6	4	9	7	3	2
3	4	9	7	2	8	5	6	1

599

2	4	5	6	9	1	3	7	8
7	8	1	2	5	3	6	4	9
9	3	6	4	8	7	1	5	2
8	7	2	5	1	6	9	3	4
5	1	9	8	3	4	7	2	6
3	6	4	7	2	9	8	1	5
1	2	3	9	6	5	4	8	7
4	9	8	3	7	2	5	6	1
6	5	7	1	4	8	2	9	3

600

6	9	4	8	2	7	5	3	1
8	3	2	1	5	9	7	4	6
7	5	1	6	4	3	9	2	8
9	8	5	7	1	2	4	6	3
2	1	6	9	3	4	8	5	7
4	7	3	5	8	6	2	1	9
5	4	9	3	7	1	6	8	2
3	6	8	2	9	5	1	7	4
1	2	7	4	6	8	3	9	5

601

								9
				3			8	4
	3	5	8				7	
		8	6		7			2
				1				
6			4		9			5
1	8							
	2			9			5	
	4						9	3

602

	1	3			9			
4		5					6	
			8	7				
	8				1			
7					2	3		
	3			8		1		
			7		3	8		2
2				6		4	9	

603

						1	4	3
	5							9
6			2					
4		7		8			2	
					3		5	
	8	5						
9	1			7	4	5		
			8			6		
	4			1				2

604

			9			2		
				4				8
4	8							
			5	2			8	
		2			6			5
					7			3
	5		6		3			9
	6	3	8			7	5	
8					2			

601

8	6	4	5	7	1	3	2	9
2	7	1	9	3	6	5	8	4
9	3	5	8	4	2	6	7	1
3	9	8	6	5	7	4	1	2
4	5	7	2	1	3	9	6	8
6	1	2	4	8	9	7	3	5
1	8	9	3	6	5	2	4	7
7	2	3	1	9	4	8	5	6
5	4	6	7	2	8	1	9	3

602

8	1	3	6	5	9	7	2	4
6	9	7	4	2	8	5	3	1
4	2	5	3	1	7	9	6	8
3	5	4	8	7	6	2	1	9
9	8	2	5	3	1	6	4	7
7	6	1	9	4	2	3	8	5
5	3	9	2	8	4	1	7	6
1	4	6	7	9	3	8	5	2
2	7	8	1	6	5	4	9	3

603

7	2	8	9	5	6	1	4	3
1	5	4	7	3	8	2	6	9
6	3	9	2	4	1	7	8	5
4	6	7	5	8	9	3	2	1
2	9	1	4	6	3	8	5	7
3	8	5	1	2	7	4	9	6
9	1	2	6	7	4	5	3	8
5	7	3	8	9	2	6	1	4
8	4	6	3	1	5	9	7	2

604

3	1	5	9	6	8	2	7	4
9	2	6	7	4	1	5	3	8
4	8	7	2	3	5	9	6	1
6	3	1	5	2	9	4	8	7
7	4	2	3	8	6	1	9	5
5	9	8	4	1	7	6	2	3
2	5	4	6	7	3	8	1	9
1	6	3	8	9	4	7	5	2
8	7	9	1	5	2	3	4	6

605

5	4		7			3		9
		2						7
				8	3			6
	7							
			9		6	2		4
	1			3		9	7	
	8	4						
		1		9	4	6		
				5				

606

				7				
	8	1		3				
3				8		9		
				4				9
		6						5
1	7							8
					3		2	
5		9			2	6		
		3	6					7

607

	7				5			
	1					3		9
	9						2	6
		2		1			5	
		4	5					
	3		2		6	9		
					4			2
		8						
1		9		3		6		

608

1	2							
			6	1	4	9		8
6	8			7		4		
	5						6	
9								
					1	6	3	
	7		3			2		
		3	2	5			4	1

605

5	4	8	7	6	1	3	2	9
3	6	2	5	4	9	1	8	7
1	9	7	2	8	3	4	5	6
4	7	9	1	2	8	5	6	3
8	3	5	9	7	6	2	1	4
2	1	6	4	3	5	9	7	8
6	8	4	3	1	2	7	9	5
7	5	1	8	9	4	6	3	2
9	2	3	6	5	7	8	4	1

606

9	2	4	1	7	5	8	3	6
6	8	1	9	3	4	7	5	2
3	5	7	2	8	6	9	1	4
8	3	2	5	4	7	1	6	9
4	9	6	8	2	1	3	7	5
1	7	5	3	6	9	2	4	8
7	6	8	4	9	3	5	2	1
5	4	9	7	1	2	6	8	3
2	1	3	6	5	8	4	9	7

607

2	7	6	3	9	5	4	1	8
4	1	5	6	2	8	3	7	9
8	9	3	1	4	7	5	2	6
7	6	2	4	1	9	8	5	3
9	8	4	5	7	3	2	6	1
5	3	1	2	8	6	9	4	7
3	5	7	8	6	4	1	9	2
6	2	8	9	5	1	7	3	4
1	4	9	7	3	2	6	8	5

608

4	9	8	5	2	7	3	1	6
1	2	6	9	3	8	5	7	4
7	3	5	6	1	4	9	2	8
6	8	2	1	7	5	4	9	3
3	5	4	8	9	2	1	6	7
9	1	7	4	6	3	8	5	2
2	4	9	7	8	1	6	3	5
5	7	1	3	4	6	2	8	9
8	6	3	2	5	9	7	4	1

609

8		9	5		3			
		1					3	
7				4		8		
			6			3		
3	5		1		8	4		
1	7					6	9	
				6		9	4	3
				2				
	4			5				7

610

		5						
				6		3	2	9
3		9		1				4
					1			8
		8		2		7		
	7				3		6	
1	4		6					
8								
					7	6	3	

611

4			6			1		5
	3							
8			9	5				
		7						8
9		6	3	8			1	7
5					4			2
	9		4					
							8	
6		4				7		3

612

		4						
	3		1			5		
1		8	2	7			6	
		6	9		4		5	7
2				8		1		
		9						3
7								
				3				
		1		2			7	

609

8	6	9	5	1	3	7	2	4
4	2	1	7	8	6	5	3	9
7	3	5	2	4	9	8	6	1
2	9	4	6	7	5	3	1	8
3	5	6	1	9	8	4	7	2
1	7	8	4	3	2	6	9	5
5	1	2	8	6	7	9	4	3
9	8	7	3	2	4	1	5	6
6	4	3	9	5	1	2	8	7

610

4	2	5	3	7	9	8	1	6
7	8	1	5	6	4	3	2	9
3	6	9	2	1	8	5	7	4
6	9	3	7	5	1	2	4	8
5	1	8	4	2	6	7	9	3
2	7	4	9	8	3	1	6	5
1	4	7	6	3	5	9	8	2
8	3	6	1	9	2	4	5	7
9	5	2	8	4	7	6	3	1

611

4	7	9	6	3	8	1	2	5
1	3	5	2	4	7	8	6	9
8	6	2	9	5	1	3	7	4
3	2	7	5	1	6	9	4	8
9	4	6	3	8	2	5	1	7
5	8	1	7	9	4	6	3	2
7	9	8	4	6	3	2	5	1
2	5	3	1	7	9	4	8	6
6	1	4	8	2	5	7	9	3

612

9	2	4	8	6	5	7	3	1
6	3	7	1	4	9	5	2	8
1	5	8	2	7	3	4	6	9
3	8	6	9	1	4	2	5	7
2	7	5	3	8	6	1	9	4
4	1	9	7	5	2	6	8	3
7	6	3	5	9	1	8	4	2
8	4	2	6	3	7	9	1	5
5	9	1	4	2	8	3	7	6

613

				9	4			3
								1
	4		5					8
4	7	1	8		3			
3	2			6				
		9						
					6			
		7		3				9
				7	2	6	3	

614

6	7							
8	1			3		2		
9	2		7				1	
1			4					
	6				8		7	
						1	5	4
			1			7	8	
					4			
	8		3	6	2			

615

6	4							1
	8	9			7			5
					2		9	
3					1	9		
					8		1	
	2			9		3		7
2				5	6	4		
5				2				
						1		

616

		4			9			
	7		3		4	1		
1					8			6
	5							
4		9			7			
	6			1			3	4
3							8	2
			2		5		4	
		8	7					

613

8	1	2	6	9	4	5	7	3
7	5	6	3	2	8	4	9	1
9	4	3	5	1	7	2	6	8
4	7	1	8	5	3	9	2	6
3	2	5	7	6	9	1	8	4
6	8	9	2	4	1	3	5	7
5	3	4	9	8	6	7	1	2
2	6	7	1	3	5	8	4	9
1	9	8	4	7	2	6	3	5

614

6	7	5	2	4	1	9	3	8
8	1	4	9	3	5	2	6	7
9	2	3	7	8	6	4	1	5
1	5	7	4	9	3	8	2	6
4	6	2	5	1	8	3	7	9
3	9	8	6	2	7	1	5	4
2	4	6	1	5	9	7	8	3
5	3	1	8	7	4	6	9	2
7	8	9	3	6	2	5	4	1

615

6	4	2	5	8	9	7	3	1
1	8	9	3	6	7	2	4	5
7	3	5	4	1	2	6	9	8
3	5	8	7	4	1	9	2	6
9	7	6	2	3	8	5	1	4
4	2	1	6	9	5	3	8	7
2	1	3	8	5	6	4	7	9
5	9	7	1	2	4	8	6	3
8	6	4	9	7	3	1	5	2

616

6	8	4	1	2	9	3	5	7
5	7	2	3	6	4	1	9	8
1	9	3	5	7	8	4	2	6
2	5	1	4	3	6	8	7	9
4	3	9	8	5	7	2	6	1
8	6	7	9	1	2	5	3	4
3	4	5	6	9	1	7	8	2
7	1	6	2	8	5	9	4	3
9	2	8	7	4	3	6	1	5

617

	2		9		4			
	5		8		1	4		
		8	2					
2						8		4
5					7	9	3	
			3					2
		7		4		6		
1								
	4			5			7	

618

	1			7		6		2
			5		9		4	
		3			4			
				5	1			
5						2		
		8						
		6				1	7	
	7					4		6
	9	2	4			3		

619

						3		
2	7				6	9	8	
	9			3				
3		5				7	2	
					1			8
	6	8					9	
5	8			7			6	1
				9				
		4	2					

620

				9				2
		6		4	2	8		9
	5		7	1				
	9	8					2	7
						3		
				7		9		
4			8				1	
5								
	2	9	5					3

617

7	2	6	9	3	4	5	8	1
3	5	9	8	6	1	4	2	7
4	1	8	2	7	5	3	6	9
2	7	3	5	9	6	8	1	4
5	8	1	4	2	7	9	3	6
6	9	4	3	1	8	7	5	2
8	3	7	1	4	2	6	9	5
1	6	5	7	8	9	2	4	3
9	4	2	6	5	3	1	7	8

618

9	1	4	8	7	3	6	5	2
6	2	7	5	1	9	8	4	3
8	5	3	6	2	4	9	1	7
2	4	9	3	5	1	7	6	8
5	3	1	7	8	6	2	9	4
7	6	8	9	4	2	5	3	1
4	8	6	2	3	5	1	7	9
3	7	5	1	9	8	4	2	6
1	9	2	4	6	7	3	8	5

619

4	5	6	8	2	9	3	1	7
2	7	3	1	4	6	9	8	5
8	9	1	5	3	7	6	4	2
3	1	5	9	8	4	7	2	6
9	4	2	7	6	1	5	3	8
7	6	8	3	5	2	1	9	4
5	8	9	4	7	3	2	6	1
1	2	7	6	9	8	4	5	3
6	3	4	2	1	5	8	7	9

620

3	8	4	6	9	5	1	7	2
7	1	6	3	4	2	8	5	9
9	5	2	7	1	8	6	3	4
6	9	8	1	5	3	4	2	7
2	7	5	9	8	4	3	6	1
1	4	3	2	7	6	9	8	5
4	3	7	8	2	9	5	1	6
5	6	1	4	3	7	2	9	8
8	2	9	5	6	1	7	4	3

621

			8			2	1	
2								7
				7	3	9		
4								
	6					7	5	
	5						6	3
7					9			
		1		3	4		2	
	9	6			2	8		

622

			1		6			
	5	7					1	
		4	3					6
			9					4
	8				5	6		
				3		2	5	
		3	8				2	1
	1		4					
		9						

623

			2					7
	4				8			
1	2		7					
	6	7	3				4	
4	8				9		6	
			4					9
				3				
	1	8		7		6	9	
							3	2

624

4						1		3
				5			2	
6				3				
	6					8		9
9	7				5			6
	8			1	6			
		9	1				8	7
					4			
	3			7		6	9	

621

9	3	7	8	4	5	2	1	6
2	4	5	9	6	1	3	8	7
6	1	8	2	7	3	9	4	5
4	7	2	3	5	6	1	9	8
1	6	3	4	9	8	7	5	2
8	5	9	1	2	7	4	6	3
7	2	4	6	8	9	5	3	1
5	8	1	7	3	4	6	2	9
3	9	6	5	1	2	8	7	4

622

9	3	8	1	5	6	7	4	2
6	5	7	2	4	8	9	1	3
1	2	4	3	9	7	5	8	6
3	6	5	9	8	2	1	7	4
4	8	2	7	1	5	6	3	9
7	9	1	6	3	4	2	5	8
5	7	3	8	6	9	4	2	1
2	1	6	4	7	3	8	9	5
8	4	9	5	2	1	3	6	7

623

8	5	3	2	4	6	9	1	7
7	4	6	9	1	8	3	2	5
1	2	9	7	5	3	4	8	6
9	6	7	3	8	5	2	4	1
4	8	5	1	2	9	7	6	3
2	3	1	4	6	7	8	5	9
5	9	2	6	3	4	1	7	8
3	1	8	5	7	2	6	9	4
6	7	4	8	9	1	5	3	2

624

4	9	5	7	2	8	1	6	3
3	1	7	6	5	9	4	2	8
6	2	8	4	3	1	9	7	5
1	6	2	3	4	7	8	5	9
9	7	4	2	8	5	3	1	6
5	8	3	9	1	6	7	4	2
2	4	9	1	6	3	5	8	7
7	5	6	8	9	4	2	3	1
8	3	1	5	7	2	6	9	4

625

1						8		
7					1			6
	9		5		6			4
	7	4	2					
						6		7
					3		2	5
			3				1	
		2	1			3		
	5			6				

626

	8				7	5	2	3
	4		3	8				
	1				5			
		4				1	7	
7			6	4				8
			1					2
		9	7					4
	2	5						
							9	

627

			7					
1							5	
								9
3		2			6	9		
5				1			8	3
						2		
	7	8	3					4
6	4		5				1	
				2			7	

628

		1	3	4				5
	8	4						
5		2		8		7		
					2			
		5		3			9	
		9	5	6	4			3
	1		6				5	
4					9			8
	6					3		

1	4	6	7	9	2	8	5	3
7	3	5	8	4	1	2	9	6
2	9	8	5	3	6	1	7	4
6	7	4	2	8	5	9	3	1
5	2	3	4	1	9	6	8	7
8	1	9	6	7	3	4	2	5
9	6	7	3	2	4	5	1	8
4	8	2	1	5	7	3	6	9
3	5	1	9	6	8	7	4	2

625

9	8	6	4	1	7	5	2	3
5	4	2	3	8	9	7	6	1
3	1	7	2	6	5	4	8	9
2	3	4	5	9	8	1	7	6
7	9	1	6	4	2	3	5	8
6	5	8	1	7	3	9	4	2
8	6	9	7	5	1	2	3	4
4	2	5	9	3	6	8	1	7
1	7	3	8	2	4	6	9	5

626

4	6	5	7	3	9	1	2	8
1	3	9	6	8	2	4	5	7
8	2	7	1	4	5	6	3	9
3	1	2	8	7	6	9	4	5
5	9	6	2	1	4	7	8	3
7	8	4	9	5	3	2	6	1
2	7	8	3	6	1	5	9	4
6	4	3	5	9	7	8	1	2
9	5	1	4	2	8	3	7	6

627

7	9	1	3	4	6	8	2	5
6	8	4	2	7	5	9	3	1
5	3	2	9	8	1	7	4	6
3	7	6	1	9	2	5	8	4
1	4	5	8	3	7	6	9	2
8	2	9	5	6	4	1	7	3
9	1	8	6	2	3	4	5	7
4	5	3	7	1	9	2	6	8
2	6	7	4	5	8	3	1	9

628

629

5		7				1		
6					3			
			6	5				2
			3	6				1
			9		4			
	4	9	8					6
9								5
			5		7			
		2				7	8	3

630

	5				3	4		
	2				4			1
		7						
	9							4
	6	3		9				5
					6		7	
					9	3		
8			6					2
6		5	1	7				9

631

4	7	9		6		5		
	6						7	4
			8		6		3	
	9							6
7				5			8	
	4				1	6		
			4	3				
8								2

632

						4		7
			7			2	3	
2				6			9	
5				9	2		7	
				8	3	1		
		3	6	5				
						3		
7					5			2
1		9					5	

629

5	3	7	4	2	9	1	6	8
6	2	1	7	8	3	5	9	4
8	9	4	6	5	1	3	7	2
7	8	5	3	6	2	9	4	1
2	6	3	9	1	4	8	5	7
1	4	9	8	7	5	2	3	6
9	7	6	2	3	8	4	1	5
3	1	8	5	4	7	6	2	9
4	5	2	1	9	6	7	8	3

630

9	5	1	2	6	3	4	8	7
3	2	6	7	8	4	5	9	1
4	8	7	9	5	1	2	6	3
2	9	8	5	1	7	6	3	4
7	6	3	4	9	8	1	2	5
5	1	4	3	2	6	9	7	8
1	7	2	8	4	9	3	5	6
8	4	9	6	3	5	7	1	2
6	3	5	1	7	2	8	4	9

631

4	7	9	3	6	8	5	2	1
3	6	5	9	1	2	8	7	4
1	8	2	5	4	7	9	6	3
2	1	4	8	9	6	7	3	5
5	9	8	7	2	3	4	1	6
7	3	6	1	5	4	2	8	9
9	4	3	2	8	1	6	5	7
6	2	7	4	3	5	1	9	8
8	5	1	6	7	9	3	4	2

632

3	6	1	5	2	9	4	8	7
4	9	5	7	1	8	2	3	6
2	7	8	3	6	4	5	9	1
5	4	6	1	9	2	8	7	3
9	2	7	4	8	3	1	6	5
8	1	3	6	5	7	9	2	4
6	5	2	8	7	1	3	4	9
7	8	4	9	3	5	6	1	2
1	3	9	2	4	6	7	5	8

633

	7				2			
3		9				1	4	8
				9	4	6		
1			4		6	8		
				7				
7					3			4
2							6	
		3		8		7	9	2
								3

634

					7			
		1		9			7	
		2	1		4			5
	8			3	1	5		
6				7			9	
		3		2	9	4		
4		9						
		6						
				5			8	

635

		7				4	5	
				5				6
		8						
		6	2					9
5	4				3			
			6	9				
2							7	1
7					4	8		
				8		6		3

636

		8	5		6	2		
	1			4				
3							7	
9								3
	5		6					
		2						
7			2	9				
		3				5		9
	8			5				4

633

6	7	4	8	1	2	9	3	5
3	2	9	7	6	5	1	4	8
8	5	1	3	9	4	6	2	7
1	3	5	4	2	6	8	7	9
4	9	2	1	7	8	3	5	6
7	6	8	9	5	3	2	1	4
2	8	7	5	3	9	4	6	1
5	4	3	6	8	1	7	9	2
9	1	6	2	4	7	5	8	3

634

5	9	8	3	6	7	2	4	1
3	4	1	2	9	5	8	7	6
7	6	2	1	8	4	9	3	5
9	8	4	6	3	1	5	2	7
6	2	5	4	7	8	1	9	3
1	7	3	5	2	9	4	6	8
4	3	9	8	1	6	7	5	2
8	5	6	7	4	2	3	1	9
2	1	7	9	5	3	6	8	4

635

1	3	7	8	6	9	4	5	2
4	9	2	3	5	7	1	8	6
6	5	8	4	2	1	3	9	7
3	7	6	2	4	8	5	1	9
5	4	9	1	7	3	2	6	8
8	2	1	6	9	5	7	3	4
2	8	4	5	3	6	9	7	1
7	6	3	9	1	4	8	2	5
9	1	5	7	8	2	6	4	3

636

4	9	8	5	7	6	2	3	1
5	1	7	3	4	2	9	8	6
3	2	6	9	8	1	4	7	5
9	7	1	8	2	5	6	4	3
8	5	4	6	3	7	1	9	2
6	3	2	4	1	9	8	5	7
7	6	5	2	9	4	3	1	8
1	4	3	7	6	8	5	2	9
2	8	9	1	5	3	7	6	4

637

						3		7
5		6		1				
		4					9	
7	8				2	1	3	
	2				9	8		
				8				2
				9	4			3
	4	1		6	3		8	
							6	

638

		3		4		8		6
6								
8	2		9			3		
		6					5	7
	1	2				9	3	
				7				
					8		2	
			3	1	6			
		9		5				

639

	4							
8		3	2					
2				7				5
1			3	8				4
			1	2			3	
5							8	9
4			7		3			
				1		8	4	
			9				7	

640

		2	9		4		5	
6						7	8	
				3		9		
		3	4		9	8	7	
			8					5
		7	1				9	
	8	1				5	3	
7						1		
			7				2	

9	1	2	8	4	6	3	5	7
5	3	6	9	1	7	4	2	8
8	7	4	2	3	5	6	9	1
7	8	9	4	5	2	1	3	6
1	2	3	6	7	9	8	4	5
4	6	5	3	8	1	9	7	2
6	5	8	7	9	4	2	1	3
2	4	1	5	6	3	7	8	9
3	9	7	1	2	8	5	6	4

637

1	9	3	5	4	2	8	7	6
6	5	7	8	3	1	4	9	2
8	2	4	9	6	7	3	1	5
9	8	6	4	2	3	1	5	7
7	1	2	6	8	5	9	3	4
4	3	5	1	7	9	2	6	8
5	4	1	7	9	8	6	2	3
2	7	8	3	1	6	5	4	9
3	6	9	2	5	4	7	8	1

638

6	4	7	5	3	1	9	2	8
8	5	3	2	9	6	4	1	7
2	1	9	8	7	4	3	6	5
1	7	6	3	8	9	2	5	4
9	8	4	1	2	5	7	3	6
5	3	2	4	6	7	1	8	9
4	2	8	7	5	3	6	9	1
7	9	5	6	1	2	8	4	3
3	6	1	9	4	8	5	7	2

639

1	7	2	9	8	4	3	5	6
6	3	9	5	1	2	7	8	4
5	4	8	6	3	7	9	1	2
2	5	3	4	6	9	8	7	1
9	1	4	8	7	3	2	6	5
8	6	7	1	2	5	4	9	3
4	8	1	2	9	6	5	3	7
7	2	6	3	5	8	1	4	9
3	9	5	7	4	1	6	2	8

640

641

2		4		8			5	
			1	5				
9	6				4			
		2				9		
			8		9	1	6	
	9							7
		6		4	7		8	
7				3			2	
						3		

642

		4			6	2		
				8			1	
2		7			4			3
	2						9	
			7	1				
4					3	7		
				6		8		9
5							2	
			3		2			4

643

		4				2	3	
			4		6			
		5		9				
			5	3		1		
					8			
6	8		2		9			
					5	8		4
	4	2					1	
9	1						2	

644

		3	9	8	5		6	
	1		3					
5				7				
			5		4	9		7
	5				6		2	
		1		3				
			8		7			
	6							4
			6	1		5		

641

2	1	4	9	8	6	7	5	3
3	8	7	1	5	2	4	9	6
9	6	5	3	7	4	8	1	2
6	5	2	7	1	3	9	4	8
4	7	3	8	2	9	1	6	5
8	9	1	4	6	5	2	3	7
1	3	6	2	4	7	5	8	9
7	4	9	5	3	8	6	2	1
5	2	8	6	9	1	3	7	4

642

8	1	4	9	3	6	2	7	5
3	5	9	2	8	7	4	1	6
2	6	7	1	5	4	9	8	3
7	2	5	6	4	8	3	9	1
6	3	8	7	1	9	5	4	2
4	9	1	5	2	3	7	6	8
1	7	2	4	6	5	8	3	9
5	4	3	8	9	1	6	2	7
9	8	6	3	7	2	1	5	4

643

7	9	4	8	5	1	2	3	6
2	3	1	4	7	6	5	8	9
8	6	5	3	9	2	7	4	1
4	2	9	5	3	7	1	6	8
1	5	3	6	4	8	9	7	2
6	8	7	2	1	9	4	5	3
3	7	6	1	2	5	8	9	4
5	4	2	9	8	3	6	1	7
9	1	8	7	6	4	3	2	5

644

2	7	3	9	8	5	4	6	1
4	1	9	3	6	2	7	5	8
5	8	6	4	7	1	3	9	2
6	3	8	5	2	4	9	1	7
7	5	4	1	9	6	8	2	3
9	2	1	7	3	8	6	4	5
1	9	5	8	4	7	2	3	6
3	6	7	2	5	9	1	8	4
8	4	2	6	1	3	5	7	9

645

		7						
					4		5	
2		1				7	4	
	9		7					
7				2			9	5
8		3			6	1		
			1			9		3
		9	2					
	1	6						

646

		1	2					
		2	5	3	9		4	
4				7				
	8	6	7					
3					6	4	2	
					2	3		7
	1			8				
							3	
5						8		9

647

				6			7	
6		4			3	5		
	1		7					9
1								4
3						2		
					7		3	
			6		5			
4	5			7			9	
9			1					2

648

							6	7
				2				
		2	1	8	6			4
4	3			1		7		
	8	1	3					
	5			9		3		
	1		9					3
3	7	5	8					
						8	7	

645

6	4	7	5	1	2	3	8	9
9	3	8	6	7	4	2	5	1
2	5	1	8	3	9	7	4	6
1	9	5	7	4	8	6	3	2
7	6	4	3	2	1	8	9	5
8	2	3	9	5	6	1	7	4
4	7	2	1	8	5	9	6	3
5	8	9	2	6	3	4	1	7
3	1	6	4	9	7	5	2	8

646

9	7	1	2	6	4	5	8	3
8	6	2	5	3	9	7	4	1
4	3	5	1	7	8	6	9	2
2	8	6	7	4	3	9	1	5
3	5	7	9	1	6	4	2	8
1	9	4	8	5	2	3	6	7
6	1	9	3	8	7	2	5	4
7	2	8	4	9	5	1	3	6
5	4	3	6	2	1	8	7	9

647

2	8	9	5	6	1	4	7	3
6	7	4	9	2	3	5	8	1
5	1	3	7	4	8	6	2	9
1	2	7	3	5	9	8	6	4
3	9	5	4	8	6	2	1	7
8	4	6	2	1	7	9	3	5
7	3	2	6	9	5	1	4	8
4	5	1	8	7	2	3	9	6
9	6	8	1	3	4	7	5	2

648

1	4	8	5	3	9	2	6	7
5	6	3	7	2	4	1	9	8
7	9	2	1	8	6	5	3	4
4	3	9	2	1	5	7	8	6
2	8	1	3	6	7	9	4	5
6	5	7	4	9	8	3	1	2
8	1	6	9	7	2	4	5	3
3	7	5	8	4	1	6	2	9
9	2	4	6	5	3	8	7	1

649

			2					3
2		1	4	6			5	
		7						9
					7		3	5
	6						7	
	5			2				
			9			8		
		6			8		1	
	3	8						

650

4						5	6	
				1				
	5					2	7	
			8			6	9	
		7	5	9				
3						4		
7		6			8			3
		2					5	
				6		9	8	

651

		1		3			9	
			7				5	4
	7	3						
					8	5		
		6						
1				6	5	2	4	
					4	1		8
				1	3	7		
6		5		7				

652

					5			
	5	2			4			
	8	6					5	1
		3		4		8		2
					7	3		
8			5	1		6		
		4						7
				9	1			
6						2		

649

6	8	5	2	7	9	1	4	3
2	9	1	4	6	3	7	5	8
3	4	7	1	8	5	2	6	9
4	1	2	8	9	7	6	3	5
8	6	3	5	1	4	9	7	2
7	5	9	3	2	6	4	8	1
5	7	4	9	3	1	8	2	6
9	2	6	7	5	8	3	1	4
1	3	8	6	4	2	5	9	7

650

4	7	1	3	2	9	5	6	8
2	6	8	7	1	5	3	4	9
9	5	3	4	8	6	2	7	1
5	2	4	8	3	1	6	9	7
6	1	7	5	9	4	8	3	2
3	8	9	6	7	2	4	1	5
7	4	6	9	5	8	1	2	3
8	9	2	1	4	3	7	5	6
1	3	5	2	6	7	9	8	4

651

4	5	1	2	3	6	8	9	7
2	6	9	7	8	1	3	5	4
8	7	3	4	5	9	6	1	2
3	9	4	1	2	8	5	7	6
5	2	6	3	4	7	9	8	1
1	8	7	9	6	5	2	4	3
7	3	2	5	9	4	1	6	8
9	4	8	6	1	3	7	2	5
6	1	5	8	7	2	4	3	9

652

3	4	7	1	6	5	9	2	8
1	5	2	9	8	4	7	6	3
9	8	6	7	3	2	4	5	1
5	7	3	6	4	9	8	1	2
4	6	1	8	2	7	3	9	5
8	2	9	5	1	3	6	7	4
2	9	4	3	5	6	1	8	7
7	3	8	2	9	1	5	4	6
6	1	5	4	7	8	2	3	9

653

6			1	4			5	
	4					2		
	7	3						
	2		6					5
		1	9					8
		4			3			1
2					9		8	
				3		4	9	
	1				8			

654

					8	7		
			5		2	8	4	
						3		
	4							7
3	9	1		7				
			9		1		8	
		5			9			
	1	4	7					
8							5	2

655

	9						7	
	1			7			6	
			3				2	
6				5		4		8
			4	1				3
		5						
2			1		4			
		9	6	8		1		
3								

656

9	4	3	1					
8						4		
2							6	
	6							7
	2		8		5	3		6
		5		1				
						9	3	
		7	3				5	
			6		8			

653

6	8	2	1	4	7	3	5	9
9	4	5	3	8	6	2	1	7
1	7	3	5	9	2	8	6	4
7	2	8	6	1	4	9	3	5
3	6	1	9	2	5	7	4	8
5	9	4	8	7	3	6	2	1
2	3	7	4	5	9	1	8	6
8	5	6	7	3	1	4	9	2
4	1	9	2	6	8	5	7	3

654

4	5	3	1	9	8	7	2	6
1	6	7	5	3	2	8	4	9
9	8	2	4	6	7	3	1	5
5	4	8	6	2	3	1	9	7
3	9	1	8	7	5	2	6	4
7	2	6	9	4	1	5	8	3
6	3	5	2	8	9	4	7	1
2	1	4	7	5	6	9	3	8
8	7	9	3	1	4	6	5	2

655

8	9	2	5	4	6	3	7	1
5	1	3	2	7	8	9	6	4
7	6	4	3	9	1	8	2	5
6	3	7	9	5	2	4	1	8
9	2	8	4	1	7	6	5	3
1	4	5	8	6	3	2	9	7
2	5	6	1	3	4	7	8	9
4	7	9	6	8	5	1	3	2
3	8	1	7	2	9	5	4	6

656

9	4	3	1	6	7	8	2	5
8	7	6	2	5	3	4	9	1
2	5	1	4	8	9	7	6	3
1	6	4	9	3	2	5	8	7
7	2	9	8	4	5	3	1	6
3	8	5	7	1	6	2	4	9
6	1	8	5	7	4	9	3	2
4	9	7	3	2	1	6	5	8
5	3	2	6	9	8	1	7	4

657

2				6	3		1	
	4				1			
		7					2	
4								
5			1		9	8		
		6				3		
					8			
6						4		5
		1	7		5			

658

6	4	7	2					1
		3						
5				4				
		8				3		
			9		5			7
8		6					2	
			7	8		1		6
2				9	3			

659

	6	8						
		4	7			8		
9					1	4		7
1	5			4				
				2	9			
2		3						
					7	2		6
	4			1	6	3		5
							7	

660

					5		7	
				8		9	5	
5				6				
1		9						
4	5		9				6	
			6					2
			1			8	3	7
3							2	4
7					4	6		

657

2	8	5	9	6	3	7	1	4
9	4	3	2	7	1	5	6	8
1	6	7	5	8	4	9	2	3
4	3	9	8	2	6	1	5	7
5	7	2	1	3	9	8	4	6
8	1	6	4	5	7	3	9	2
7	5	4	6	9	8	2	3	1
6	9	8	3	1	2	4	7	5
3	2	1	7	4	5	6	8	9

658

9	8	5	3	7	1	4	6	2
6	4	7	2	5	9	8	3	1
1	2	3	4	6	8	7	9	5
5	3	2	8	4	7	6	1	9
7	9	8	1	2	6	3	5	4
4	6	1	9	3	5	2	8	7
8	7	6	5	1	4	9	2	3
3	5	9	7	8	2	1	4	6
2	1	4	6	9	3	5	7	8

659

7	6	8	5	3	4	9	2	1
5	1	4	7	9	2	8	6	3
9	3	2	8	6	1	4	5	7
1	5	9	6	4	8	7	3	2
4	7	6	3	2	9	5	1	8
2	8	3	1	7	5	6	4	9
3	9	1	4	5	7	2	8	6
8	4	7	2	1	6	3	9	5
6	2	5	9	8	3	1	7	4

660

6	9	4	2	1	5	3	7	8
2	7	1	4	8	3	9	5	6
5	8	3	7	6	9	2	4	1
1	6	9	3	4	2	7	8	5
4	5	2	9	7	8	1	6	3
8	3	7	6	5	1	4	9	2
9	4	5	1	2	6	8	3	7
3	1	6	8	9	7	5	2	4
7	2	8	5	3	4	6	1	9

661

	9		5	4			1	
6		7						
	4				2			
2						3	5	
			6			2		8
1			8					
			3			5		
		4			6			
7		6			5			9

662

	2	9			7			8
7								
4	5		6				9	
9					4			
			2	3	1		7	
		4		7	8	5		
5							1	
	1					8		
				5		6		

663

				8		1	3	
	1							7
2	7	6						
3	6	8		1			4	2
							5	
4								3
			8	6	1			5
6	8				5			
7					4	9		

664

			7		2	4		
			6					
			8	9			6	3
		6				7		
1		5			9			6
	4							
		1	5				4	
3		4	1					
				7			8	

661

8	9	2	5	4	7	6	1	3
6	1	7	9	3	8	4	2	5
3	4	5	1	6	2	9	8	7
2	6	8	4	7	9	3	5	1
4	7	3	6	5	1	2	9	8
1	5	9	8	2	3	7	6	4
9	2	1	3	8	4	5	7	6
5	8	4	7	9	6	1	3	2
7	3	6	2	1	5	8	4	9

662

6	2	9	3	1	7	4	5	8
7	8	1	4	9	5	2	3	6
4	5	3	6	8	2	7	9	1
9	7	2	5	6	4	1	8	3
8	6	5	2	3	1	9	7	4
1	3	4	9	7	8	5	6	2
5	4	7	8	2	6	3	1	9
3	1	6	7	4	9	8	2	5
2	9	8	1	5	3	6	4	7

663

5	4	9	7	8	2	1	3	6
8	1	3	4	5	6	2	9	7
2	7	6	1	9	3	5	8	4
3	6	8	5	1	9	7	4	2
1	2	7	3	4	8	6	5	9
4	9	5	6	2	7	8	1	3
9	3	2	8	6	1	4	7	5
6	8	4	9	7	5	3	2	1
7	5	1	2	3	4	9	6	8

664

9	6	3	7	1	2	4	5	8
5	1	8	6	4	3	9	2	7
4	2	7	8	9	5	1	6	3
8	3	6	2	5	1	7	9	4
1	7	5	4	8	9	2	3	6
2	4	9	3	6	7	8	1	5
7	9	1	5	3	8	6	4	2
3	8	4	1	2	6	5	7	9
6	5	2	9	7	4	3	8	1

665

		6	1	4		5	2	
	9					6		
	1		6		5			3
	5		3			9		2
4							3	
			2					
3	7					1	5	
		5		7				9
	2							

666

		9						
		5					7	
6	8		9	4		5	1	3
				3		4	9	7
		2						
9					8		3	
					4	7	8	
				9	6			
7			3	8			5	9

667

		7				8		
				3	9			
6	3		1					2
	1	5				6		4
			8		4			
4				2		5	7	
3			4	6		2		
	7				2			
				9		1		

668

		8	6	4		7		
9			5					
6	2		3				8	
3			7	2		1		
	9							
					1	3		4
	6		4					2
							3	
7							5	

665

8	3	6	1	4	9	5	2	7
5	9	4	7	3	2	6	8	1
2	1	7	6	8	5	4	9	3
7	5	1	3	6	8	9	4	2
4	6	2	9	1	7	8	3	5
9	8	3	2	5	4	7	1	6
3	7	9	4	2	6	1	5	8
1	4	5	8	7	3	2	6	9
6	2	8	5	9	1	3	7	4

666

4	3	9	1	5	7	6	2	8
2	1	5	8	6	3	9	7	4
6	8	7	9	4	2	5	1	3
8	6	1	2	3	5	4	9	7
3	7	2	4	1	9	8	6	5
9	5	4	6	7	8	1	3	2
1	9	3	5	2	4	7	8	6
5	2	8	7	9	6	3	4	1
7	4	6	3	8	1	2	5	9

667

9	5	7	2	4	6	8	1	3
1	2	8	7	3	9	4	6	5
6	3	4	1	8	5	7	9	2
2	1	5	9	7	3	6	8	4
7	6	9	8	5	4	3	2	1
4	8	3	6	2	1	5	7	9
3	9	1	4	6	8	2	5	7
5	7	6	3	1	2	9	4	8
8	4	2	5	9	7	1	3	6

668

5	1	8	6	4	9	7	2	3
9	7	3	5	8	2	6	4	1
6	2	4	3	1	7	5	8	9
3	5	6	7	2	4	1	9	8
4	9	1	8	3	6	2	7	5
2	8	7	9	5	1	3	6	4
8	6	5	4	7	3	9	1	2
1	4	9	2	6	5	8	3	7
7	3	2	1	9	8	4	5	6

669

		8	1	7		9		5
1		6	8					7
				4				1
4		1	2					
9								6
	6	3		1			5	
					6	7		4
				2				
	9	2						

670

			4	6	8			9
			9					
								8
2	3	5						
	4			1			6	
7					4			
4	5				3	7		6
9	8			2	6			3
		3			9		2	1

671

		8		6				
							7	
	6	4	9	5	7			
2					4			1
							4	2
	9		7		3		6	
	5		1	4				
6	4		5				2	
						5		

672

	4				2		3	
6		7		4				
		8	5					
		6		3	1		7	4
			8				1	
	9				5			
					6	7		5
						1		
	7		1	5	8			

669

2	4	8	1	7	3	9	6	5
1	3	6	8	9	5	2	4	7
5	7	9	6	4	2	8	3	1
4	5	1	2	6	8	3	7	9
9	2	7	3	5	4	1	8	6
8	6	3	7	1	9	4	5	2
3	1	5	9	8	6	7	2	4
7	8	4	5	2	1	6	9	3
6	9	2	4	3	7	5	1	8

670

5	2	7	4	6	8	3	1	9
3	6	8	9	7	1	2	4	5
1	9	4	2	3	5	6	7	8
2	3	5	6	9	7	1	8	4
8	4	9	3	1	2	5	6	7
7	1	6	8	5	4	9	3	2
4	5	2	1	8	3	7	9	6
9	8	1	7	2	6	4	5	3
6	7	3	5	4	9	8	2	1

671

9	7	8	2	6	1	4	5	3
5	1	2	4	3	8	6	7	9
3	6	4	9	5	7	2	1	8
2	8	5	6	9	4	7	3	1
7	3	6	8	1	5	9	4	2
4	9	1	7	2	3	8	6	5
8	5	7	1	4	2	3	9	6
6	4	3	5	8	9	1	2	7
1	2	9	3	7	6	5	8	4

672

5	4	1	6	8	2	9	3	7
6	2	7	3	4	9	8	5	1
9	3	8	5	1	7	4	2	6
2	8	6	9	3	1	5	7	4
7	5	3	8	6	4	2	1	9
1	9	4	2	7	5	3	6	8
3	1	9	4	2	6	7	8	5
8	6	5	7	9	3	1	4	2
4	7	2	1	5	8	6	9	3

673

		8	1		6	7		2
1			4	7	8			
								8
8	2		7					
							6	
		4				5		
	3			6	4	1		
	6				2	9		
9								

674

1		7					9	
						8		6
			4					
	2	1	6		3			
8								7
	3			1				
3					8			
	6			9		5		2
				6			1	

675

4						1		
9	5			3			4	
	8		2					9
5		8			4			
		9	7	6				
	6	7		1			5	
6						7	3	
							9	
1	7							4

676

		4	6	5				
5	1							
			9					4
				3		2		9
	2							6
1		6	8		7			
	7							
		3	1	6	2			
						6	8	

676

9	3	4	6	5	8	7	2	1
5	1	7	2	4	3	9	6	8
8	6	2	9	7	1	3	5	4
7	4	8	5	3	6	2	1	9
3	2	5	4	1	9	8	7	6
1	9	6	8	2	7	4	3	5
6	7	9	3	8	5	1	4	2
4	8	3	1	6	2	5	9	7
2	5	1	7	9	4	6	8	3

675

4	2	6	5	7	9	1	8	3
9	5	1	8	3	6	2	4	7
7	8	3	2	4	1	5	6	9
5	1	8	3	2	4	9	7	6
2	4	9	7	6	5	3	1	8
3	6	7	9	1	8	4	5	2
6	9	4	1	8	2	7	3	5
8	3	2	4	5	7	6	9	1
1	7	5	6	9	3	8	2	4

674

1	4	7	5	8	6	2	9	3
2	9	5	1	3	7	8	4	6
6	8	3	4	2	9	7	5	1
9	2	1	6	7	3	4	8	5
8	5	6	9	4	2	1	3	7
7	3	4	8	1	5	6	2	9
3	1	2	7	5	8	9	6	4
4	6	8	3	9	1	5	7	2
5	7	9	2	6	4	3	1	8

673

3	4	8	1	9	6	7	5	2
1	5	2	4	7	8	6	3	9
6	7	9	3	2	5	4	1	8
8	2	6	7	5	1	3	9	4
5	1	3	2	4	9	8	6	7
7	9	4	6	8	3	5	2	1
2	3	7	9	6	4	1	8	5
4	6	5	8	1	2	9	7	3
9	8	1	5	3	7	2	4	6

677

			6					9
7	3			5			2	8
			4					
	2			6				
			3			9	8	7
3		8			4			
	6				7			
					5	8	6	
9		3				2		4

678

				2	3			
	3					9		
	8		5			6		
4	6					5		
		8			2			
2			4		7			
				4	5			7
6				7		2	4	
			9	3				5

679

		9						
	8					3		4
4			5		8			2
			6	3				5
			2		9		3	
						7	1	6
		3						
5						6		
	2			1	4			7

680

					4	8		
7		9	1			4		
	8		6		7		5	
2			9					5
	5	8	3	6				
		3						
		1		4		3	6	
						5		7
								1

677

4	8	2	6	7	3	1	5	9
7	3	6	1	5	9	4	2	8
5	9	1	4	8	2	7	3	6
1	2	9	7	6	8	3	4	5
6	4	5	3	2	1	9	8	7
3	7	8	5	9	4	6	1	2
8	6	4	2	3	7	5	9	1
2	1	7	9	4	5	8	6	3
9	5	3	8	1	6	2	7	4

678

9	4	6	1	2	3	7	5	8
5	3	2	7	6	8	9	1	4
1	8	7	5	9	4	6	2	3
4	6	1	3	8	9	5	7	2
3	7	8	6	5	2	4	9	1
2	9	5	4	1	7	8	3	6
8	1	9	2	4	5	3	6	7
6	5	3	8	7	1	2	4	9
7	2	4	9	3	6	1	8	5

679

2	5	9	7	4	3	8	6	1
6	8	7	1	9	2	3	5	4
4	3	1	5	6	8	9	7	2
8	7	4	6	3	1	2	9	5
1	6	5	2	7	9	4	3	8
3	9	2	4	8	5	7	1	6
7	4	3	8	5	6	1	2	9
5	1	8	9	2	7	6	4	3
9	2	6	3	1	4	5	8	7

680

3	1	5	2	9	4	8	7	6
7	6	9	1	5	8	4	2	3
4	8	2	6	3	7	1	5	9
2	4	7	9	8	1	6	3	5
1	5	8	3	6	2	7	9	4
6	9	3	4	7	5	2	1	8
8	7	1	5	4	9	3	6	2
9	2	6	8	1	3	5	4	7
5	3	4	7	2	6	9	8	1

681

						9		
		4	2		1			
2		5		4	8		3	
			7	6	4			
3							7	
5		2					1	
1				9		3		8
				5				2

682

	1	6		9				
					8	2	9	
2			4					
			1					
			6		4	3		
8	5	1	9	3				
	8	7	5					
6		5	8		1			4
							6	

683

				2		9		6
9	8	6			3	2		
	4						1	
					4	3	6	
		5		3				
8			2		9			
						6	7	
	5		1					4
				9				

684

		6		4		9		8
		3		6				
8					9			1
	7							
	6	9		7	1			
5								2
					2	5	3	6
	5							4
3					4		2	

681

8	1	3	5	7	6	9	2	4
7	9	4	2	3	1	8	6	5
2	6	5	9	4	8	1	3	7
9	2	1	7	6	4	5	8	3
3	5	6	8	2	9	4	7	1
4	7	8	3	1	5	2	9	6
5	3	2	4	8	7	6	1	9
1	4	7	6	9	2	3	5	8
6	8	9	1	5	3	7	4	2

682

7	1	6	2	9	3	4	8	5
5	4	3	7	1	8	2	9	6
2	9	8	4	5	6	7	1	3
3	6	4	1	7	5	8	2	9
9	7	2	6	8	4	3	5	1
8	5	1	9	3	2	6	4	7
4	8	7	5	6	9	1	3	2
6	3	5	8	2	1	9	7	4
1	2	9	3	4	7	5	6	8

683

5	1	3	4	2	7	9	8	6
9	8	6	5	1	3	2	4	7
7	4	2	9	8	6	5	1	3
2	9	1	7	5	4	3	6	8
4	6	5	8	3	1	7	9	2
8	3	7	2	6	9	4	5	1
1	2	8	3	4	5	6	7	9
6	5	9	1	7	2	8	3	4
3	7	4	6	9	8	1	2	5

684

7	2	6	1	4	3	9	5	8
9	1	3	5	6	8	2	4	7
8	4	5	7	2	9	3	6	1
1	7	4	2	8	5	6	9	3
2	6	9	3	7	1	4	8	5
5	3	8	4	9	6	1	7	2
4	9	7	8	1	2	5	3	6
6	5	2	9	3	7	8	1	4
3	8	1	6	5	4	7	2	9

685

7		9	1					
		4		9				
					8	3		
1		3					8	
			5					
						2		1
					2	1		
4		1	7					6
	8	7		6			2	9

686

	6	9					1	2
	1		2	7		5	4	
		5						6
						4		3
7			5		3			
					8	2	3	
	7		1	3		6		
		4		6	2			

687

		6		7			8	
	8	1		2				
		7	6			2		
			9	5		8		
8							3	
					2		4	
1			5		9		6	
4			1					3
6						4		

688

		4				6		
3	2	5			7		9	
	8			5				
				1		3		
4			5					
	3					8		
2			7		9		1	
	5							9
		7	4	8				

685

7	3	9	1	2	4	6	5	8
8	6	4	3	9	5	7	1	2
5	1	2	6	7	8	3	9	4
1	7	3	2	4	6	9	8	5
2	9	8	5	1	7	4	6	3
6	4	5	9	8	3	2	7	1
9	5	6	8	3	2	1	4	7
4	2	1	7	5	9	8	3	6
3	8	7	4	6	1	5	2	9

686

4	6	9	3	8	5	7	1	2
8	1	3	2	7	6	5	4	9
2	5	7	9	4	1	3	6	8
1	3	5	8	2	4	9	7	6
9	2	8	6	1	7	4	5	3
7	4	6	5	9	3	8	2	1
6	9	1	4	5	8	2	3	7
5	7	2	1	3	9	6	8	4
3	8	4	7	6	2	1	9	5

687

2	5	6	4	7	1	3	8	9
9	8	1	3	2	5	6	7	4
3	4	7	6	9	8	2	5	1
7	1	4	9	5	3	8	2	6
8	2	9	7	6	4	1	3	5
5	6	3	8	1	2	9	4	7
1	3	8	5	4	9	7	6	2
4	7	2	1	8	6	5	9	3
6	9	5	2	3	7	4	1	8

688

7	1	4	3	9	2	6	8	5
3	2	5	8	6	7	1	9	4
6	8	9	1	5	4	7	3	2
5	7	2	9	1	8	3	4	6
4	6	8	5	7	3	9	2	1
9	3	1	2	4	6	8	5	7
2	4	6	7	3	9	5	1	8
8	5	3	6	2	1	4	7	9
1	9	7	4	8	5	2	6	3

689

		2			5	3	4	7
	4							8
								9
						7		
			7	5			3	
3		9		6		2		
9	6	8	3					2
5			4			9		
							8	

690

			7	6	8			
				2			8	
	1	5						
		8			5		9	
1		3			6			
4	9							1
								8
				3	2			
	4		1				7	

691

7	4							5
								8
		8				7		3
						4		9
		4	6		5		3	
	3		1	8				
6		1						
	5				3		7	
	9				2		6	

692

9						4		6
	5			4			2	1
		2		3			7	
	6		1	2				7
			5	7				
		1						
4	9				3			2
6			4		7		9	5

689

8	9	2	6	1	5	3	4	7
1	4	6	9	3	7	5	2	8
7	5	3	2	4	8	1	6	9
6	8	5	1	2	3	7	9	4
2	1	4	7	5	9	8	3	6
3	7	9	8	6	4	2	1	5
9	6	8	3	7	1	4	5	2
5	2	1	4	8	6	9	7	3
4	3	7	5	9	2	6	8	1

690

9	2	4	7	6	8	1	3	5
3	6	7	5	2	1	4	8	9
8	1	5	3	9	4	7	6	2
6	7	8	2	1	5	3	9	4
1	5	3	9	4	6	8	2	7
4	9	2	8	7	3	6	5	1
2	3	1	6	5	7	9	4	8
7	8	9	4	3	2	5	1	6
5	4	6	1	8	9	2	7	3

691

7	4	9	8	3	1	6	2	5
3	2	5	4	7	6	9	1	8
1	6	8	2	5	9	7	4	3
5	1	6	3	2	7	4	8	9
2	8	4	6	9	5	1	3	7
9	3	7	1	8	4	2	5	6
6	7	1	5	4	8	3	9	2
4	5	2	9	6	3	8	7	1
8	9	3	7	1	2	5	6	4

692

9	3	7	2	8	1	4	5	6
8	5	6	7	4	9	3	2	1
1	4	2	6	3	5	9	7	8
3	6	9	1	2	4	5	8	7
2	8	4	5	7	6	1	3	9
5	7	1	3	9	8	2	6	4
4	9	5	8	6	3	7	1	2
7	1	8	9	5	2	6	4	3
6	2	3	4	1	7	8	9	5

693

		7						
			9		1			
3	4	1	7					2
						2	5	
		5				9		
				6			8	
			1		6	3		
	8	2			4		1	
			5	9		7		

694

3		9	8			6		
		6		4			2	
					7			
	7							9
	2							
					5			8
5				9				
2				7	1	8	9	
	3			5				1

695

			8		5			
	6			1				
2		7		3				
	5		7					4
9		2					6	
6		1		5				
3						6		
	9		3		1	5		
		6			2	4		7

696

						9	2	1
				5	4	7		
7				2			5	6
4			5			3		9
					9		6	
	5					2		
3				8	7			
			3	9		1		
2		8	1					

693

8	9	7	6	2	3	1	4	5
2	5	6	9	4	1	8	7	3
3	4	1	7	5	8	6	9	2
7	6	8	4	3	9	2	5	1
4	2	5	8	1	7	9	3	6
9	1	3	2	6	5	4	8	7
5	7	9	1	8	6	3	2	4
6	8	2	3	7	4	5	1	9
1	3	4	5	9	2	7	6	8

694

3	4	9	8	1	2	6	5	7
7	8	6	5	4	9	1	2	3
1	5	2	6	3	7	9	8	4
8	7	5	1	6	4	2	3	9
4	2	1	9	8	3	5	7	6
6	9	3	7	2	5	4	1	8
5	1	7	4	9	8	3	6	2
2	6	4	3	7	1	8	9	5
9	3	8	2	5	6	7	4	1

695

4	3	9	8	7	5	1	2	6
5	6	8	2	1	9	7	4	3
2	1	7	6	3	4	8	5	9
8	5	3	7	2	6	9	1	4
9	7	2	1	4	8	3	6	5
6	4	1	9	5	3	2	7	8
3	2	5	4	8	7	6	9	1
7	9	4	3	6	1	5	8	2
1	8	6	5	9	2	4	3	7

696

8	4	5	7	6	3	9	2	1
6	1	2	9	5	4	7	3	8
7	3	9	8	2	1	4	5	6
4	8	6	5	7	2	3	1	9
1	2	7	4	3	9	8	6	5
9	5	3	6	1	8	2	4	7
3	6	1	2	8	7	5	9	4
5	7	4	3	9	6	1	8	2
2	9	8	1	4	5	6	7	3

697

	2						5	9
5		4			2	8		
		7			8			
		2		6				
			7			3		
			8		9	5		7
9	4						3	5
		8		1			4	
								6

698

	3	6						7
			2					
4				6			8	
				8		4	2	1
	5		7		2	9		
8			6	1				3
5	2				9	1		

699

	8			3				
					1		2	
		1	8				4	
7		8	6					
	1		4					
5								7
				6		7		
6		2			9			1
	9		2					8

700

	3		6	2			7	
						8	1	
	5					2		
	8					5	4	
9			4					
6					7	1		
2					9		5	
7				5	1			2
			3					1

697

8	2	3	4	7	1	6	5	9
5	1	4	6	9	2	8	7	3
6	9	7	3	5	8	2	1	4
7	5	2	1	6	3	4	9	8
4	8	9	7	2	5	3	6	1
1	3	6	8	4	9	5	2	7
9	4	1	2	8	6	7	3	5
3	6	8	5	1	7	9	4	2
2	7	5	9	3	4	1	8	6

698

2	3	6	1	4	8	5	9	7
9	7	8	2	5	3	6	1	4
4	1	5	9	6	7	3	8	2
6	8	2	4	9	1	7	3	5
3	9	7	5	8	6	4	2	1
1	5	4	7	3	2	9	6	8
7	6	1	3	2	4	8	5	9
8	4	9	6	1	5	2	7	3
5	2	3	8	7	9	1	4	6

699

4	8	5	9	3	2	1	7	6
9	7	6	5	4	1	8	2	3
2	3	1	8	7	6	5	4	9
7	2	8	6	1	5	9	3	4
3	1	9	4	2	7	6	8	5
5	6	4	3	9	8	2	1	7
8	5	3	1	6	4	7	9	2
6	4	2	7	8	9	3	5	1
1	9	7	2	5	3	4	6	8

700

1	3	9	6	2	8	4	7	5
4	6	2	9	7	5	8	1	3
8	5	7	1	3	4	2	9	6
3	8	1	2	9	6	5	4	7
9	7	5	4	1	3	6	2	8
6	2	4	5	8	7	1	3	9
2	1	8	7	6	9	3	5	4
7	4	3	8	5	1	9	6	2
5	9	6	3	4	2	7	8	1

701

8			1			6		7
9						1		
	2						5	
3							2	6
		7					9	
	1			3		8		
		2			9			5
	5				3			
				1	6			

702

		4				1	6	
		8				3		
			2					4
		7				2		
8				1	6	4	9	
4				5				
					3	8	1	
9	5							
			5		1		2	

703

	8			5			3	
			2		8	1		
				7	3			
9							4	
7	4		5					
5			7	3			2	6
4	6		1	2				
					5		9	
8				9			1	

704

5	9						3	
	3							
	7			4		2	5	
	2	6		7		3		
		9	1					
					3			
				5				7
4		1	7	6				
	6					9		

8	4	5	1	9	2	6	3	7
9	7	6	3	5	4	1	8	2
1	2	3	8	6	7	4	5	9
3	8	4	9	7	1	5	2	6
5	6	7	2	4	8	3	9	1
2	1	9	6	3	5	8	7	4
6	3	2	4	8	9	7	1	5
4	5	1	7	2	3	9	6	8
7	9	8	5	1	6	2	4	3

701

2	7	4	8	3	5	1	6	9
5	9	8	1	6	4	3	7	2
1	3	6	2	9	7	5	8	4
3	6	7	4	8	9	2	5	1
8	2	5	3	1	6	4	9	7
4	1	9	7	5	2	6	3	8
6	4	2	9	7	3	8	1	5
9	5	1	6	2	8	7	4	3
7	8	3	5	4	1	9	2	6

702

2	8	7	6	5	1	4	3	9
6	9	3	2	4	8	1	7	5
1	5	4	9	7	3	2	6	8
9	3	6	8	1	2	5	4	7
7	4	2	5	6	9	3	8	1
5	1	8	7	3	4	9	2	6
4	6	9	1	2	7	8	5	3
3	7	1	4	8	5	6	9	2
8	2	5	3	9	6	7	1	4

703

5	9	4	2	1	7	6	3	8
6	3	2	9	8	5	7	1	4
1	7	8	3	4	6	2	5	9
8	2	6	5	7	4	3	9	1
3	4	9	1	2	8	5	7	6
7	1	5	6	9	3	4	8	2
9	8	3	4	5	2	1	6	7
4	5	1	7	6	9	8	2	3
2	6	7	8	3	1	9	4	5

704

705

				1		3		
		8		3		1		9
		3			4	7	8	
			4		1			7
2	1					9		3
4	7					2		
3					5			
		7				4		2
			8					

706

5								9
			3					
		8	7	9	2			
			1			3		
	4				7			5
	8			4			2	
				2			9	
								7
		2	6		5	8		3

707

		2			1			7
6	5			9				
4								
	8		3		6		5	1
	2			8			6	
3					2			
7		8						9
1			9				2	
							1	6

708

6	7						4	
			1	5		8		
						9	1	
	3		9				8	
					4			
2	9	7						
7	2	6						
				1		6	7	
		8	2					

705

9	5	2	7	1	8	3	6	4
7	4	8	5	3	6	1	2	9
1	6	3	2	9	4	7	8	5
8	3	9	4	2	1	6	5	7
2	1	5	6	8	7	9	4	3
4	7	6	3	5	9	2	1	8
3	2	1	9	4	5	8	7	6
5	8	7	1	6	3	4	9	2
6	9	4	8	7	2	5	3	1

706

5	2	3	4	1	8	6	7	9
9	7	4	3	5	6	1	8	2
1	6	8	7	9	2	5	3	4
2	5	7	1	6	9	3	4	8
3	4	1	2	8	7	9	6	5
6	8	9	5	4	3	7	2	1
7	3	5	8	2	1	4	9	6
8	1	6	9	3	4	2	5	7
4	9	2	6	7	5	8	1	3

707

8	9	2	6	5	1	3	4	7
6	5	3	4	9	7	1	8	2
4	7	1	8	2	3	6	9	5
9	8	4	3	7	6	2	5	1
5	2	7	1	8	9	4	6	3
3	1	6	5	4	2	9	7	8
7	6	8	2	1	4	5	3	9
1	3	5	9	6	8	7	2	4
2	4	9	7	3	5	8	1	6

708

6	7	1	8	2	9	5	4	3
9	4	3	1	5	7	8	2	6
5	8	2	6	4	3	9	1	7
1	3	4	9	6	2	7	8	5
8	6	5	7	3	4	2	9	1
2	9	7	5	8	1	3	6	4
7	2	6	4	9	5	1	3	8
4	5	9	3	1	8	6	7	2
3	1	8	2	7	6	4	5	9

709

6	5		1					
				8	3		1	
		8		2			9	
	6	9						
			9	6	8	2		
	4							
						3		
		4	7		5	9		
7					1		4	8

710

					5		9	
		1			6		7	
	2		1			5	4	
		3			4			
	8	6				1		
7								
	1			4		9		
		5	9					8
	3		2				5	

711

					9			
		5				6		
8		3			4			
4	9	1					5	
		6	3					
	8							2
		9		2			4	
			7				6	
6		4			3		7	

712

	5			4	8	2		
								1
8	1		9	2				
		6		8		7		
4		8			2			6
			7	5				
6		7		1			3	8
		1				4		

712

7	5	3	1	4	8	2	6	9
9	6	2	5	3	7	8	4	1
8	1	4	9	2	6	3	7	5
2	3	5	6	7	1	9	8	4
1	9	6	4	8	5	7	2	3
4	7	8	3	9	2	1	5	6
3	8	9	7	5	4	6	1	2
6	4	7	2	1	9	5	3	8
5	2	1	8	6	3	4	9	7

711

7	6	2	5	8	9	4	3	1
9	4	5	1	3	7	6	2	8
8	1	3	2	6	4	5	9	7
4	9	1	8	7	2	3	5	6
2	5	6	3	9	1	7	8	4
3	8	7	4	5	6	9	1	2
5	7	9	6	2	8	1	4	3
1	3	8	7	4	5	2	6	9
6	2	4	9	1	3	8	7	5

710

6	7	4	8	2	5	3	9	1
5	9	1	4	3	6	8	7	2
3	2	8	1	9	7	5	4	6
1	5	3	6	8	4	7	2	9
9	8	6	7	5	2	1	3	4
7	4	2	3	1	9	6	8	5
2	1	7	5	4	8	9	6	3
4	6	5	9	7	3	2	1	8
8	3	9	2	6	1	4	5	7

709

6	5	3	1	7	9	4	8	2
9	2	7	4	8	3	6	1	5
4	1	8	5	2	6	7	9	3
8	6	9	2	5	4	1	3	7
3	7	1	9	6	8	2	5	4
2	4	5	3	1	7	8	6	9
5	9	6	8	4	2	3	7	1
1	8	4	7	3	5	9	2	6
7	3	2	6	9	1	5	4	8

713

				2	7	8		9
						1		
1	2							
	4	8	6					
6				9				3
3		2					8	
	8			6	9			4
		4					5	
2		5	8					1

714

		2			3			5
5				9				
4	9						1	3
	3		4				5	
						9		
9				6			2	
	1			8			6	
		9	5				3	
3		8		2				

715

							5	
	6			9				
4	9			6		8		7
1	3		9					
				2				
6			4		8			9
		5	2	1		4		
	4					7		3
3				7				

716

6	4						2	
					5			
		1	2	3				7
		3		8		6	1	
		4	1				3	2
				4		9		
8						5		
			3	9	7		4	

713

4	5	3	1	2	7	8	6	9
8	7	9	3	5	6	1	4	2
1	2	6	9	8	4	3	7	5
5	4	8	6	3	2	9	1	7
6	1	7	4	9	8	5	2	3
3	9	2	7	1	5	4	8	6
7	8	1	5	6	9	2	3	4
9	3	4	2	7	1	6	5	8
2	6	5	8	4	3	7	9	1

714

1	8	2	6	4	3	7	9	5
5	6	3	7	9	1	4	8	2
4	9	7	8	5	2	6	1	3
2	3	6	4	7	9	1	5	8
8	7	1	2	3	5	9	4	6
9	5	4	1	6	8	3	2	7
7	1	5	3	8	4	2	6	9
6	2	9	5	1	7	8	3	4
3	4	8	9	2	6	5	7	1

715

8	2	3	7	4	1	9	5	6
5	6	7	8	9	2	3	4	1
4	9	1	3	6	5	8	2	7
1	3	4	9	5	7	6	8	2
7	8	9	1	2	6	5	3	4
6	5	2	4	3	8	1	7	9
9	7	5	2	1	3	4	6	8
2	4	6	5	8	9	7	1	3
3	1	8	6	7	4	2	9	5

716

6	4	7	9	1	8	3	2	5
3	2	8	4	7	5	1	6	9
9	5	1	2	3	6	4	8	7
7	9	3	5	8	2	6	1	4
5	8	4	1	6	9	7	3	2
1	6	2	7	4	3	9	5	8
8	3	9	6	2	4	5	7	1
2	1	5	3	9	7	8	4	6
4	7	6	8	5	1	2	9	3

717

							3	
	7	8	2	6				
9	6		1					
	9		6	1			2	
	1						5	
			8		5			
				4			1	5
		3		5		2	7	
			7				4	9

718

	8	3	2					1
5					4		2	
		1					5	
		9	5			8		
	3	5		8	6	9	4	
			4		3			
	9	6			2		3	4
						5		

719

		1	3			2		
			5	2			3	8
				8		9		
		5				8		4
6							7	
9							5	
	6		1					3
3	2				7		8	
		8			4			

720

	5				2	7		9
3		1						2
	4	7	8		3			
1		3						6
				4			9	
	8							
5			6		7	8		
			2					7
				5				

717

1	4	2	5	8	9	6	3	7
3	7	8	2	6	4	5	9	1
9	6	5	1	3	7	4	8	2
5	9	4	6	1	3	7	2	8
8	1	6	4	7	2	9	5	3
2	3	7	8	9	5	1	6	4
7	2	9	3	4	6	8	1	5
4	8	3	9	5	1	2	7	6
6	5	1	7	2	8	3	4	9

718

9	8	3	2	6	5	4	7	1
5	6	7	9	1	4	3	2	8
4	2	1	7	3	8	6	5	9
6	4	9	5	2	7	8	1	3
2	3	5	1	8	6	9	4	7
7	1	8	3	4	9	2	6	5
8	5	2	4	7	3	1	9	6
1	9	6	8	5	2	7	3	4
3	7	4	6	9	1	5	8	2

719

8	5	1	3	7	9	2	4	6
4	9	6	5	2	1	7	3	8
2	7	3	4	8	6	9	1	5
1	3	5	7	9	2	8	6	4
6	4	2	8	1	5	3	7	9
9	8	7	6	4	3	1	5	2
7	6	9	1	5	8	4	2	3
3	2	4	9	6	7	5	8	1
5	1	8	2	3	4	6	9	7

720

6	5	8	4	1	2	7	3	9
3	9	1	7	6	5	4	8	2
2	4	7	8	9	3	6	1	5
1	2	3	9	7	8	5	4	6
7	6	5	3	4	1	2	9	8
9	8	4	5	2	6	3	7	1
5	1	9	6	3	7	8	2	4
4	3	6	2	8	9	1	5	7
8	7	2	1	5	4	9	6	3

721

	3							
			3		7	2		
2	4					9		3
		7				5		
5				6	9	4		
	6				2			
3	2		5					9
								8
	9			7	4			5

722

1		7		6				
8						5		4
	4	9						
3					4	2		
	7				3			5
	1						9	
4					5			
6		1				3		
			2	8		6		

723

5								
8					7			4
			2			9	7	
				9		1		8
	6	4						
			7	1	2			
	1	6			4	8		
		3		7		4	2	
		7						

724

	3		9	2			1	8
								2
6		2			3			4
9				8	5	1		
1	8					7		5
				3				
		7					6	
			2	1			3	
				9		8		

721

7	3	9	2	4	8	1	5	6
6	5	1	3	9	7	2	8	4
2	4	8	6	1	5	9	7	3
9	8	7	4	3	1	5	6	2
5	1	2	8	6	9	4	3	7
4	6	3	7	5	2	8	9	1
3	2	4	5	8	6	7	1	9
1	7	5	9	2	3	6	4	8
8	9	6	1	7	4	3	2	5

722

1	5	7	4	6	8	9	3	2
8	6	3	9	1	2	5	7	4
2	4	9	3	5	7	1	8	6
3	8	6	5	9	4	2	1	7
9	7	4	1	2	3	8	6	5
5	1	2	8	7	6	4	9	3
4	9	8	6	3	5	7	2	1
6	2	1	7	4	9	3	5	8
7	3	5	2	8	1	6	4	9

723

5	7	2	1	4	9	6	8	3
8	3	9	5	6	7	2	1	4
6	4	1	2	8	3	9	7	5
7	2	5	4	9	6	1	3	8
1	6	4	3	5	8	7	9	2
3	9	8	7	1	2	5	4	6
2	1	6	9	3	4	8	5	7
9	8	3	6	7	5	4	2	1
4	5	7	8	2	1	3	6	9

724

7	3	5	9	2	4	6	1	8
8	4	9	5	6	1	3	7	2
6	1	2	8	7	3	9	5	4
9	2	6	7	8	5	1	4	3
1	8	3	6	4	2	7	9	5
5	7	4	1	3	9	2	8	6
2	9	7	3	5	8	4	6	1
4	6	8	2	1	7	5	3	9
3	5	1	4	9	6	8	2	7

725

4				6				
	7		3				8	
8		3				2		
			8				5	
		9		7				6
	1				4	8		
		6			9		7	3
5					3			2

726

				5		4	2	
	7		8		2			
		8	9					
	2			7		5	4	
7	4		2	9				
	9	1		3				
	3				5			
					6	7		
							5	4

727

		3	7				4	9
				1		5		
6				5				
	7	1	5		2			
3						6	9	7
8								
1			6					4
		5	9					3
	4							

728

	2			6				
		1	7	4				
		6				3		
	9	8						6
			2	3				9
	3	2				1		
		7		8				
	6				2			1
			9				5	4

725

4	2	1	9	6	8	5	3	7
9	7	5	3	4	2	6	8	1
8	6	3	1	5	7	2	4	9
6	3	2	8	9	1	7	5	4
1	8	9	4	7	5	3	2	6
7	5	4	2	3	6	9	1	8
3	1	7	6	2	4	8	9	5
2	4	6	5	8	9	1	7	3
5	9	8	7	1	3	4	6	2

726

3	6	9	1	5	7	4	2	8
5	7	4	8	6	2	9	1	3
2	1	8	9	4	3	6	7	5
8	2	3	6	7	1	5	4	9
7	4	5	2	9	8	1	3	6
6	9	1	5	3	4	2	8	7
9	3	7	4	1	5	8	6	2
4	5	2	3	8	6	7	9	1
1	8	6	7	2	9	3	5	4

727

5	1	3	7	2	6	8	4	9
4	9	7	8	1	3	5	2	6
6	2	8	4	5	9	3	7	1
9	7	1	5	6	2	4	3	8
3	5	2	1	8	4	6	9	7
8	6	4	3	9	7	1	5	2
1	3	9	6	7	5	2	8	4
2	8	5	9	4	1	7	6	3
7	4	6	2	3	8	9	1	5

728

3	2	9	1	6	5	4	7	8
8	5	1	7	4	3	9	6	2
7	4	6	8	2	9	3	1	5
1	9	8	4	5	7	2	3	6
6	7	4	2	3	1	5	8	9
5	3	2	6	9	8	1	4	7
9	1	7	5	8	4	6	2	3
4	6	5	3	7	2	8	9	1
2	8	3	9	1	6	7	5	4

729

		5						
	3	7			5	2		8
					4		3	
	9	6					1	
			7				8	
1			5					7
9						7		
		2	9		6	8		
		3		4				

730

	8		7	9				
			4			2		
				5			9	
4		3					6	
6							1	
				7		9		
	2		6		5			8
		8				4		
		5		2			7	

731

1		3						2
6			7					8
		9			2		6	7
				7				
					8	5	9	
				5				
		4		8	9	7		
	3						1	
	6				1		3	

732

6		4					3	
			8					1
5	3						2	7
	4	7				3	8	
							6	2
				8		1		
		6	7					5
2			5		9			
				6				

729

8	4	5	6	2	3	1	7	9
6	3	7	1	9	5	2	4	8
2	1	9	8	7	4	5	3	6
7	9	6	4	8	2	3	1	5
3	5	4	7	6	1	9	8	2
1	2	8	5	3	9	4	6	7
9	6	1	3	5	8	7	2	4
4	7	2	9	1	6	8	5	3
5	8	3	2	4	7	6	9	1

730

2	8	6	7	9	3	5	4	1
5	3	9	4	6	1	2	8	7
7	1	4	8	5	2	3	9	6
4	7	3	2	1	9	8	6	5
6	9	2	5	8	4	7	1	3
8	5	1	3	7	6	9	2	4
9	2	7	6	4	5	1	3	8
1	6	8	9	3	7	4	5	2
3	4	5	1	2	8	6	7	9

731

1	7	3	8	6	5	9	4	2
6	4	2	7	9	3	1	5	8
8	5	9	4	1	2	3	6	7
3	9	5	2	7	4	6	8	1
7	2	6	1	3	8	5	9	4
4	8	1	9	5	6	2	7	3
5	1	4	3	8	9	7	2	6
9	3	8	6	2	7	4	1	5
2	6	7	5	4	1	8	3	9

732

6	1	4	9	7	2	5	3	8
7	2	9	8	5	3	6	4	1
5	3	8	4	1	6	9	2	7
1	4	7	6	2	5	3	8	9
8	5	3	1	9	4	7	6	2
9	6	2	3	8	7	1	5	4
3	9	6	7	4	8	2	1	5
2	8	1	5	3	9	4	7	6
4	7	5	2	6	1	8	9	3

733

2								
3			6					5
		1					2	7
							1	6
5								8
7		9	3				5	
8		4		3	2	7		
		3		9	7			
					4			2

734

				9			3	2
	7	4		5				
8			7			5		
	8	7				2		
			2					
	6			8	3		1	
	1							
	9	2					6	
			9			4		

735

1						9		
9			1	5				
6			9	2			1	
							7	
		5		3			2	
	9					5		
	2		8			7		
			4	9	2		8	
4	8			6		1	9	

736

	5			9		2		7
6								1
			5				3	
					7	5		
9			8	6		1		
		7						8
7					9			
2	4				5			
		9	1			6		4

736

8	5	1	3	9	6	2	4	7
6	9	3	7	4	2	8	5	1
4	7	2	5	8	1	9	3	6
3	8	4	9	1	7	5	6	2
9	2	5	8	6	4	1	7	3
1	6	7	2	5	3	4	9	8
7	1	6	4	2	9	3	8	5
2	4	8	6	3	5	7	1	9
5	3	9	1	7	8	6	2	4

735

1	4	2	3	7	8	9	5	6
9	3	8	1	5	6	2	4	7
6	5	7	9	2	4	8	1	3
3	1	4	2	8	5	6	7	9
8	7	5	6	3	9	4	2	1
2	9	6	7	4	1	5	3	8
5	2	9	8	1	3	7	6	4
7	6	1	4	9	2	3	8	5
4	8	3	5	6	7	1	9	2

734

6	5	1	8	9	4	7	3	2
9	7	4	3	5	2	1	8	6
8	2	3	7	1	6	5	9	4
1	8	7	5	6	9	2	4	3
3	4	9	2	7	1	6	5	8
2	6	5	4	8	3	9	1	7
7	1	8	6	4	5	3	2	9
4	9	2	1	3	7	8	6	5
5	3	6	9	2	8	4	7	1

733

2	4	5	7	1	8	6	9	3
3	7	8	6	2	9	1	4	5
9	6	1	4	5	3	8	2	7
4	8	2	9	7	5	3	1	6
5	3	6	2	4	1	9	7	8
7	1	9	3	8	6	2	5	4
8	5	4	1	3	2	7	6	9
6	2	3	5	9	7	4	8	1
1	9	7	8	6	4	5	3	2

737

						4	8	
			4		6	1		
8		5		9			6	
1				5				9
		6	9					
		4	3					
9							7	
2						5		6
	6	8		2	7			

738

		6				9		2
2		1		3		4		
						6	3	
	9	7		4	1			5
1			3		5			7
				7			4	
9		4						3
	5		8					

739

4				5				
			6	3			8	
1			4	9				
								5
			3		4	9		6
8	2			1				4
		3				1		
	9	7						
		1	2		9		5	

740

5				4	2		6	1
			3		9		7	
	3							
							4	3
2		3						
		7		6		9	5	
8		5						
7	9						2	
		6		2				8

737

6	1	9	7	3	5	4	8	2
7	3	2	4	8	6	1	9	5
8	4	5	1	9	2	3	6	7
1	8	7	2	5	4	6	3	9
3	2	6	9	7	1	8	5	4
5	9	4	3	6	8	7	2	1
9	5	1	6	4	3	2	7	8
2	7	3	8	1	9	5	4	6
4	6	8	5	2	7	9	1	3

738

5	3	6	1	8	4	9	7	2
2	7	1	9	3	6	4	5	8
4	8	9	7	5	2	6	3	1
8	9	7	6	4	1	3	2	5
1	4	2	3	9	5	8	6	7
3	6	5	2	7	8	1	4	9
9	1	4	5	6	7	2	8	3
6	5	3	8	2	9	7	1	4
7	2	8	4	1	3	5	9	6

739

4	3	8	7	5	2	6	9	1
9	5	2	6	3	1	4	8	7
1	7	6	4	9	8	5	3	2
3	6	4	9	2	7	8	1	5
7	1	5	3	8	4	9	2	6
8	2	9	5	1	6	3	7	4
2	4	3	8	7	5	1	6	9
5	9	7	1	6	3	2	4	8
6	8	1	2	4	9	7	5	3

740

5	7	9	8	4	2	3	6	1
6	4	8	3	1	9	2	7	5
1	3	2	7	5	6	4	8	9
9	6	1	2	7	5	8	4	3
2	5	3	9	8	4	6	1	7
4	8	7	1	6	3	9	5	2
8	2	5	6	9	1	7	3	4
7	9	4	5	3	8	1	2	6
3	1	6	4	2	7	5	9	8

741

						5	3	8
			4	8	3			
1			5					
	8				1			
9	5	2		6		1		
								3
	9		6					
		6			8	7		
		1	7	9		8		4

742

	5	6		8				
				2	5	9		1
1			6					
3								8
				7		5		
	2						9	3
		4	8			3		
		7			6		4	
					1		2	

743

5			4				1	3
6								2
				6	3			
			1		2		3	
9			6					
		3			9	7		
				2		4		
					1			9
	7				6	1		

744

2						6	3	
		9	3	2				
		7						
			2		3		8	
			9	1		3		
	5							4
	3	4	6			5		
1			7		8		9	
8			4					

741

4	7	9	2	1	6	5	3	8
2	6	5	4	8	3	9	7	1
1	3	8	5	7	9	6	4	2
7	8	3	9	2	1	4	5	6
9	5	2	3	6	4	1	8	7
6	1	4	8	5	7	2	9	3
8	9	7	6	4	2	3	1	5
5	4	6	1	3	8	7	2	9
3	2	1	7	9	5	8	6	4

742

9	5	6	1	8	7	2	3	4
8	7	3	4	2	5	9	6	1
1	4	2	6	3	9	7	8	5
3	9	5	2	1	4	6	7	8
4	6	8	9	7	3	5	1	2
7	2	1	5	6	8	4	9	3
6	1	4	8	9	2	3	5	7
2	8	7	3	5	6	1	4	9
5	3	9	7	4	1	8	2	6

743

5	9	2	4	8	7	6	1	3
6	3	4	9	1	5	8	7	2
7	8	1	2	6	3	5	9	4
8	4	6	1	7	2	9	3	5
9	5	7	6	3	4	2	8	1
1	2	3	8	5	9	7	4	6
3	1	9	5	2	8	4	6	7
2	6	8	7	4	1	3	5	9
4	7	5	3	9	6	1	2	8

744

2	4	8	5	7	9	6	3	1
5	1	9	3	2	6	8	4	7
3	6	7	1	8	4	2	5	9
6	7	1	2	4	3	9	8	5
4	8	2	9	1	5	3	7	6
9	5	3	8	6	7	1	2	4
7	3	4	6	9	2	5	1	8
1	2	6	7	5	8	4	9	3
8	9	5	4	3	1	7	6	2

745

	1			4				5
		9		5	3	8		
3				8	6	9	1	
	3				8			
		7			5			3
2				9				
		1	7		2	5		8
	4					1	3	

746

	9							
2			1	3				
1		8	5					7
		3				9		4
		6						5
	1				8			
6			7				9	
		2				4	3	
4				9				

747

			4			2		
3							1	6
					6			
5				7				
	1		3				8	
		2	8					
		4	2	9		6		1
		8			5		2	9
	3		6					

748

			4					
							5	2
	2			7		9		
	9			4		6		
2	8		3		9		4	
	1							3
				6		4		
	3	9	5			8		
	6							7

745

8	1	2	9	4	7	3	6	5
4	6	9	1	5	3	8	2	7
3	7	5	2	8	6	9	1	4
9	3	6	4	7	8	2	5	1
1	8	7	6	2	5	4	9	3
2	5	4	3	9	1	7	8	6
5	2	3	8	1	4	6	7	9
6	9	1	7	3	2	5	4	8
7	4	8	5	6	9	1	3	2

746

3	9	7	4	8	6	5	1	2
2	5	4	1	3	7	8	6	9
1	6	8	5	2	9	3	4	7
7	2	3	6	5	1	9	8	4
8	4	6	9	7	3	1	2	5
5	1	9	2	4	8	6	7	3
6	3	5	7	1	4	2	9	8
9	7	2	8	6	5	4	3	1
4	8	1	3	9	2	7	5	6

747

8	7	6	4	1	3	2	9	5
3	4	5	9	2	7	8	1	6
9	2	1	5	8	6	3	4	7
5	8	3	1	7	2	9	6	4
4	1	7	3	6	9	5	8	2
6	9	2	8	5	4	1	7	3
7	5	4	2	9	8	6	3	1
1	6	8	7	3	5	4	2	9
2	3	9	6	4	1	7	5	8

748

6	5	1	4	9	2	3	7	8
9	4	7	6	3	8	1	5	2
3	2	8	1	7	5	9	6	4
7	9	3	2	4	1	6	8	5
2	8	6	3	5	9	7	4	1
5	1	4	7	8	6	2	9	3
1	7	5	8	6	3	4	2	9
4	3	9	5	2	7	8	1	6
8	6	2	9	1	4	5	3	7

749

			4	5			1	
		3					7	
				2				
		5	8	9		7	3	
				7	2	9		4
					5		8	
	6	4						
			1					3
	7	2		6				

750

			4					
	5	6					8	
		1			7			4
			6		8	5		
7		5	2					
2				3			6	
1		3			4			
	8		7					3
							2	6

751

		2		9				6
1	7							5
5			8	7				
8		7	9	4				
			1					4
		1			2	9	3	
					8	4		
		8						1
	9				7		5	

752

6			8					5
5							1	3
		3	1			9		
2					4	8		6
		5		9			7	
							3	
3					2		6	
8			5		9			
								9

749

7	9	6	4	5	3	8	1	2
2	1	3	9	8	6	4	7	5
4	5	8	7	2	1	3	6	9
6	2	5	8	9	4	7	3	1
8	3	1	6	7	2	9	5	4
9	4	7	3	1	5	2	8	6
1	6	4	2	3	8	5	9	7
5	8	9	1	4	7	6	2	3
3	7	2	5	6	9	1	4	8

750

9	7	2	4	8	6	3	5	1
4	5	6	3	9	1	2	8	7
8	3	1	5	2	7	6	9	4
3	1	9	6	7	8	5	4	2
7	6	5	2	4	9	1	3	8
2	4	8	1	3	5	7	6	9
1	2	3	9	6	4	8	7	5
6	8	4	7	5	2	9	1	3
5	9	7	8	1	3	4	2	6

751

4	8	2	3	9	5	1	7	6
1	7	9	2	6	4	3	8	5
5	6	3	8	7	1	2	4	9
8	3	7	9	4	6	5	1	2
9	2	5	1	8	3	7	6	4
6	4	1	7	5	2	9	3	8
3	1	6	5	2	8	4	9	7
7	5	8	4	3	9	6	2	1
2	9	4	6	1	7	8	5	3

752

6	9	1	8	2	3	7	4	5
5	2	8	9	4	7	6	1	3
7	4	3	1	6	5	9	8	2
2	1	7	3	5	4	8	9	6
4	3	5	6	9	8	2	7	1
9	8	6	2	7	1	5	3	4
3	5	9	7	1	2	4	6	8
8	6	4	5	3	9	1	2	7
1	7	2	4	8	6	3	5	9

753

	7							5
6						7	3	
		5		9				4
8			3	5				
5		2		4				
9				1				7
		6	2			4		
4	8			3		9		
7							6	

754

		2		5				
4		7					1	
	5		2				8	
				7		9		
		3			2			
8				1				6
2				3	8	6		
5								8
3			6		7			

755

6				8	9			2
2		4						
		5	4				3	6
							1	
5							6	
4		1	8					9
			3				4	
	1	3	6	4				7
				9				3

756

	1						8	6
		9		4				
7								
	9			1	6			3
	2			5		1		
		8	4	2				
4							3	
		1			9			4
	7	5				2		

753

2	7	4	1	6	3	8	9	5
6	9	8	5	2	4	7	3	1
1	3	5	7	9	8	6	2	4
8	6	7	3	5	2	1	4	9
5	1	2	9	4	7	3	8	6
9	4	3	8	1	6	2	5	7
3	5	6	2	7	9	4	1	8
4	8	1	6	3	5	9	7	2
7	2	9	4	8	1	5	6	3

754

9	8	2	7	5	1	3	6	4
4	3	7	9	8	6	5	1	2
6	5	1	2	4	3	7	8	9
1	6	4	8	7	5	9	2	3
7	9	3	4	6	2	8	5	1
8	2	5	3	1	9	4	7	6
2	1	9	5	3	8	6	4	7
5	7	6	1	9	4	2	3	8
3	4	8	6	2	7	1	9	5

755

6	3	7	1	8	9	4	5	2
2	9	4	5	3	6	1	7	8
1	8	5	4	2	7	9	3	6
3	2	9	7	6	4	8	1	5
5	7	8	9	1	2	3	6	4
4	6	1	8	5	3	7	2	9
9	5	2	3	7	8	6	4	1
8	1	3	6	4	5	2	9	7
7	4	6	2	9	1	5	8	3

756

2	1	3	7	9	5	4	8	6
8	5	9	6	4	2	3	1	7
7	4	6	1	3	8	9	5	2
5	9	4	8	1	6	7	2	3
6	2	7	9	5	3	1	4	8
1	3	8	4	2	7	6	9	5
4	6	2	5	7	1	8	3	9
3	8	1	2	6	9	5	7	4
9	7	5	3	8	4	2	6	1

757

				9		5		3
1				2		4		
8		1			9		3	
	2	5						
9				7		2		
2								
		8	1			6		
	3			6	4		7	

758

7		3						
				7				4
	4		1					
	5		6				3	
3								9
		2	5			6		8
5				9	6	4	2	
	7			8				6
		1			4			

759

6			8					
	2	1						
	9			4				
	4					2		6
			2				5	
9	3						8	
	7		5				2	
8		4	7		2			5
				6			9	

760

	2			1		8		
3			8					
			5					
						4		5
					9		8	
	4	6		2				
			1					7
	3			5		9		
		5	6				1	2

757

6	8	4	7	9	1	5	2	3
3	5	2	4	8	6	9	1	7
1	9	7	3	2	5	4	8	6
8	6	1	2	4	9	7	3	5
7	2	5	6	1	3	8	9	4
9	4	3	5	7	8	2	6	1
2	1	6	9	5	7	3	4	8
4	7	8	1	3	2	6	5	9
5	3	9	8	6	4	1	7	2

758

7	1	3	4	6	8	2	9	5
2	8	5	9	7	3	1	6	4
9	4	6	1	2	5	8	7	3
8	5	4	6	1	9	7	3	2
3	6	7	8	4	2	5	1	9
1	9	2	5	3	7	6	4	8
5	3	8	7	9	6	4	2	1
4	7	9	2	8	1	3	5	6
6	2	1	3	5	4	9	8	7

759

6	5	3	8	2	7	1	4	9
4	2	1	9	5	6	8	7	3
7	9	8	3	4	1	5	6	2
5	4	7	1	8	9	2	3	6
1	8	6	2	3	4	9	5	7
9	3	2	6	7	5	4	8	1
3	7	9	5	1	8	6	2	4
8	6	4	7	9	2	3	1	5
2	1	5	4	6	3	7	9	8

760

5	2	4	9	1	3	8	7	6
3	1	9	8	7	6	5	2	4
7	6	8	5	4	2	1	3	9
2	9	3	7	8	1	4	6	5
1	5	7	4	6	9	2	8	3
8	4	6	3	2	5	7	9	1
9	8	2	1	3	4	6	5	7
6	3	1	2	5	7	9	4	8
4	7	5	6	9	8	3	1	2

761

		7			9			
			5					3
		6					1	8
			3				2	
	8				1			
		1		6	2			4
				4			9	
	3			5	6			
	9		1	2			5	

762

2				1			9	5
		8					7	
5							6	1
	7	6	1					
		4	5					9
			2	7				
		2						8
7				6				
	8			3		9	1	

763

	9		4					
	4	2	7		5		9	1
						2		
5	6					1		7
7		9	3					8
	7	8		2				5
9				6				
			8		7			

764

		9		3		6		
			4			2	1	
	2	4						
	4	8				1		
								9
			2		5		4	
5		2						
	6					9		3
				7	9			

761

3	1	7	6	8	9	2	4	5
8	2	9	5	1	4	6	7	3
5	4	6	2	3	7	9	1	8
6	7	4	3	9	5	8	2	1
2	8	3	4	7	1	5	6	9
9	5	1	8	6	2	7	3	4
1	6	5	7	4	8	3	9	2
4	3	2	9	5	6	1	8	7
7	9	8	1	2	3	4	5	6

762

2	6	7	3	1	8	4	9	5
9	1	8	6	5	4	2	7	3
5	4	3	9	2	7	8	6	1
3	7	6	1	4	9	5	8	2
1	2	4	5	8	6	7	3	9
8	5	9	2	7	3	1	4	6
4	3	2	7	9	1	6	5	8
7	9	1	8	6	5	3	2	4
6	8	5	4	3	2	9	1	7

763

3	9	7	4	1	8	5	2	6
6	4	2	7	3	5	8	9	1
8	1	5	6	9	2	4	7	3
4	8	1	5	7	6	2	3	9
5	6	3	2	8	9	1	4	7
7	2	9	3	4	1	6	5	8
1	7	8	9	2	4	3	6	5
9	5	4	1	6	3	7	8	2
2	3	6	8	5	7	9	1	4

764

8	1	9	7	3	2	6	5	4
3	7	5	4	9	6	2	1	8
6	2	4	8	5	1	3	9	7
2	4	8	9	6	7	1	3	5
1	5	6	3	4	8	7	2	9
9	3	7	2	1	5	8	4	6
5	9	2	6	8	3	4	7	1
7	6	1	5	2	4	9	8	3
4	8	3	1	7	9	5	6	2

765

1							5	
							1	4
	6				4	3		7
2					3			
			7					3
4		8	2				6	
		9	5				2	1
				9	1			
6	8							

766

6				5	4			3
		1	2					6
	2	4			3	9		
			5					
		2		3		1		
				4	8	6		
			9				4	
3		6		2				
		5						

767

	7			4	8	5		
4			3				9	6
					6			2
			5				8	
	6		4		3			9
	3			6			1	
		7					6	
			9	3				
	8	9						4

768

	8							
			2				1	
6		3			8			2
7		2		4		1		
	3		8				5	9
					9			7
3	6				1		7	5
	2						3	
		1			4			

765

1	7	4	3	8	6	9	5	2
8	2	3	9	7	5	6	1	4
9	6	5	1	2	4	3	8	7
2	9	7	6	5	3	1	4	8
5	1	6	7	4	8	2	9	3
4	3	8	2	1	9	7	6	5
3	4	9	5	6	7	8	2	1
7	5	2	8	9	1	4	3	6
6	8	1	4	3	2	5	7	9

766

6	7	9	8	5	4	2	1	3
8	3	1	2	7	9	4	5	6
5	2	4	6	1	3	9	7	8
1	6	7	5	9	2	8	3	4
4	8	2	7	3	6	1	9	5
9	5	3	1	4	8	6	2	7
7	1	8	9	6	5	3	4	2
3	9	6	4	2	7	5	8	1
2	4	5	3	8	1	7	6	9

767

9	7	6	2	4	8	5	3	1
4	2	8	3	1	5	7	9	6
5	1	3	7	9	6	8	4	2
7	9	4	5	2	1	6	8	3
8	6	1	4	7	3	2	5	9
2	3	5	8	6	9	4	1	7
3	4	7	1	8	2	9	6	5
6	5	2	9	3	4	1	7	8
1	8	9	6	5	7	3	2	4

768

2	8	7	1	9	3	5	6	4
5	4	9	2	6	7	3	1	8
6	1	3	4	5	8	7	9	2
7	9	2	6	4	5	1	8	3
1	3	4	8	7	2	6	5	9
8	5	6	3	1	9	2	4	7
3	6	8	9	2	1	4	7	5
4	2	5	7	8	6	9	3	1
9	7	1	5	3	4	8	2	6

769

	3			9		4		5
						9		7
		7		8			3	
				5	6	8	1	
	8					2		9
				2				
3				6	2			8
2	9							3
			7			6		

770

	1			9	5		2	
						7		1
								8
		1						
	3			6	4	9		
4		7		1				
			8		3			
	2						5	
3			5	2	1			

771

		9		1				
1					8	3		2
	6	8						
		7			1			
				6				3
				9		4		8
			1		4		2	
				3	2	7		1
		5		8				

772

4					9			
	6					4	5	
9		3			5		8	
	5			2		8		
3		1		6			4	7
								3
			9	4	2			
6							3	5

769

8	3	2	1	9	7	4	6	5
1	6	5	2	4	3	9	8	7
9	4	7	6	8	5	1	3	2
7	2	3	9	5	6	8	1	4
6	8	4	3	7	1	2	5	9
5	1	9	8	2	4	3	7	6
3	7	1	4	6	2	5	9	8
2	9	6	5	1	8	7	4	3
4	5	8	7	3	9	6	2	1

770

7	1	8	4	9	5	3	2	6
9	5	3	6	8	2	7	4	1
6	4	2	1	3	7	5	9	8
2	9	1	7	5	8	6	3	4
8	3	5	2	6	4	9	1	7
4	6	7	3	1	9	2	8	5
5	7	9	8	4	3	1	6	2
1	2	4	9	7	6	8	5	3
3	8	6	5	2	1	4	7	9

771

7	2	9	4	1	3	6	8	5
1	5	4	6	7	8	3	9	2
3	6	8	5	2	9	1	4	7
5	8	7	3	4	1	2	6	9
4	9	2	8	6	7	5	1	3
6	3	1	2	9	5	4	7	8
9	7	3	1	5	4	8	2	6
8	4	6	9	3	2	7	5	1
2	1	5	7	8	6	9	3	4

772

4	2	5	6	8	9	3	7	1
1	6	8	2	3	7	4	5	9
9	7	3	4	1	5	6	8	2
7	5	4	1	2	3	8	9	6
3	9	1	5	6	8	2	4	7
2	8	6	7	9	4	5	1	3
5	3	7	9	4	2	1	6	8
6	4	2	8	7	1	9	3	5
8	1	9	3	5	6	7	2	4

773

		2	7					3
		5	6		2			
	1					6		8
9				4		2	5	
		4			5			7
			2					
8			3				1	4
	7						8	

774

		9					4	
		5					8	6
			7					
				3	2			1
	8				7			3
2			4	8	6			
	7			2				
5	1	3						
				6		3		

775

								9
		6					5	
5	4				2			7
			1	3			7	
	2					3		
		9	2			8		
9						6	2	
	5	4						
1			7		5			

776

	3			1			8	5
9				3				
6		4			8			7
7		9		4		6		
			6		3	7		
	7					3	2	
			5			9		1

773

1	9	2	7	5	8	4	6	3
3	4	5	6	1	2	8	7	9
7	6	8	4	3	9	1	2	5
5	1	7	9	2	3	6	4	8
9	3	6	8	4	7	2	5	1
2	8	4	1	6	5	9	3	7
4	5	3	2	8	1	7	9	6
8	2	9	3	7	6	5	1	4
6	7	1	5	9	4	3	8	2

774

3	2	9	6	1	8	7	4	5
7	4	5	2	9	3	1	8	6
1	6	8	7	4	5	2	3	9
4	5	7	9	3	2	8	6	1
9	8	6	1	5	7	4	2	3
2	3	1	4	8	6	9	5	7
6	7	4	3	2	9	5	1	8
5	1	3	8	7	4	6	9	2
8	9	2	5	6	1	3	7	4

775

8	7	1	5	4	6	2	3	9
2	9	6	3	7	1	4	5	8
5	4	3	8	9	2	1	6	7
4	6	8	1	3	9	5	7	2
7	2	5	6	8	4	3	9	1
3	1	9	2	5	7	8	4	6
9	8	7	4	1	3	6	2	5
6	5	4	9	2	8	7	1	3
1	3	2	7	6	5	9	8	4

776

2	3	7	9	1	6	4	8	5
9	4	5	8	3	2	1	7	6
1	6	8	4	5	7	2	9	3
6	1	4	2	9	8	5	3	7
3	5	2	7	6	1	8	4	9
7	8	9	3	4	5	6	1	2
4	9	1	6	2	3	7	5	8
5	7	6	1	8	9	3	2	4
8	2	3	5	7	4	9	6	1

777

6				5	4			
				1				9
	3	5			8			
					5	6	8	
2			4	9	7			
		9	3			4	1	
		2				8		
3	7				9		5	

778

			4	3	9	8		
		5						
4	3			1			2	
5			1			6		
		7		4				
						4	3	
			6			1		4
		8		9	1			6
	2						9	

779

5							4	
3			5					7
7		6			9	3		
			3				1	2
	7	9			4			
								4
			2				5	
	4					9		
	6			4			2	

780

		9		2		1	3	4
7					3			
6								
			6	8	7		9	
2						3	6	
							8	
	2					9		3
	1	5					2	
				9	1			

777

6	1	7	9	5	4	3	2	8
8	2	4	7	1	3	5	6	9
9	3	5	6	2	8	7	4	1
7	9	1	2	3	5	6	8	4
4	5	3	8	6	1	9	7	2
2	8	6	4	9	7	1	3	5
5	6	9	3	8	2	4	1	7
1	4	2	5	7	6	8	9	3
3	7	8	1	4	9	2	5	6

778

1	7	2	4	3	9	8	6	5
8	9	5	2	6	7	3	4	1
4	3	6	8	1	5	9	2	7
5	8	4	1	2	3	6	7	9
3	6	7	9	4	8	5	1	2
2	1	9	7	5	6	4	3	8
9	5	3	6	7	2	1	8	4
7	4	8	3	9	1	2	5	6
6	2	1	5	8	4	7	9	3

779

5	8	1	7	6	3	2	4	9
3	9	4	5	2	8	1	6	7
7	2	6	4	1	9	3	8	5
4	5	8	3	9	6	7	1	2
2	7	9	1	5	4	6	3	8
6	1	3	8	7	2	5	9	4
9	3	7	2	8	1	4	5	6
8	4	2	6	3	5	9	7	1
1	6	5	9	4	7	8	2	3

780

5	8	9	7	2	6	1	3	4
7	4	2	8	1	3	6	5	9
6	3	1	4	5	9	8	7	2
3	5	4	6	8	7	2	9	1
2	9	8	1	4	5	3	6	7
1	6	7	9	3	2	4	8	5
4	2	6	5	7	8	9	1	3
9	1	5	3	6	4	7	2	8
8	7	3	2	9	1	5	4	6

781

				2				9
		5	8		1			
6				9	5			2
3			7					
7	6		2	8		3		
4							8	
	7		9		2			3
		6	3				1	
								6

782

			7		5			
4		5						8
8	2				9			
9						7		
	4						9	6
	8	3						
5			2					
			1				7	5
		1	8				3	

783

1							3	9
6								4
		4	1		5			2
	6			7			9	
	5					6		
8	1		3	9				
			9					
	7							
			7	4		2	1	

784

				5		8		
8		5				1	4	
6	3			9				
4			8	6		2		3
					9			
3	9						6	
	1			3				
	6	2					7	
9			7		2			

781

8	4	7	6	2	3	1	5	9
2	9	5	8	7	1	6	3	4
6	1	3	4	9	5	8	7	2
3	8	2	7	5	9	4	6	1
7	6	1	2	8	4	3	9	5
4	5	9	1	3	6	2	8	7
1	7	8	9	6	2	5	4	3
5	2	6	3	4	7	9	1	8
9	3	4	5	1	8	7	2	6

782

3	1	9	7	8	5	6	2	4
4	7	5	3	6	2	9	1	8
8	2	6	4	1	9	3	5	7
9	5	2	6	4	1	7	8	3
1	4	7	5	3	8	2	9	6
6	8	3	9	2	7	5	4	1
5	3	8	2	7	4	1	6	9
2	6	4	1	9	3	8	7	5
7	9	1	8	5	6	4	3	2

783

1	2	8	4	6	7	5	3	9
6	3	5	8	2	9	1	7	4
7	9	4	1	3	5	8	6	2
4	6	2	5	7	8	3	9	1
9	5	3	2	1	4	6	8	7
8	1	7	3	9	6	4	2	5
2	4	6	9	8	1	7	5	3
3	7	1	6	5	2	9	4	8
5	8	9	7	4	3	2	1	6

784

1	2	9	4	5	7	8	3	6
8	7	5	6	2	3	1	4	9
6	3	4	1	9	8	7	5	2
4	5	7	8	6	1	2	9	3
2	8	6	3	4	9	5	1	7
3	9	1	2	7	5	4	6	8
7	1	8	5	3	6	9	2	4
5	6	2	9	8	4	3	7	1
9	4	3	7	1	2	6	8	5

785

		3	1			5		
	4				5	8	6	
				3	7			9
	8					3		
		1		4	2			
6			5	9				
		5						7
2							5	
4								8

786

				4		7	9	
					7			
	4					2	3	6
9		6					8	
				5	1			
	3	8		7				
	8							3
		1	9			5		
5			4	2				

787

	4							
		6			8	3		
3	2				1			7
						4	6	
					9	8		2
		8						
		2	9	3	4			
		1			2		7	
		5	1			6		

788

			4					6
5				7	2			9
	4						3	
		1	3			5		
		4	2	1				
7				9				
		6		8				
3						7	2	
		8	1		9			

785

9	6	3	1	8	4	5	7	2
1	4	7	9	2	5	8	6	3
8	5	2	6	3	7	1	4	9
5	8	9	7	1	6	3	2	4
7	3	1	8	4	2	6	9	5
6	2	4	5	9	3	7	8	1
3	9	5	4	6	8	2	1	7
2	1	8	3	7	9	4	5	6
4	7	6	2	5	1	9	3	8

786

8	6	3	5	4	2	7	9	1
2	1	9	3	6	7	8	4	5
7	4	5	1	9	8	2	3	6
9	5	6	2	3	4	1	8	7
4	7	2	8	5	1	3	6	9
1	3	8	6	7	9	4	5	2
6	8	4	7	1	5	9	2	3
3	2	1	9	8	6	5	7	4
5	9	7	4	2	3	6	1	8

787

8	4	7	5	9	3	2	1	6
1	5	6	2	7	8	3	4	9
3	2	9	4	6	1	5	8	7
7	9	3	8	2	5	4	6	1
5	6	4	7	1	9	8	3	2
2	1	8	3	4	6	7	9	5
6	7	2	9	3	4	1	5	8
4	8	1	6	5	2	9	7	3
9	3	5	1	8	7	6	2	4

788

1	9	7	4	3	8	2	5	6
5	8	3	6	7	2	1	4	9
6	4	2	9	5	1	8	3	7
9	2	1	3	6	7	5	8	4
8	6	4	2	1	5	9	7	3
7	3	5	8	9	4	6	1	2
2	5	6	7	8	3	4	9	1
3	1	9	5	4	6	7	2	8
4	7	8	1	2	9	3	6	5

789

	1			8	5			3
8			2			6		
			6		4			
3	9					4		
1		6						9
			4		3			
				5				
	5	2		6		8		4
			3			9		1

790

4	2							1
7			8		1			
						4		9
	3						6	
		6	9		2			
1				6			2	
			2	9	8	7		6
			7			3		
			3	1		2	8	

791

	3							
		8	7				5	
2		4						1
5				2				
	9		8					
4		7		5	1		6	
				8		6		
	4		9				1	2
9		1			6			

792

1								
6					5	4	1	
8			7				3	2
7						6		
				9	4			
		4			8	1	2	
				8	9		5	4
	5	1		6			7	

789

6	1	4	9	8	5	7	2	3
8	7	9	2	3	1	6	4	5
5	2	3	6	7	4	1	9	8
3	9	5	7	1	6	4	8	2
1	4	6	5	2	8	3	7	9
2	8	7	4	9	3	5	1	6
4	3	1	8	5	9	2	6	7
9	5	2	1	6	7	8	3	4
7	6	8	3	4	2	9	5	1

790

4	2	3	6	7	9	8	5	1
7	5	9	8	4	1	6	3	2
6	8	1	5	2	3	4	7	9
2	3	4	1	8	5	9	6	7
5	7	6	9	3	2	1	4	8
1	9	8	4	6	7	5	2	3
3	4	5	2	9	8	7	1	6
8	1	2	7	5	6	3	9	4
9	6	7	3	1	4	2	8	5

791

7	3	9	5	1	8	4	2	6
6	1	8	7	4	2	9	5	3
2	5	4	6	9	3	7	8	1
5	6	3	4	2	9	1	7	8
1	9	2	8	6	7	5	3	4
4	8	7	3	5	1	2	6	9
3	2	5	1	8	4	6	9	7
8	4	6	9	7	5	3	1	2
9	7	1	2	3	6	8	4	5

792

1	2	5	8	4	3	7	9	6
6	7	3	9	2	5	4	1	8
8	4	9	7	1	6	5	3	2
7	9	8	2	3	1	6	4	5
2	1	6	5	9	4	3	8	7
5	3	4	6	7	8	1	2	9
3	6	7	1	8	9	2	5	4
9	5	1	4	6	2	8	7	3
4	8	2	3	5	7	9	6	1

793

	9		8		4		1	3
6				3	7			
3	7	1						6
	6	2		5		1		
				8				
		8		9		6		
					2	3	5	
		6					2	

794

3				1				4
				7		5	8	
1		5				8		
					9	7	3	
		6	5					
		1			8	4	5	
	6	9						3
4				9				

795

5	1		3		2		8	
					1			
	4					7		
7	8	4						
1						8		
		5					1	6
		9			6			4
	2				5		6	
			1	2				

796

	1	9					6	2
		4	3					
2								
			7		1			4
	6					5		
1				2		9		
3			2	9		7		
		7					1	
					5		2	

796

8	1	9	4	5	7	3	6	2
6	5	4	3	8	2	1	9	7
2	7	3	6	1	9	4	5	8
9	3	5	7	6	1	2	8	4
7	6	2	9	4	8	5	3	1
1	4	8	5	2	3	9	7	6
3	8	1	2	9	6	7	4	5
5	2	7	8	3	4	6	1	9
4	9	6	1	7	5	8	2	3

795

5	1	7	3	4	2	6	8	9
6	9	8	7	5	1	3	4	2
2	4	3	9	6	8	7	5	1
7	8	4	6	1	3	2	9	5
1	6	2	5	9	4	8	7	3
9	3	5	2	8	7	4	1	6
3	5	9	8	7	6	1	2	4
8	2	1	4	3	5	9	6	7
4	7	6	1	2	9	5	3	8

794

3	8	7	2	1	5	9	6	4
5	9	2	8	4	6	3	1	7
6	1	4	9	7	3	5	8	2
1	7	5	3	2	4	8	9	6
2	4	8	1	6	9	7	3	5
9	3	6	5	8	7	2	4	1
7	2	1	6	3	8	4	5	9
8	6	9	4	5	2	1	7	3
4	5	3	7	9	1	6	2	8

793

2	9	5	8	6	4	7	1	3
7	8	3	9	2	1	4	6	5
6	1	4	5	3	7	8	9	2
3	7	1	2	4	9	5	8	6
8	6	2	7	5	3	1	4	9
4	5	9	1	8	6	2	3	7
1	2	8	3	9	5	6	7	4
9	4	7	6	1	2	3	5	8
5	3	6	4	7	8	9	2	1

797

	2			9	5		3	
			3	4				5
8								
				3				
	9						6	
7		8			1			
		4	7					1
3		6			9			
	8	9			3	2		

798

	7	9					2	
		2				8		
			5	3		4		
	3				4			
	9	5	3					
		6		8			5	
	8	3	9			1		
	1			4	6			
			8			6		

799

					6			9
	8							
			3	4	8		1	2
				8	1			
	9	2	6					
5								
	1	8			7		6	
2		3			9			8
9		7		3				

800

	4	2	9					
					1			3
				2	8	5		
2	5			1				
7	3							
	6			8	5	1		
		7			3			
			4			7		1
		3	1			2	5	

797

4	2	1	8	9	5	6	3	7
9	6	7	3	4	2	8	1	5
8	3	5	6	1	7	9	4	2
6	1	2	5	3	4	7	8	9
5	9	3	2	7	8	1	6	4
7	4	8	9	6	1	5	2	3
2	5	4	7	8	6	3	9	1
3	7	6	1	2	9	4	5	8
1	8	9	4	5	3	2	7	6

798

4	7	9	1	6	8	5	2	3
3	5	2	4	9	7	8	1	6
1	6	8	5	3	2	4	9	7
7	3	1	6	5	4	2	8	9
8	9	5	3	2	1	7	6	4
2	4	6	7	8	9	3	5	1
6	8	3	9	7	5	1	4	2
5	1	7	2	4	6	9	3	8
9	2	4	8	1	3	6	7	5

799

3	2	5	7	1	6	4	8	9
1	8	4	2	9	5	6	3	7
6	7	9	3	4	8	5	1	2
7	4	6	9	8	1	3	2	5
8	9	2	6	5	3	1	7	4
5	3	1	4	7	2	8	9	6
4	1	8	5	2	7	9	6	3
2	5	3	1	6	9	7	4	8
9	6	7	8	3	4	2	5	1

800

5	4	2	9	3	7	8	1	6
8	7	6	5	4	1	9	2	3
3	1	9	6	2	8	5	4	7
2	5	8	7	1	4	3	6	9
7	3	1	2	6	9	4	8	5
9	6	4	3	8	5	1	7	2
1	2	7	8	5	3	6	9	4
6	8	5	4	9	2	7	3	1
4	9	3	1	7	6	2	5	8

801

		7		1	6			5
		1	2				3	
3				5		6		
7		3	6					
	4				3			
			8	7				9
9					8			2
8								
							6	1

802

8		7						6
						5	8	
			2		3			
		6		1	2		9	
9	2			7				
4								1
6					9	8		
		4				3	6	
					1	4		

803

		4			5	1		8
			1					5
					4		7	
9		8		1	2	5		
	6	3				9		
							1	
							9	4
6	8			9				
		2			8		5	

804

					3			
			9		7		1	
				5	8	7		9
8				9			6	
	1					3		8
		2	6				9	1
		9	7	3			2	
	6			2		1		
	2				5		8	

801

4	8	7	3	1	6	2	9	5
6	5	1	2	8	9	4	3	7
3	2	9	4	5	7	6	1	8
7	9	3	6	2	1	5	8	4
2	4	8	5	9	3	1	7	6
1	6	5	8	7	4	3	2	9
9	3	6	1	4	8	7	5	2
8	1	2	7	6	5	9	4	3
5	7	4	9	3	2	8	6	1

802

8	3	7	1	5	4	9	2	6
1	4	2	9	6	7	5	8	3
5	6	9	2	8	3	1	7	4
3	8	6	4	1	2	7	9	5
9	2	1	3	7	5	6	4	8
4	7	5	8	9	6	2	3	1
6	5	3	7	4	9	8	1	2
7	1	4	5	2	8	3	6	9
2	9	8	6	3	1	4	5	7

803

3	2	4	9	7	5	1	6	8
8	7	9	1	6	3	2	4	5
5	1	6	8	2	4	3	7	9
9	4	8	6	1	2	5	3	7
1	6	3	5	4	7	9	8	2
2	5	7	3	8	9	4	1	6
7	3	1	2	5	6	8	9	4
6	8	5	4	9	1	7	2	3
4	9	2	7	3	8	6	5	1

804

2	9	7	1	6	3	8	5	4
5	3	8	9	4	7	6	1	2
6	4	1	2	5	8	7	3	9
8	5	4	3	9	1	2	6	7
9	1	6	5	7	2	3	4	8
3	7	2	6	8	4	5	9	1
1	8	9	7	3	6	4	2	5
4	6	5	8	2	9	1	7	3
7	2	3	4	1	5	9	8	6

805

5			4				8	
	6		7					3
	4	9		6				7
9	3		1					
		4	2					
		6				3	4	
			6		1		3	9
7		8					2	
	1							

806

	8	2	5		1			
	9			7		5		
6							8	
		9		4				
4	7					6		
			7	8				
1		3					6	
						2	4	
				2	5	7		

807

					5			
	9	7				5		
		8		9		6		1
			9			2		
				1			6	8
	7	6	4	5				
	1	3						
7			6				1	
9			2	4			8	

808

				1				6
		5	3	4				
		6				2	9	4
	7					1		
		2			4			8
	8		6			9		
		1					3	
2			5			4		
7	9						2	

805

5	7	1	4	9	3	6	8	2
8	6	2	7	1	5	4	9	3
3	4	9	8	6	2	5	1	7
9	3	7	1	4	8	2	6	5
1	5	4	2	3	6	9	7	8
2	8	6	5	7	9	3	4	1
4	2	5	6	8	1	7	3	9
7	9	8	3	5	4	1	2	6
6	1	3	9	2	7	8	5	4

806

7	8	2	5	6	1	9	3	4
3	9	1	8	7	4	5	2	6
6	4	5	9	3	2	1	8	7
5	1	9	2	4	6	3	7	8
4	7	8	1	5	3	6	9	2
2	3	6	7	8	9	4	5	1
1	2	3	4	9	7	8	6	5
9	5	7	6	1	8	2	4	3
8	6	4	3	2	5	7	1	9

807

6	3	4	1	2	5	8	7	9
1	9	7	8	3	6	5	4	2
5	2	8	7	9	4	6	3	1
3	8	1	9	6	7	2	5	4
4	5	9	3	1	2	7	6	8
2	7	6	4	5	8	1	9	3
8	1	3	5	7	9	4	2	6
7	4	2	6	8	3	9	1	5
9	6	5	2	4	1	3	8	7

808

8	4	7	2	1	9	3	5	6
9	2	5	3	4	6	7	8	1
3	1	6	7	5	8	2	9	4
4	7	9	8	2	5	1	6	3
1	6	2	9	3	4	5	7	8
5	8	3	6	7	1	9	4	2
6	5	1	4	9	2	8	3	7
2	3	8	5	6	7	4	1	9
7	9	4	1	8	3	6	2	5

809

				3		6		
		7			4		2	
	6		7					
		9			6			1
				7				9
2	4			8	3			
7							4	
4	5		8			1	7	
			4			8	6	3

810

				5		1		
	5					8	4	
	3							2
				7	3			
	9	3		8			1	
4	8		2					7
					9			3
		5		4		7		
6			8					

811

		1			3	5	4	
9					6			7
3					4		1	
				8	1			
			7				3	
						7		8
	9	2	3				7	4
6	5		4				9	
1								

812

	7	3	6	4				
2			8		9			
		8		1				
	1		2	5			4	9
			7				5	
	2		9					
							1	
4						6		
9		6				2		

809

5	2	4	1	3	8	6	9	7
3	1	7	6	9	4	5	2	8
9	6	8	7	2	5	3	1	4
8	7	9	5	4	6	2	3	1
6	3	5	2	7	1	4	8	9
2	4	1	9	8	3	7	5	6
7	8	6	3	1	2	9	4	5
4	5	3	8	6	9	1	7	2
1	9	2	4	5	7	8	6	3

810

2	4	6	7	5	8	1	3	9
9	5	7	3	2	1	8	4	6
1	3	8	9	6	4	5	7	2
5	6	2	1	7	3	9	8	4
7	9	3	4	8	6	2	1	5
4	8	1	2	9	5	3	6	7
8	7	4	5	1	9	6	2	3
3	1	5	6	4	2	7	9	8
6	2	9	8	3	7	4	5	1

811

2	8	1	9	7	3	5	4	6
9	4	5	1	2	6	3	8	7
3	7	6	8	5	4	9	1	2
7	6	3	5	8	1	4	2	9
5	2	8	7	4	9	6	3	1
4	1	9	6	3	2	7	5	8
8	9	2	3	6	5	1	7	4
6	5	7	4	1	8	2	9	3
1	3	4	2	9	7	8	6	5

812

1	7	3	6	4	5	9	2	8
2	6	4	8	7	9	1	3	5
5	9	8	3	1	2	4	7	6
6	1	7	2	5	3	8	4	9
8	4	9	7	6	1	3	5	2
3	2	5	9	8	4	7	6	1
7	8	2	4	9	6	5	1	3
4	3	1	5	2	8	6	9	7
9	5	6	1	3	7	2	8	4

813

					2	5	9	8
		2	4		3			
		7						
			9	4		6		
4		6				9		
8						3		
			5				1	
	5		3	6	8			
3				1		4		

814

				6		4		2
		2			1	3		
		7					6	9
8							9	
	2		1		3			
	6	9	2	4				
	4			5				
		3						
		8			7		4	6

815

							5	4
			4	6	9			1
					2			
	3					4		6
	5		8				2	
		7	6	9				
7	4							
		1		5			8	
		2		3	1			

816

		8			9		5	
		1						4
		5			7	9	8	
	6		7		1		4	
4					8	1		
				9	3			8
	3			7			9	
					4			
		2		8			7	3

813

6	4	3	1	7	2	5	9	8
5	8	2	4	9	3	1	7	6
9	1	7	6	8	5	2	3	4
2	3	5	9	4	7	6	8	1
4	7	6	8	3	1	9	5	2
8	9	1	2	5	6	3	4	7
7	6	9	5	2	4	8	1	3
1	5	4	3	6	8	7	2	9
3	2	8	7	1	9	4	6	5

814

3	8	5	7	6	9	4	1	2
6	9	2	4	8	1	3	5	7
4	1	7	3	2	5	8	6	9
8	3	1	5	7	6	2	9	4
7	2	4	1	9	3	6	8	5
5	6	9	2	4	8	7	3	1
1	4	6	8	5	2	9	7	3
9	7	3	6	1	4	5	2	8
2	5	8	9	3	7	1	4	6

815

2	6	9	3	1	8	7	5	4
8	7	5	4	6	9	2	3	1
3	1	4	5	7	2	8	6	9
9	3	8	1	2	5	4	7	6
1	5	6	8	4	7	9	2	3
4	2	7	6	9	3	5	1	8
7	4	3	2	8	6	1	9	5
6	9	1	7	5	4	3	8	2
5	8	2	9	3	1	6	4	7

816

2	7	8	6	4	9	3	5	1
3	9	1	8	5	2	7	6	4
6	4	5	3	1	7	9	8	2
8	6	3	7	2	1	5	4	9
4	2	9	5	6	8	1	3	7
5	1	7	4	9	3	6	2	8
1	3	4	2	7	5	8	9	6
7	8	6	9	3	4	2	1	5
9	5	2	1	8	6	4	7	3

817

1	9		8					7
		4			9	1		3
	7				4			
					5	6	3	
			4	3				1
				2		5	7	9
							9	
			3	8				
	4	1		6				

818

9	5							
	8				9			
		2	1	7				
	4							9
			8	3				
			2				6	5
8	2				7		5	
6				4	8			7
	7	4			5	3		

819

3		8					6	
5		1				4		2
	4				2			
			9			3	5	8
6								
			1		5			
	6			7		1	4	
1								3
		5			6	2	9	

820

	4							
3		5	6					
6	7	2	5		3			
			2			9		
	2	4	8	6				
					4	1		
		7				5		
			9			8		
5			3		1			7

817

1	9	6	8	5	3	2	4	7
2	8	4	6	7	9	1	5	3
3	7	5	2	1	4	9	6	8
8	1	2	7	9	5	6	3	4
9	5	7	4	3	6	8	2	1
4	6	3	1	2	8	5	7	9
6	3	8	5	4	1	7	9	2
5	2	9	3	8	7	4	1	6
7	4	1	9	6	2	3	8	5

818

9	5	1	4	8	2	6	7	3
3	8	7	5	6	9	4	2	1
4	6	2	1	7	3	5	9	8
2	4	6	7	5	1	8	3	9
5	1	9	8	3	6	7	4	2
7	3	8	2	9	4	1	6	5
8	2	3	6	1	7	9	5	4
6	9	5	3	4	8	2	1	7
1	7	4	9	2	5	3	8	6

819

3	2	8	7	4	1	5	6	9
5	9	1	6	8	3	4	7	2
7	4	6	5	9	2	8	3	1
2	1	7	9	6	4	3	5	8
6	5	3	8	2	7	9	1	4
4	8	9	1	3	5	7	2	6
9	6	2	3	7	8	1	4	5
1	7	4	2	5	9	6	8	3
8	3	5	4	1	6	2	9	7

820

8	4	9	1	7	2	3	5	6
3	1	5	6	4	8	2	7	9
6	7	2	5	9	3	4	1	8
7	8	3	2	1	5	9	6	4
1	2	4	8	6	9	7	3	5
9	5	6	7	3	4	1	8	2
2	3	7	4	8	6	5	9	1
4	6	1	9	5	7	8	2	3
5	9	8	3	2	1	6	4	7

821

7						6	9	
1								4
				2				3
8		9	7				2	
	7	6	9		5			8
							7	
		8			4			9
9				1		4	3	
6								

822

8		2						
3				8	2		7	1
				3				
5	6	8			3			
	9				1	5	4	
							6	
	8		7		6	2		
			8	9	4			

823

6					3		4	
		1	4			2		
	2	7				8		
	5			9				7
			8					
			7			6	1	8
	7		3					
				6			3	
8	6							9

824

	1		7		3			4
			8			2		1
						7	8	
7	9				6	3	1	
3					4			
				1				
	3							
6	4				8		2	
			2		9		6	

824

5	1	8	7	2	3	6	9	4
4	7	9	8	6	5	2	3	1
2	6	3	4	9	1	7	8	5
7	9	4	5	8	6	3	1	2
3	2	1	9	7	4	8	5	6
8	5	6	3	1	2	4	7	9
9	3	2	6	5	7	1	4	8
6	4	5	1	3	8	9	2	7
1	8	7	2	4	9	5	6	3

823

6	8	5	2	7	3	9	4	1
3	9	1	4	8	6	2	7	5
4	2	7	9	5	1	8	6	3
1	5	8	6	9	4	3	2	7
7	3	6	8	1	2	5	9	4
2	4	9	7	3	5	6	1	8
5	7	2	3	4	9	1	8	6
9	1	4	5	6	8	7	3	2
8	6	3	1	2	7	4	5	9

822

8	7	2	1	4	9	3	5	6
3	5	9	6	8	2	4	7	1
6	4	1	5	3	7	9	8	2
5	6	8	4	7	3	1	2	9
7	9	3	2	6	1	5	4	8
1	2	4	9	5	8	6	3	7
9	1	7	3	2	5	8	6	4
4	8	5	7	1	6	2	9	3
2	3	6	8	9	4	7	1	5

821

7	8	2	5	4	3	6	9	1
1	6	3	8	9	7	2	5	4
4	9	5	1	2	6	7	8	3
8	4	9	7	6	1	3	2	5
2	7	6	9	3	5	1	4	8
5	3	1	4	8	2	9	7	6
3	1	8	2	7	4	5	6	9
9	5	7	6	1	8	4	3	2
6	2	4	3	5	9	8	1	7

825

			5					
8			9	1	6	7		5
		9				1		
	5			2		6		
			6		8			
1	2							3
	9	7					4	
			4					
	3			9				2

826

		7				2		
			7	5	3		4	
		9					8	
	4							
	3		9					
1						5		6
			5					
8						4		2
		2	4	1		7		

827

2								
		9			6		5	8
	6	3						
3						8		
	2			4	8			
	8		2		5	6		
	7						3	
	5	6		8	2	7	1	
			5		1			

828

					3		5	
		4						
6						8		7
	9		2		6		8	
5		7				2	6	9
						7	1	
		2	4					
		6	1			9		2
	8						3	

825

7	1	2	5	8	3	4	9	6
8	4	3	9	1	6	7	2	5
5	6	9	2	7	4	1	3	8
9	5	8	3	2	1	6	7	4
3	7	4	6	5	8	2	1	9
1	2	6	7	4	9	5	8	3
2	9	7	8	6	5	3	4	1
6	8	1	4	3	2	9	5	7
4	3	5	1	9	7	8	6	2

826

4	6	7	1	8	9	2	3	5
2	8	1	7	5	3	6	4	9
3	5	9	2	4	6	1	8	7
9	4	6	8	2	5	3	7	1
7	3	5	9	6	1	8	2	4
1	2	8	3	7	4	5	9	6
6	7	4	5	3	2	9	1	8
8	1	3	6	9	7	4	5	2
5	9	2	4	1	8	7	6	3

827

2	4	8	7	5	3	9	6	1
7	1	9	4	2	6	3	5	8
5	6	3	8	1	9	2	4	7
3	9	4	1	6	7	8	2	5
6	2	5	9	4	8	1	7	3
1	8	7	2	3	5	6	9	4
8	7	1	6	9	4	5	3	2
4	5	6	3	8	2	7	1	9
9	3	2	5	7	1	4	8	6

828

9	7	1	8	2	3	4	5	6
8	2	4	6	5	7	3	9	1
6	3	5	9	1	4	8	2	7
1	9	3	2	7	6	5	8	4
5	4	7	3	8	1	2	6	9
2	6	8	5	4	9	7	1	3
3	1	2	4	9	5	6	7	8
7	5	6	1	3	8	9	4	2
4	8	9	7	6	2	1	3	5

829

	9		6					3
8				3				
	7				5		6	
							4	2
					1		7	
	4	7	5	2				6
1		5			8	7		
					2		1	
	2							

830

	1			2	8			7
9		4				6		
					7			
	5	6		1		8		2
4				6	9			
		3		7				
	4						7	6
							8	
3		7			5			

831

2			8		9			
		3						2
9	8						4	
					5		6	
1		5		9		7		
		7				2		
	7			5		6		
3				1	6			
					3	9		4

832

6	2				9			5
		5						
					1		3	7
						7		
								8
	5	8	2		7			
			3	7			9	2
			9					
1		9			8		6	

832

6	2	7	8	3	9	4	1	5
3	1	5	7	4	2	9	8	6
8	9	4	6	5	1	2	3	7
2	6	3	1	8	4	7	5	9
7	4	1	5	9	3	6	2	8
9	5	8	2	6	7	3	4	1
4	8	6	3	7	5	1	9	2
5	3	2	9	1	6	8	7	4
1	7	9	4	2	8	5	6	3

831

2	5	4	8	3	9	1	7	6
7	6	3	5	4	1	8	9	2
9	8	1	2	6	7	3	4	5
8	2	9	3	7	5	4	6	1
1	4	5	6	9	2	7	3	8
6	3	7	1	8	4	2	5	9
4	7	2	9	5	8	6	1	3
3	9	8	4	1	6	5	2	7
5	1	6	7	2	3	9	8	4

830

6	1	5	4	2	8	9	3	7
9	7	4	1	5	3	6	2	8
2	3	8	6	9	7	1	5	4
7	5	6	3	1	4	8	9	2
4	8	2	5	6	9	7	1	3
1	9	3	8	7	2	4	6	5
8	4	9	2	3	1	5	7	6
5	2	1	7	4	6	3	8	9
3	6	7	9	8	5	2	4	1

829

2	9	1	6	8	7	4	5	3
8	5	6	1	3	4	2	9	7
4	7	3	2	9	5	8	6	1
5	1	8	9	7	6	3	4	2
3	6	2	8	4	1	9	7	5
9	4	7	5	2	3	1	8	6
1	3	5	4	6	8	7	2	9
7	8	9	3	5	2	6	1	4
6	2	4	7	1	9	5	3	8

833

				4	2	3		
	2				1			
3	7							2
5			4			8		
2	6				9			
				2		4		9
		7					5	
1				3				
6	9		1	5				

834

	5				9			3
9						4	7	5
		1	3					
			4					
	8	6		3		2		
	2			1	8			7
	6						3	
5			1				8	
	1				4			9

835

		7			3	6		
2	3				6	1		
		8		7			9	3
			3				5	
							6	
	6	2		4	5			9
3							8	
	4	1		8		9		2

836

9						6	8	
			6		4		3	2
		5						
			5		1	8		
3	9				8			
	4			7	6	3		
	5		8					7
1		2			7			8

Lösungen

833

9	8	5	6	4	2	3	1	7
4	2	6	3	7	1	5	9	8
3	7	1	9	8	5	6	4	2
5	3	9	4	6	7	8	2	1
2	6	4	8	1	9	7	3	5
7	1	8	5	2	3	4	6	9
8	4	7	2	9	6	1	5	3
1	5	2	7	3	4	9	8	6
6	9	3	1	5	8	2	7	4

834

6	5	7	2	4	9	8	1	3
9	3	2	6	8	1	4	7	5
8	4	1	3	5	7	9	2	6
1	7	9	4	2	6	3	5	8
4	8	6	7	3	5	2	9	1
3	2	5	9	1	8	6	4	7
7	6	8	5	9	2	1	3	4
5	9	4	1	6	3	7	8	2
2	1	3	8	7	4	5	6	9

835

4	9	7	5	1	3	6	2	8
2	3	5	8	9	6	1	4	7
6	1	8	2	7	4	5	9	3
9	7	4	3	6	8	2	5	1
1	5	3	7	2	9	8	6	4
8	6	2	1	4	5	3	7	9
7	8	6	9	3	2	4	1	5
3	2	9	4	5	1	7	8	6
5	4	1	6	8	7	9	3	2

836

9	2	4	7	1	3	6	8	5
8	1	7	6	5	4	9	3	2
6	3	5	2	8	9	7	1	4
2	7	6	5	3	1	8	4	9
3	9	1	4	2	8	5	7	6
5	4	8	9	7	6	3	2	1
4	5	3	8	6	2	1	9	7
7	8	9	1	4	5	2	6	3
1	6	2	3	9	7	4	5	8

837

6						2		
	8	1		7			9	6
	4					1		
4					2		5	3
				8	1		2	
	6					9		
1	9	3				7		
8				1				
				3	7			

838

			2				3	4
				3	9	8		
		9	5		6			
5	4							
6	1			9		5		
9							1	3
				5	7			6
		7			3			
		5			8			9

839

	3	5			2			7
1	4		5				2	3
			7	6		8		
6		7		8			1	
					5			
	5		6		9			1
7			8		1			
				3			4	

840

5		9						1
						4		
6	1			9				
					5		6	
						1		4
1	3	4					2	
			5					8
9			8	6				3
		8	7				1	2

837

6	5	7	1	9	3	2	4	8
3	8	1	2	7	4	5	9	6
9	4	2	6	5	8	1	3	7
4	1	9	7	6	2	8	5	3
7	3	5	9	8	1	6	2	4
2	6	8	3	4	5	9	7	1
1	9	3	4	2	6	7	8	5
8	7	4	5	1	9	3	6	2
5	2	6	8	3	7	4	1	9

838

8	5	6	2	7	1	9	3	4
7	2	1	4	3	9	8	6	5
4	3	9	5	8	6	2	7	1
5	4	8	3	1	2	6	9	7
6	1	3	7	9	4	5	8	2
9	7	2	8	6	5	4	1	3
1	8	4	9	5	7	3	2	6
2	9	7	6	4	3	1	5	8
3	6	5	1	2	8	7	4	9

839

2	7	9	3	1	6	4	5	8
8	3	5	4	9	2	1	6	7
1	4	6	5	7	8	9	2	3
5	1	3	7	6	4	8	9	2
6	2	7	9	8	3	5	1	4
4	9	8	1	2	5	3	7	6
3	5	2	6	4	9	7	8	1
7	6	4	8	5	1	2	3	9
9	8	1	2	3	7	6	4	5

840

5	4	9	2	7	6	8	3	1
2	8	7	3	5	1	4	9	6
6	1	3	4	9	8	2	7	5
8	9	2	1	4	5	3	6	7
7	6	5	9	2	3	1	8	4
1	3	4	6	8	7	5	2	9
3	7	6	5	1	2	9	4	8
9	2	1	8	6	4	7	5	3
4	5	8	7	3	9	6	1	2

841

	2			6				
			3			7		2
					2	9		6
3				9			5	
		4				1		
1	7	5		2				
		1					7	
		7	9		4			1
4					8	2		5

842

		6	1				3	
				3		4	6	
	9				6			7
	5							3
				9				8
		9		2	1			
8					5			2
							4	
	7	3			8	5		9

843

					6			
5		4			3			1
9	8							
				3		1		
8			6			4	9	5
4		2	8				5	7
	9							2
	7	5			9			6

844

					6	1		
			7	9				
2	8							
1				8			9	
		4			7	8		
					3	2	1	
8	1		5	2				
	2					6		
				4				8

841

9	2	3	1	6	7	5	4	8
5	4	6	3	8	9	7	1	2
7	1	8	5	4	2	9	3	6
3	8	2	4	9	1	6	5	7
6	9	4	8	7	5	1	2	3
1	7	5	6	2	3	8	9	4
8	5	1	2	3	6	4	7	9
2	6	7	9	5	4	3	8	1
4	3	9	7	1	8	2	6	5

842

7	4	6	1	8	2	9	3	5
5	2	8	7	3	9	4	6	1
3	9	1	4	5	6	2	8	7
4	5	2	8	6	7	1	9	3
1	3	7	5	9	4	6	2	8
6	8	9	3	2	1	7	5	4
8	6	4	9	1	5	3	7	2
9	1	5	2	7	3	8	4	6
2	7	3	6	4	8	5	1	9

843

3	2	1	4	8	6	5	7	9
5	6	4	7	9	3	2	8	1
9	8	7	2	1	5	6	3	4
7	5	6	9	3	4	1	2	8
2	4	9	1	5	8	7	6	3
8	1	3	6	7	2	4	9	5
4	3	2	8	6	1	9	5	7
6	9	8	5	4	7	3	1	2
1	7	5	3	2	9	8	4	6

844

9	4	3	8	5	6	1	7	2
5	6	1	7	9	2	4	8	3
2	8	7	1	3	4	5	6	9
1	3	2	4	8	5	7	9	6
6	9	4	2	1	7	8	3	5
7	5	8	9	6	3	2	1	4
8	1	6	5	2	9	3	4	7
4	2	9	3	7	8	6	5	1
3	7	5	6	4	1	9	2	8

845

	9		4					
	6						7	
		7	9			8		4
		6		4		7		
5	7			8				
	3	2						6
				5				
	2			9		6		7
		8	2		7			5

846

8				2			1	
	6		9	3				
					4			
6	1		5					3
3		9	2					8
	4	8				5		
						3	5	
		4	6	5		9		
			3		7			

847

1		4	6					2
2		3					7	
			9					
		8	2		9	7		
	1					4		
		6	8	4				
						3		
6				2				4
	8	1	7	3				

848

	1		3				5	2
		5					3	
		3	7		6	8		
		7						3
			8				2	
	9			7				6
					5		6	
		9		1				
6		8	2	9			7	

845

1	9	3	4	7	8	5	6	2
8	6	4	5	2	3	1	7	9
2	5	7	9	6	1	8	3	4
9	8	6	3	4	2	7	5	1
5	7	1	6	8	9	2	4	3
4	3	2	7	1	5	9	8	6
7	4	9	1	5	6	3	2	8
3	2	5	8	9	4	6	1	7
6	1	8	2	3	7	4	9	5

846

8	9	3	7	2	5	6	1	4
4	6	7	9	3	1	8	2	5
5	2	1	8	6	4	7	3	9
6	1	2	5	7	8	4	9	3
3	5	9	2	4	6	1	7	8
7	4	8	1	9	3	5	6	2
2	7	6	4	8	9	3	5	1
1	3	4	6	5	2	9	8	7
9	8	5	3	1	7	2	4	6

847

1	9	4	6	7	3	8	5	2
2	6	3	4	8	5	9	7	1
8	7	5	9	1	2	6	4	3
3	4	8	2	5	9	7	1	6
5	1	9	3	6	7	4	2	8
7	2	6	8	4	1	5	3	9
4	5	2	1	9	6	3	8	7
6	3	7	5	2	8	1	9	4
9	8	1	7	3	4	2	6	5

848

7	1	6	3	4	8	9	5	2
4	8	5	9	2	1	6	3	7
9	2	3	7	5	6	8	1	4
8	5	7	1	6	2	4	9	3
1	6	4	8	3	9	7	2	5
3	9	2	5	7	4	1	8	6
2	7	1	4	8	5	3	6	9
5	3	9	6	1	7	2	4	8
6	4	8	2	9	3	5	7	1

849

		4		9	5			
			8	1	6			
	8		7				1	
6	2	7		4				
	1					7		2
	4	8						
					3	4		5
		3	4			1		
		9			1			7

850

	1	9				8		
			9				2	
2				3	7			
	7				6		8	3
					4	7		
	5	2			9			
1								
4			6	1	8			
			5				7	8

851

		5				2		
	8		6	5		9		
	6	2	3				7	
			2		4			
	4					1		
9		1						3
			7				8	
								9
3			8			5		2

852

2			8			9	6	
	6					4		
3		9						
	3	1				6		8
7				1				4
			2					5
	5		6		8			
	7	3						
6				3	2			

849

1	3	4	2	9	5	6	7	8
7	9	2	8	1	6	5	3	4
5	8	6	7	3	4	2	1	9
6	2	7	1	4	9	8	5	3
9	1	5	3	6	8	7	4	2
3	4	8	5	2	7	9	6	1
2	6	1	9	7	3	4	8	5
8	7	3	4	5	2	1	9	6
4	5	9	6	8	1	3	2	7

850

7	1	9	2	6	5	8	3	4
5	4	3	9	8	1	6	2	7
2	6	8	4	3	7	9	1	5
9	7	4	1	2	6	5	8	3
6	3	1	8	5	4	7	9	2
8	5	2	3	7	9	4	6	1
1	8	5	7	9	3	2	4	6
4	2	7	6	1	8	3	5	9
3	9	6	5	4	2	1	7	8

851

1	9	5	4	7	8	2	3	6
7	8	3	6	5	2	9	1	4
4	6	2	3	9	1	8	7	5
5	3	8	2	1	4	6	9	7
2	4	6	9	3	7	1	5	8
9	7	1	5	8	6	4	2	3
6	2	9	7	4	5	3	8	1
8	5	4	1	2	3	7	6	9
3	1	7	8	6	9	5	4	2

852

2	4	7	8	5	1	9	6	3
1	6	5	3	2	9	4	8	7
3	8	9	4	6	7	5	1	2
5	3	1	9	7	4	6	2	8
7	2	8	5	1	6	3	9	4
4	9	6	2	8	3	1	7	5
9	5	2	6	4	8	7	3	1
8	7	3	1	9	5	2	4	6
6	1	4	7	3	2	8	5	9

853

	2							5
	1	3	5		4	6		
							4	
	4			6	2	3		
		8						7
			3		9			
		7						6
		2		8				
3		4	9	2				

854

4			2					8
		1				6		
		7	3	4	9			
9				3				
			8	1				
1		8						
	2		6			8		1
			4		8	9	7	
	8					4		5

855

							1	5
		1	7			3		
7			2					9
	6		9		5			7
	7					6	3	
						9		1
	5		1	7				8
	1	4			6			
9								

856

			8					
	7				2			
	4					8	2	6
		2					1	3
3				5			8	
5					6			
			9					
		4		3	1			9
7		6			8	1		

853

4	2	9	6	1	7	8	3	5
8	1	3	5	9	4	6	7	2
5	7	6	2	3	8	1	4	9
7	4	5	8	6	2	3	9	1
9	3	8	1	4	5	2	6	7
2	6	1	3	7	9	5	8	4
1	8	7	4	5	3	9	2	6
6	9	2	7	8	1	4	5	3
3	5	4	9	2	6	7	1	8

854

4	3	5	2	6	1	7	9	8
2	9	1	5	8	7	6	4	3
8	6	7	3	4	9	5	1	2
9	5	2	7	3	6	1	8	4
3	7	6	8	1	4	2	5	9
1	4	8	9	5	2	3	6	7
7	2	4	6	9	5	8	3	1
5	1	3	4	2	8	9	7	6
6	8	9	1	7	3	4	2	5

855

8	3	2	6	4	9	7	1	5
6	9	1	7	5	8	3	2	4
7	4	5	2	1	3	8	6	9
1	6	3	9	2	5	4	8	7
5	7	9	4	8	1	6	3	2
4	2	8	3	6	7	9	5	1
3	5	6	1	7	4	2	9	8
2	1	4	8	9	6	5	7	3
9	8	7	5	3	2	1	4	6

856

6	2	5	8	4	3	7	9	1
9	7	8	1	6	2	3	5	4
1	4	3	5	9	7	8	2	6
4	6	2	7	8	9	5	1	3
3	1	9	2	5	4	6	8	7
5	8	7	3	1	6	9	4	2
2	3	1	9	7	5	4	6	8
8	5	4	6	3	1	2	7	9
7	9	6	4	2	8	1	3	5

857

2			9	4				6
7			5					
			6	2	3			
		1			8		2	
							5	1
8								9
1	2					9		3
					2		1	
	9		3				8	5

858

	8							
		2		1			7	
	1	6		4		5		2
3	6	9	1	2		7		
	7					1		
				8				
9		8			3			1
						6		9
					1			

859

8								
		3	2					8
		2	1			5	6	
			6	4	9			2
	1	8					5	
				5		3		
5								3
		4			8		7	
1				9				

860

4				1	2	7		
1				7		8		6
		6	3		4			
	1	2						
	9							1
						9		2
	4		9			2		
8					6		3	
		7				6		

857

2	1	8	9	4	7	5	3	6
7	6	3	5	8	1	4	9	2
5	4	9	6	2	3	1	7	8
9	5	1	7	6	8	3	2	4
6	7	4	2	3	9	8	5	1
8	3	2	1	5	4	7	6	9
1	2	6	8	7	5	9	4	3
3	8	5	4	9	2	6	1	7
4	9	7	3	1	6	2	8	5

858

5	8	3	9	7	2	4	1	6
4	9	2	5	1	6	3	7	8
7	1	6	3	4	8	5	9	2
3	6	9	1	2	5	7	8	4
8	7	4	6	3	9	1	2	5
2	5	1	4	8	7	9	6	3
9	4	8	7	6	3	2	5	1
1	2	7	8	5	4	6	3	9
6	3	5	2	9	1	8	4	7

859

8	6	1	9	7	5	2	3	4
9	5	3	2	6	4	7	1	8
7	4	2	1	8	3	5	6	9
3	7	5	6	4	9	1	8	2
4	1	8	3	2	7	9	5	6
6	2	9	8	5	1	3	4	7
5	8	6	7	1	2	4	9	3
2	9	4	5	3	8	6	7	1
1	3	7	4	9	6	8	2	5

860

4	8	5	6	1	2	7	9	3
1	2	3	5	7	9	8	4	6
9	7	6	3	8	4	1	2	5
5	1	2	7	9	8	3	6	4
7	9	4	2	6	3	5	8	1
3	6	8	4	5	1	9	7	2
6	4	1	9	3	7	2	5	8
8	5	9	1	2	6	4	3	7
2	3	7	8	4	5	6	1	9

861

		1						
						5		
		8	6	4	7			
						7	5	
6					1	4		
2					3			
8	6		5				1	
	5			2	4		3	
7						8		

862

9					7			
	1		3			2		
				9	4	5		
	4				8			
5		1						
7		6		5	2		4	
					3			7
						6		
8	6		7		5		2	

863

			5				3	
	7			2	4	5		
					6		2	
5		7			3		4	
		6						1
1					7	3		8
	3	9	1			7		
7						1		
	4		6					

864

2	4			6	1		7	
3				8				
					5			4
	5		2				4	
							8	
			6	9		7		
7		6		3	9			
						6		
9		8					5	7

861

4	2	1	3	8	5	9	7	6
3	7	6	9	1	2	5	4	8
5	9	8	6	4	7	3	2	1
9	1	4	2	6	8	7	5	3
6	3	5	7	9	1	4	8	2
2	8	7	4	5	3	1	6	9
8	6	3	5	7	9	2	1	4
1	5	9	8	2	4	6	3	7
7	4	2	1	3	6	8	9	5

862

9	3	2	5	1	7	4	8	6
4	1	5	3	8	6	2	7	9
6	7	8	2	9	4	5	3	1
2	4	3	6	7	8	9	1	5
5	8	1	4	3	9	7	6	2
7	9	6	1	5	2	3	4	8
1	2	4	9	6	3	8	5	7
3	5	7	8	2	1	6	9	4
8	6	9	7	4	5	1	2	3

863

2	6	8	5	9	1	4	3	7
9	7	3	8	2	4	5	1	6
4	1	5	7	3	6	8	2	9
5	8	7	9	1	3	6	4	2
3	2	6	4	5	8	9	7	1
1	9	4	2	6	7	3	5	8
6	3	9	1	4	2	7	8	5
7	5	2	3	8	9	1	6	4
8	4	1	6	7	5	2	9	3

864

2	4	5	3	6	1	8	7	9
3	7	1	9	8	4	5	6	2
8	6	9	7	2	5	1	3	4
6	5	7	2	1	8	9	4	3
1	9	3	4	5	7	2	8	6
4	8	2	6	9	3	7	1	5
7	1	6	5	3	9	4	2	8
5	3	4	8	7	2	6	9	1
9	2	8	1	4	6	3	5	7

865

								4
		8				5	9	2
3	4		2					6
		2					7	8
6				3		2		
5			7					
7	5			8				
				7	1	9		
2		9					6	

866

	4				1	5	9	
	1			9		7		
9		2			8			
			1				7	5
6		9		3		4		
						3		
7	2							
				2				
4		5	3		9			

867

	5		2	3			6	
8						2		
4			1					
2						4	5	7
					9			
3				5			2	
1	2				8	5		4
			6					
	7							2

868

	2			9			6	
	3					2		8
		5						1
		7		5	9		4	
					4			
		6	8					2
				2		9	7	
4						1		6
	7			3				4

865

9	2	5	1	6	8	7	3	4
1	6	8	3	4	7	5	9	2
3	4	7	2	9	5	1	8	6
4	9	2	5	1	6	3	7	8
6	7	1	8	3	4	2	5	9
5	8	3	7	2	9	6	4	1
7	5	6	9	8	2	4	1	3
8	3	4	6	7	1	9	2	5
2	1	9	4	5	3	8	6	7

866

8	4	7	2	6	1	5	9	3
5	1	6	4	9	3	7	8	2
9	3	2	7	5	8	1	4	6
2	8	3	1	4	6	9	7	5
6	7	9	8	3	5	4	2	1
1	5	4	9	7	2	3	6	8
7	2	8	5	1	4	6	3	9
3	9	1	6	2	7	8	5	4
4	6	5	3	8	9	2	1	7

867

7	5	1	2	3	4	8	6	9
8	6	3	5	9	7	2	4	1
4	9	2	1	8	6	3	7	5
2	1	9	8	6	3	4	5	7
6	4	5	7	2	9	1	8	3
3	8	7	4	5	1	9	2	6
1	2	6	9	7	8	5	3	4
5	3	4	6	1	2	7	9	8
9	7	8	3	4	5	6	1	2

868

1	2	4	5	9	8	3	6	7
6	3	9	1	4	7	2	5	8
7	8	5	3	6	2	4	9	1
8	1	7	2	5	9	6	4	3
2	5	3	6	1	4	7	8	9
9	4	6	8	7	3	5	1	2
3	6	8	4	2	1	9	7	5
4	9	2	7	8	5	1	3	6
5	7	1	9	3	6	8	2	4

869

9		3			2	8		
		1			4			
2	7				3	9		
7				8	5		2	
8					6			9
	4			6				8
		2						1
6			5	2				

870

			7			6	9	
	2							8
			5	2	6			
8	1	9			2	7		
								4
	4					8		
				7	3	4		
	5		9					
	8	2			4		7	9

871

						8		4
		7			8			
		5			2			1
	8			4				
3	4		9					5
				7				6
	6				5			
		9	7	6			5	
		8					4	

872

				6		8		
7			9		2			4
				5		9		7
	2	5			7			
		9				1		
1	4							
6				3		2		
	1	2		4	5			
					8			

869

9	6	3	7	5	2	8	1	4
5	8	1	6	9	4	7	3	2
2	7	4	8	1	3	9	6	5
7	1	6	9	8	5	4	2	3
4	2	9	1	3	7	5	8	6
8	3	5	2	4	6	1	7	9
1	4	7	3	6	9	2	5	8
3	5	2	4	7	8	6	9	1
6	9	8	5	2	1	3	4	7

870

1	3	5	7	4	8	6	9	2
6	2	7	1	3	9	5	4	8
4	9	8	5	2	6	3	1	7
8	1	9	4	6	2	7	5	3
2	7	3	8	1	5	9	6	4
5	4	6	3	9	7	8	2	1
9	6	1	2	7	3	4	8	5
7	5	4	9	8	1	2	3	6
3	8	2	6	5	4	1	7	9

871

6	2	3	1	5	7	8	9	4
4	1	7	6	9	8	5	2	3
8	9	5	4	3	2	7	6	1
7	8	2	5	4	6	3	1	9
3	4	6	9	8	1	2	7	5
9	5	1	2	7	3	4	8	6
1	6	4	8	2	5	9	3	7
2	3	9	7	6	4	1	5	8
5	7	8	3	1	9	6	4	2

872

5	9	4	7	6	3	8	2	1
7	3	1	9	8	2	5	6	4
2	8	6	4	5	1	9	3	7
8	2	5	3	1	7	4	9	6
3	6	9	5	2	4	1	7	8
1	4	7	8	9	6	3	5	2
6	7	8	1	3	9	2	4	5
9	1	2	6	4	5	7	8	3
4	5	3	2	7	8	6	1	9

873

							2	6
		9		6				3
	2		3		9			
	4		8		7	6		
7	3		6	5				
								7
5		3			4		8	
	7		5				9	
	8			7				

874

		6	5		1			
1	3						4	6
	1				4		3	
				8	9			
7	6	9					8	5
9				3			7	
		3			5			8
				2			6	1

875

	5	2						
						1		
4			7		8		9	
9		8						
5	7				1		4	2
					5	3		8
	2	9				6	3	
	4		6	1		8		
					2		5	

876

			6					9
	2			8		4		
7				3	2			
	8	5	7		4	1		
	9	2				7		
1				6		8		
						2	4	7
					6			
			8				3	

873

3	1	8	7	4	5	9	2	6
4	5	9	2	6	8	1	7	3
6	2	7	3	1	9	4	5	8
1	4	5	8	9	7	6	3	2
7	3	2	6	5	1	8	4	9
8	9	6	4	3	2	5	1	7
5	6	3	9	2	4	7	8	1
2	7	1	5	8	6	3	9	4
9	8	4	1	7	3	2	6	5

874

2	8	7	4	6	3	1	5	9
4	9	6	5	7	1	8	2	3
1	3	5	2	9	8	7	4	6
8	1	2	6	5	4	9	3	7
3	5	4	7	8	9	6	1	2
7	6	9	3	1	2	4	8	5
9	2	1	8	3	6	5	7	4
6	7	3	1	4	5	2	9	8
5	4	8	9	2	7	3	6	1

875

8	5	2	1	6	9	4	7	3
3	9	7	5	2	4	1	8	6
4	6	1	7	3	8	2	9	5
9	3	8	2	4	6	5	1	7
5	7	6	3	8	1	9	4	2
2	1	4	9	7	5	3	6	8
1	2	9	8	5	7	6	3	4
7	4	5	6	1	3	8	2	9
6	8	3	4	9	2	7	5	1

876

5	1	8	6	4	7	3	2	9
9	2	3	5	8	1	4	7	6
7	4	6	9	3	2	5	1	8
3	8	5	7	9	4	1	6	2
6	9	2	3	1	8	7	5	4
1	7	4	2	6	5	8	9	3
8	6	9	1	5	3	2	4	7
2	3	1	4	7	6	9	8	5
4	5	7	8	2	9	6	3	1

877

6				7				
		1				4		
		5		4				1
	8			6				
		2	9					
	6	9		8	1			5
					8	2	3	
	1	6		2			4	
9							8	

878

	6		9					
		1	8				5	3
		5	3	2				
	8	6						
	7					6	9	
			5			1	4	
6				1			8	
	2						3	
		3				4		9

879

		6						
				9				
7			6			4		3
	2					7		
				7		8		4
8			9	5			1	2
1			8				7	
			7	1		5		
		3			6	1		

880

			8	6			9	7
9		3			7	6		
				2				
		1				7	5	
5							8	2
			2		8		6	
		6		7		9		1
4					9	5		

877

6	4	8	1	7	5	3	9	2
7	3	1	2	9	6	4	5	8
2	9	5	8	4	3	6	7	1
4	8	7	5	6	2	9	1	3
1	5	2	9	3	7	8	6	4
3	6	9	4	8	1	7	2	5
5	7	4	6	1	8	2	3	9
8	1	6	3	2	9	5	4	7
9	2	3	7	5	4	1	8	6

878

3	6	8	9	5	1	2	7	4
2	4	1	8	6	7	9	5	3
7	9	5	3	2	4	8	1	6
1	8	6	7	4	9	3	2	5
5	7	4	1	3	2	6	9	8
9	3	2	5	8	6	1	4	7
6	5	9	4	1	3	7	8	2
4	2	7	6	9	8	5	3	1
8	1	3	2	7	5	4	6	9

879

5	4	6	2	3	7	9	8	1
3	8	1	4	9	5	2	6	7
7	9	2	6	8	1	4	5	3
4	2	9	1	6	8	7	3	5
6	1	5	3	7	2	8	9	4
8	3	7	9	5	4	6	1	2
1	5	4	8	2	9	3	7	6
2	6	8	7	1	3	5	4	9
9	7	3	5	4	6	1	2	8

880

1	5	4	8	6	3	2	9	7
9	2	3	5	4	7	6	1	8
6	7	8	9	2	1	4	3	5
2	8	1	3	9	6	7	5	4
5	6	9	7	1	4	3	8	2
3	4	7	2	5	8	1	6	9
8	3	6	4	7	5	9	2	1
4	1	2	6	8	9	5	7	3
7	9	5	1	3	2	8	4	6

881

	8		1	9			4	
	9	5						3
6							8	
4		7		2	1			
	5			6			7	
2			3					
							2	9
9		8			5	7		
					4			

882

2				1				8
	3					4		
8					6		7	
	8	7		2			9	
		2			4			
	1				9	7		
			3			6	5	
		8	5					3
			9	6		8		1

883

	9						6	5
8			1					7
5	4		3					
	3		5					6
		4				5	3	
				1			8	
		3			8		5	
			7	9		6		
4						1		

884

2	8				5			6
3				1				
	1		2	9				
							8	
	3		9					
						5		4
		4			6		5	2
		2		7			1	
1	5					8		

881

3	8	2	1	9	6	5	4	7
7	9	5	8	4	2	6	1	3
6	4	1	7	5	3	9	8	2
4	6	7	5	2	1	3	9	8
8	5	3	4	6	9	2	7	1
2	1	9	3	8	7	4	5	6
5	7	4	6	3	8	1	2	9
9	3	8	2	1	5	7	6	4
1	2	6	9	7	4	8	3	5

882

2	4	9	7	1	5	3	6	8
7	3	6	2	9	8	4	1	5
8	5	1	4	3	6	2	7	9
6	8	7	1	2	3	5	9	4
5	9	2	8	7	4	1	3	6
4	1	3	6	5	9	7	8	2
9	2	4	3	8	1	6	5	7
1	6	8	5	4	7	9	2	3
3	7	5	9	6	2	8	4	1

883

3	9	1	2	8	7	4	6	5
8	6	2	1	5	4	3	9	7
5	4	7	3	6	9	8	1	2
1	3	8	5	4	2	9	7	6
9	2	4	8	7	6	5	3	1
7	5	6	9	1	3	2	8	4
6	1	3	4	2	8	7	5	9
2	8	5	7	9	1	6	4	3
4	7	9	6	3	5	1	2	8

884

2	8	7	3	4	5	1	9	6
3	9	5	6	1	7	2	4	8
4	1	6	2	9	8	7	3	5
5	4	1	7	6	2	9	8	3
7	3	8	9	5	4	6	2	1
6	2	9	8	3	1	5	7	4
9	7	4	1	8	6	3	5	2
8	6	2	5	7	3	4	1	9
1	5	3	4	2	9	8	6	7

885

			2	8	1			
2	4					7		
	8				7			1
	7		6	5				
		9		2		1	6	
					3	5		
			3			6	5	4
3	5							9
							3	

886

						2		3
3		8			9		5	
					5			
					7		8	
				1	4	9		
4					3			5
1	4							
9		3	7					1
	8		6	9			7	

887

						7		
3	7				6			
1	9				3		4	
5	3							
			9			6	3	
	1	6	5			8		
								2
			8	9			5	
2	5					3		9

888

						4		
2				1	6			5
			5					3
		4	7					
	8				3			9
6	7	9	4				8	
		5	3	2				
					7			
1						8		

885

7	9	5	2	8	1	3	4	6
2	4	1	9	3	6	7	8	5
6	8	3	5	4	7	9	2	1
1	7	2	6	5	8	4	9	3
5	3	9	7	2	4	1	6	8
4	6	8	1	9	3	5	7	2
8	2	7	3	1	9	6	5	4
3	5	6	4	7	2	8	1	9
9	1	4	8	6	5	2	3	7

886

7	5	4	1	8	6	2	9	3
3	1	8	4	2	9	6	5	7
2	9	6	3	7	5	1	4	8
6	3	1	9	5	7	4	8	2
8	7	5	2	1	4	9	3	6
4	2	9	8	6	3	7	1	5
1	4	7	5	3	2	8	6	9
9	6	3	7	4	8	5	2	1
5	8	2	6	9	1	3	7	4

887

6	2	5	4	8	9	7	1	3
3	7	4	1	5	6	2	9	8
1	9	8	2	7	3	5	4	6
5	3	2	6	4	8	9	7	1
8	4	7	9	2	1	6	3	5
9	1	6	5	3	7	8	2	4
7	8	9	3	1	5	4	6	2
4	6	3	8	9	2	1	5	7
2	5	1	7	6	4	3	8	9

888

7	5	6	9	3	2	4	1	8
2	4	3	8	1	6	9	7	5
9	1	8	5	7	4	2	6	3
3	2	4	7	8	9	6	5	1
5	8	1	2	6	3	7	4	9
6	7	9	4	5	1	3	8	2
4	6	5	3	2	8	1	9	7
8	9	2	1	4	7	5	3	6
1	3	7	6	9	5	8	2	4

889

			3					7
				1	2	5		
	5			7		9	3	2
	3	1	7		9			
8		7		3			2	9
		8				4	9	3
9								1
5								

890

2		5	3			8		4
							6	
3	1		7					
						2		
	7		1			3	9	
	3	2	8					
7				3			1	5
5		1				9		
	4			2				6

891

		9	6			1		
8								
			1	4			2	7
	5	4					7	
6		8						3
1					6			
				8			4	
9		5						
	7				2		1	

892

	4					7		
			9		2			
		6					8	
			7	6				
7				1	9		3	6
5								
			1			3		
	8	5						
2	7			5	8			

889

4	8	2	3	9	5	6	1	7
3	7	9	6	1	2	5	8	4
1	5	6	4	7	8	9	3	2
6	3	1	7	2	9	8	4	5
2	9	5	1	8	4	3	7	6
8	4	7	5	3	6	1	2	9
7	6	8	2	5	1	4	9	3
9	2	4	8	6	3	7	5	1
5	1	3	9	4	7	2	6	8

890

2	6	5	3	1	9	8	7	4
4	9	7	2	8	5	1	6	3
3	1	8	7	4	6	5	2	9
8	5	9	6	7	3	2	4	1
6	7	4	1	5	2	3	9	8
1	3	2	8	9	4	6	5	7
7	2	6	9	3	8	4	1	5
5	8	1	4	6	7	9	3	2
9	4	3	5	2	1	7	8	6

891

7	2	9	6	3	5	1	8	4
8	4	1	2	7	9	3	6	5
5	6	3	1	4	8	9	2	7
2	5	4	8	9	3	6	7	1
6	9	8	7	1	4	2	5	3
1	3	7	5	2	6	4	9	8
3	1	2	9	8	7	5	4	6
9	8	5	4	6	1	7	3	2
4	7	6	3	5	2	8	1	9

892

1	4	2	8	3	6	7	9	5
8	5	7	9	4	2	6	1	3
9	3	6	5	7	1	4	8	2
4	1	3	7	6	5	8	2	9
7	2	8	4	1	9	5	3	6
5	6	9	2	8	3	1	4	7
6	9	4	1	2	7	3	5	8
3	8	5	6	9	4	2	7	1
2	7	1	3	5	8	9	6	4

893

9								7
2								
	1			4		6		2
7						1		4
3	9							
	4			1	5	7		
4	5		2		3		6	
		2		6				
	3						5	

894

	7						1	
			1		4			
8	3		5					
3		6						8
							7	9
		4			8	1		
				7	2	9		
			6			8		
5		8			1	7	2	

895

9					3			
		6			5	4		1
4			1		8			
	9		2					
	6	7						3
	4			7				5
		1	4			5		
	8				1		7	
				9			2	

896

							9	
		5	3	4		2		
		9					5	1
4	6		9	7				
	1							
					4		8	3
2						1		
				5	3			6
	9						2	

893

9	6	8	1	5	2	3	4	7
2	7	4	9	3	6	8	1	5
5	1	3	8	4	7	6	9	2
7	2	5	6	9	8	1	3	4
3	9	1	7	2	4	5	8	6
8	4	6	3	1	5	7	2	9
4	5	7	2	8	3	9	6	1
1	8	2	5	6	9	4	7	3
6	3	9	4	7	1	2	5	8

894

4	7	9	3	8	6	5	1	2
6	5	2	1	9	4	3	8	7
8	3	1	5	2	7	4	9	6
3	1	6	7	5	9	2	4	8
2	8	5	4	1	3	6	7	9
7	9	4	2	6	8	1	5	3
1	4	3	8	7	2	9	6	5
9	2	7	6	4	5	8	3	1
5	6	8	9	3	1	7	2	4

895

9	1	8	7	4	3	6	5	2
7	3	6	9	2	5	4	8	1
4	2	5	1	6	8	7	3	9
5	9	3	2	1	4	8	6	7
1	6	7	5	8	9	2	4	3
8	4	2	3	7	6	9	1	5
6	7	1	4	3	2	5	9	8
2	8	9	6	5	1	3	7	4
3	5	4	8	9	7	1	2	6

896

7	3	2	1	6	5	8	9	4
1	8	5	3	4	9	2	6	7
6	4	9	8	2	7	3	5	1
4	6	3	9	7	8	5	1	2
5	1	8	6	3	2	4	7	9
9	2	7	5	1	4	6	8	3
2	5	4	7	9	6	1	3	8
8	7	1	2	5	3	9	4	6
3	9	6	4	8	1	7	2	5

897

2		3						
1				9		3	4	
			7		6			2
8				7	4			5
		7			2		6	
		9						
			6	2				4
3		1				7		
							2	

898

			1					
3	4	7						
		6	5			8		7
	7					3		
	8	1	3	6		7		4
				9			5	1
	6							3
7		9				1	8	
			8	1			7	

899

	2				1		6	4
3			7					5
	5	8	3	4				
					3			
						6		9
	9	1						2
							8	
8		4		3	9			
2						5		

900

		3						
5	1			2				
			3				7	5
7			2				6	
8		2		4				
				6		9	5	
				1				4
2			5					6
			6			8		

897

2	7	3	4	5	1	6	8	9
1	5	6	2	9	8	3	4	7
9	4	8	7	3	6	5	1	2
8	6	2	1	7	4	9	3	5
5	3	7	9	8	2	4	6	1
4	1	9	3	6	5	2	7	8
7	8	5	6	2	3	1	9	4
3	2	1	8	4	9	7	5	6
6	9	4	5	1	7	8	2	3

898

8	9	5	1	7	3	4	2	6
3	4	7	2	8	6	9	1	5
2	1	6	5	4	9	8	3	7
9	7	2	4	5	1	3	6	8
5	8	1	3	6	2	7	9	4
6	3	4	7	9	8	2	5	1
1	6	8	9	2	7	5	4	3
7	5	9	6	3	4	1	8	2
4	2	3	8	1	5	6	7	9

899

9	2	7	8	5	1	3	6	4
3	4	6	7	9	2	8	1	5
1	5	8	3	4	6	2	9	7
4	6	2	9	7	3	1	5	8
5	8	3	2	1	4	6	7	9
7	9	1	6	8	5	4	3	2
6	3	5	4	2	7	9	8	1
8	1	4	5	3	9	7	2	6
2	7	9	1	6	8	5	4	3

900

6	8	3	1	5	7	2	4	9
5	1	7	4	2	9	6	8	3
9	2	4	3	8	6	1	7	5
7	5	9	2	3	1	4	6	8
8	6	2	9	4	5	7	3	1
4	3	1	7	6	8	9	5	2
3	7	6	8	1	2	5	9	4
2	9	8	5	7	4	3	1	6
1	4	5	6	9	3	8	2	7

901

		5		1			9	3
			6					
		3			5	6	7	
		9						8
4				3				1
	3				2	4		
				2	4		6	
2								
					8			

902

9			8			1		
7			3					
			6				8	5
	2			3			7	
3					6		4	2
					1			
8	1			4	2	7		
			9			2		8
					8		6	

903

		9		4		7		
	8							3
				2	1			
		7		9		2		
	5							
						4		1
		8	3	5				
4			7		2	1		
	7		6					

904

	8				1			2
1			2				9	
9					3			
5	7		6				8	
	1							
	2		3		8	4	7	
		5	7	3				
		8			2		3	
			9				4	

901

8	6	5	4	1	7	2	9	3
7	4	2	6	9	3	1	8	5
9	1	3	2	8	5	6	7	4
6	2	9	5	4	1	7	3	8
4	5	7	8	3	6	9	2	1
1	3	8	9	7	2	4	5	6
5	7	1	3	2	4	8	6	9
2	8	6	1	5	9	3	4	7
3	9	4	7	6	8	5	1	2

902

9	6	4	8	2	5	1	3	7
7	5	8	3	1	4	6	2	9
1	3	2	6	9	7	4	8	5
6	2	5	4	3	9	8	7	1
3	8	1	7	5	6	9	4	2
4	7	9	2	8	1	3	5	6
8	1	6	5	4	2	7	9	3
5	4	7	9	6	3	2	1	8
2	9	3	1	7	8	5	6	4

903

6	2	9	5	4	3	7	1	8
1	8	4	9	6	7	5	2	3
7	3	5	8	2	1	9	4	6
3	4	7	1	9	8	2	6	5
2	5	1	4	3	6	8	9	7
8	9	6	2	7	5	4	3	1
9	1	8	3	5	4	6	7	2
4	6	3	7	8	2	1	5	9
5	7	2	6	1	9	3	8	4

904

3	8	6	4	9	1	7	5	2
1	4	7	2	5	6	8	9	3
9	5	2	8	7	3	1	6	4
5	7	4	6	2	9	3	8	1
8	1	3	5	4	7	6	2	9
6	2	9	3	1	8	4	7	5
2	6	5	7	3	4	9	1	8
4	9	8	1	6	2	5	3	7
7	3	1	9	8	5	2	4	6

905

			5					6
3			8		9	7		
	4							
		8		5			6	7
1			9		4			
	3					2		
5			1					8
	8					9		1
		1			3		4	5

906

							5	2
6				2		8		
			7		1			
	6	2		7				4
	8			3		7		
7	3		4	1				6
8		1		6				3
				4		2		
5								8

907

6							5	
8			9			6		
				3		2	8	
7	2		1					
		9			2			7
			3	5			6	
			7					
	5	6		4	9	8		
4								

908

				8				5
	3					7		
2								1
4	8							
				7	3			4
						3		2
1		8	6			9		
3		5	4				2	
			2				6	

905

2	1	9	5	3	7	4	8	6
3	5	6	8	4	9	7	1	2
8	4	7	2	6	1	5	3	9
4	9	8	3	5	2	1	6	7
1	6	2	9	7	4	8	5	3
7	3	5	6	1	8	2	9	4
5	7	4	1	9	6	3	2	8
6	8	3	4	2	5	9	7	1
9	2	1	7	8	3	6	4	5

906

9	1	7	3	8	6	4	5	2
6	5	3	9	2	4	8	1	7
2	4	8	7	5	1	6	3	9
1	6	2	8	7	5	3	9	4
4	8	5	6	3	9	7	2	1
7	3	9	4	1	2	5	8	6
8	2	1	5	6	7	9	4	3
3	9	6	1	4	8	2	7	5
5	7	4	2	9	3	1	6	8

907

6	3	1	8	2	4	7	5	9
8	4	2	9	7	5	6	1	3
9	7	5	6	3	1	2	8	4
7	2	3	1	9	6	5	4	8
5	6	9	4	8	2	1	3	7
1	8	4	3	5	7	9	6	2
2	1	8	7	6	3	4	9	5
3	5	6	2	4	9	8	7	1
4	9	7	5	1	8	3	2	6

908

9	4	6	7	8	1	2	3	5
8	3	1	5	2	4	7	9	6
2	5	7	3	6	9	4	8	1
4	8	3	1	5	2	6	7	9
6	1	2	9	7	3	8	5	4
5	7	9	8	4	6	3	1	2
1	2	8	6	3	5	9	4	7
3	6	5	4	9	7	1	2	8
7	9	4	2	1	8	5	6	3

909

		5					8	7
6						2		
4		2			5			
2						9		
				7	3		4	
8		9		4				
			5				2	
7			2	9				8
			6			1		

910

		1		3				6
	8	7					1	4
				5				
5			7	9			2	
2	3			8				
					5	6	3	
	2				9			
				4				
	1	5			8	3		

911

7		8	6		2		5	
2								3
	6	9	3			7		
			2	3		9		5
			1					
	5	1		9				
		4						7
					7			6
			8	6			3	4

912

4			8		7		3	2
	7							6
	8		2			1		
3	5							
	2	7			1	8		
			9					
	3				2	9		1
2		4	7	8				
			1		6			

909

1	3	5	4	2	9	6	8	7
6	9	7	3	1	8	2	5	4
4	8	2	7	6	5	3	1	9
2	4	3	8	5	6	9	7	1
5	6	1	9	7	3	8	4	2
8	7	9	1	4	2	5	6	3
9	1	8	5	3	4	7	2	6
7	5	6	2	9	1	4	3	8
3	2	4	6	8	7	1	9	5

910

9	5	1	8	3	4	2	7	6
3	8	7	9	6	2	5	1	4
6	4	2	1	5	7	8	9	3
5	6	8	7	9	3	4	2	1
2	3	4	6	8	1	9	5	7
1	7	9	4	2	5	6	3	8
8	2	6	3	1	9	7	4	5
7	9	3	5	4	6	1	8	2
4	1	5	2	7	8	3	6	9

911

7	3	8	6	1	2	4	5	9
2	1	5	4	7	9	8	6	3
4	6	9	3	8	5	7	2	1
8	7	6	2	3	4	9	1	5
9	4	2	1	5	6	3	7	8
3	5	1	7	9	8	6	4	2
6	8	4	5	2	3	1	9	7
1	2	3	9	4	7	5	8	6
5	9	7	8	6	1	2	3	4

912

4	6	1	8	9	7	5	3	2
9	7	2	5	1	3	4	8	6
5	8	3	2	6	4	1	9	7
3	5	9	6	2	8	7	1	4
6	2	7	3	4	1	8	5	9
1	4	8	9	7	5	6	2	3
8	3	6	4	5	2	9	7	1
2	1	4	7	8	9	3	6	5
7	9	5	1	3	6	2	4	8

913

	7		3					
							8	3
	9			4			7	6
		8	2					
9			4		8			
6					1			2
						1	2	
							3	
1				7	5	4	6	

914

5					8			
			4	2				
		9		5	6			
	8	5		6				1
	6		8			9	4	
1				4				
	5				2	3		7
		7	3		9			
	3					6		

915

			8					
5					3			8
	6					7		
9				2		5	1	
	4					8		
	2		4	5			7	3
	3		9					
1	8	9						2
			1	4				

916

			5		1		6	4
1		6						
					2			
						7		
		3	4	2	8			6
		9		3			2	
4						1		
			6		5	8		
	5		9					2

913

8	7	5	3	6	9	2	1	4
2	6	4	5	1	7	9	8	3
3	9	1	8	4	2	5	7	6
4	1	8	2	5	6	3	9	7
9	2	7	4	3	8	6	5	1
6	5	3	7	9	1	8	4	2
7	4	9	6	8	3	1	2	5
5	8	6	1	2	4	7	3	9
1	3	2	9	7	5	4	6	8

914

5	4	6	7	9	8	1	2	3
8	7	1	4	2	3	5	9	6
3	2	9	1	5	6	8	7	4
4	8	5	9	6	7	2	3	1
7	6	2	8	3	1	9	4	5
1	9	3	2	4	5	7	6	8
9	5	4	6	1	2	3	8	7
6	1	7	3	8	9	4	5	2
2	3	8	5	7	4	6	1	9

915

7	9	3	8	6	1	2	4	5
5	1	4	2	7	3	6	9	8
2	6	8	5	9	4	7	3	1
9	7	6	3	2	8	5	1	4
3	4	5	7	1	9	8	2	6
8	2	1	4	5	6	9	7	3
4	3	2	9	8	5	1	6	7
1	8	9	6	3	7	4	5	2
6	5	7	1	4	2	3	8	9

916

8	3	2	5	7	1	9	6	4
1	7	6	3	9	4	2	8	5
9	4	5	8	6	2	3	1	7
6	2	4	1	5	9	7	3	8
7	1	3	4	2	8	5	9	6
5	8	9	7	3	6	4	2	1
4	6	7	2	8	3	1	5	9
2	9	1	6	4	5	8	7	3
3	5	8	9	1	7	6	4	2

917

			5	3				
4			1				9	
				2	4			3
	4							
6			3			8		2
2					5			1
		4					2	
		5		4				
1	9		2			3	6	

918

9					8		6	
3	5				1			
								4
		7	6			1		3
		9			5			
8	2							7
6	3		9					1
		2	5					
							7	

919

					1			
								6
3	5					2		
						9	2	
		2			7			
4		8	3	6				
		7	1				4	
			9		8		7	1
8		5						

920

				6			1	
8		2						
		6	4	1	2			
		7	6					
			2	5			4	8
1				4		5		
		9						3
				8				
4	7				3		9	

917

9	1	2	5	3	6	4	8	7
4	3	6	1	8	7	2	9	5
5	7	8	9	2	4	6	1	3
7	4	3	8	1	2	9	5	6
6	5	1	3	7	9	8	4	2
2	8	9	4	6	5	7	3	1
3	6	4	7	9	1	5	2	8
8	2	5	6	4	3	1	7	9
1	9	7	2	5	8	3	6	4

918

9	7	1	4	3	8	2	6	5
3	5	4	2	6	1	7	8	9
2	8	6	7	5	9	3	1	4
5	4	7	6	8	2	1	9	3
1	6	9	3	7	5	8	4	2
8	2	3	1	9	4	6	5	7
6	3	8	9	4	7	5	2	1
7	9	2	5	1	6	4	3	8
4	1	5	8	2	3	9	7	6

919

6	8	4	2	3	1	7	5	9
7	2	9	4	8	5	1	3	6
3	5	1	6	7	9	2	8	4
5	7	6	8	1	4	9	2	3
1	3	2	5	9	7	4	6	8
4	9	8	3	6	2	5	1	7
9	6	7	1	2	3	8	4	5
2	4	3	9	5	8	6	7	1
8	1	5	7	4	6	3	9	2

920

7	9	4	8	6	5	3	1	2
8	1	2	7	3	9	6	5	4
3	5	6	4	1	2	9	8	7
5	4	7	6	9	8	2	3	1
9	6	3	2	5	1	7	4	8
1	2	8	3	4	7	5	6	9
6	8	9	5	7	4	1	2	3
2	3	1	9	8	6	4	7	5
4	7	5	1	2	3	8	9	6

921

	3						1	
4	5					7		6
							9	8
					6	3		2
			8					
7		6			2		4	5
			1		9			
6				2				
	1			4	7	8		

922

		1			2		6	
3					6			
			5			9		4
	6				1			2
7					8			5
			9	2	7			
2			3				7	
							2	9
9						3	4	6

923

4					5		2	
		7						
6			2	3			8	
1					8	2		9
	3					4		
	9			6				5
5					6	1		
	7			2		3		
			8			9		

924

4	9			3	5		1	
		1					5	6
					8		4	
					4	7	6	1
			9					
3					6			
					2			
	4	2		5			8	
6		9		4		5	2	

921

8	3	9	7	6	5	2	1	4
4	5	1	2	9	8	7	3	6
2	6	7	4	3	1	5	9	8
1	4	5	9	7	6	3	8	2
9	2	3	8	5	4	1	6	7
7	8	6	3	1	2	9	4	5
5	7	4	1	8	9	6	2	3
6	9	8	5	2	3	4	7	1
3	1	2	6	4	7	8	5	9

922

5	9	1	7	4	2	8	6	3
3	8	4	1	9	6	2	5	7
6	2	7	5	8	3	9	1	4
8	6	9	4	5	1	7	3	2
7	1	2	6	3	8	4	9	5
4	5	3	9	2	7	6	8	1
2	4	5	3	6	9	1	7	8
1	3	6	8	7	4	5	2	9
9	7	8	2	1	5	3	4	6

923

4	8	9	1	7	5	6	2	3
3	2	7	6	8	4	5	9	1
6	5	1	2	3	9	7	8	4
1	6	4	7	5	8	2	3	9
8	3	5	9	1	2	4	6	7
7	9	2	4	6	3	8	1	5
5	4	8	3	9	6	1	7	2
9	7	6	5	2	1	3	4	8
2	1	3	8	4	7	9	5	6

924

4	9	6	2	3	5	8	1	7
2	8	1	4	7	9	3	5	6
7	5	3	1	6	8	9	4	2
9	2	5	3	8	4	7	6	1
8	6	4	9	1	7	2	3	5
3	1	7	5	2	6	4	9	8
5	3	8	6	9	2	1	7	4
1	4	2	7	5	3	6	8	9
6	7	9	8	4	1	5	2	3

925

				9		7		5
	2				6			1
	6	8					3	
8			9				2	
		1				9		7
	9	5	6				4	3
								4
4			5	7				
			2			6		

926

	1						5	2
3					4			
2	8		3	7			1	
	5	8						
	3		8	9		1		
						2		
			5					8
	9	1	2				4	
5				6				

927

6		5			9			
1	8			6			9	
	9	4			1			5
				4		1		
			6		8		3	
	7		5				6	
					2		4	8
8	1							
		2	3					1

928

2	4	3						
			5	7	8			
	8							
			3		1	8		
		7					3	2
							9	
		8	4			1		
				8	7			9
	5				9	4		

925

3	1	4	8	9	2	7	6	5
5	2	7	4	3	6	8	9	1
9	6	8	7	5	1	4	3	2
8	7	3	9	1	4	5	2	6
6	4	1	3	2	5	9	8	7
2	9	5	6	8	7	1	4	3
7	8	2	1	6	9	3	5	4
4	3	6	5	7	8	2	1	9
1	5	9	2	4	3	6	7	8

926

7	1	4	6	8	9	3	5	2
3	6	5	1	2	4	8	9	7
2	8	9	3	7	5	6	1	4
9	5	8	7	1	2	4	6	3
4	3	2	8	9	6	1	7	5
1	7	6	4	5	3	2	8	9
6	2	7	5	4	1	9	3	8
8	9	1	2	3	7	5	4	6
5	4	3	9	6	8	7	2	1

927

6	3	5	7	2	9	8	1	4
1	8	7	4	6	5	2	9	3
2	9	4	8	3	1	6	7	5
3	5	6	2	4	7	1	8	9
4	2	1	6	9	8	5	3	7
9	7	8	5	1	3	4	6	2
5	6	9	1	7	2	3	4	8
8	1	3	9	5	4	7	2	6
7	4	2	3	8	6	9	5	1

928

2	4	3	9	1	6	7	8	5
6	9	1	5	7	8	3	2	4
7	8	5	2	4	3	9	1	6
5	2	9	3	6	1	8	4	7
4	1	7	8	9	5	6	3	2
8	3	6	7	2	4	5	9	1
9	7	8	4	5	2	1	6	3
3	6	4	1	8	7	2	5	9
1	5	2	6	3	9	4	7	8

929

				9				
6	9	2	7					
				2				8
	3		6			8		
7			4		5			
						1	2	
9				8		4		5
			5					
	6	7						

930

1				2			5	4
	9	4			3			
			7			1		
	4					9		2
	3		6				7	
	2	7						3
	6							
3		5	8		7	4		
							1	

931

7	1							
								2
		9					4	
	2			9		8		
1				2		5		3
							2	1
				4				6
	8			7	1		3	5
	6	2	3					

932

5						2		9
	2					3		
3	7	8					5	
				3		5		
		6	4				7	
	8				6			
			3		7	1		8
	5			6				
		4						

929

8	4	1	3	9	6	5	7	2
6	9	2	7	5	8	3	4	1
3	7	5	1	2	4	6	9	8
1	3	9	6	7	2	8	5	4
7	2	8	4	1	5	9	3	6
4	5	6	8	3	9	1	2	7
9	1	3	2	8	7	4	6	5
2	8	4	5	6	3	7	1	9
5	6	7	9	4	1	2	8	3

930

1	7	6	9	2	8	3	5	4
8	9	4	5	1	3	2	6	7
2	5	3	7	6	4	1	9	8
6	4	1	3	7	5	9	8	2
9	3	8	6	4	2	5	7	1
5	2	7	1	8	9	6	4	3
7	6	2	4	5	1	8	3	9
3	1	5	8	9	7	4	2	6
4	8	9	2	3	6	7	1	5

931

7	1	8	2	5	4	3	6	9
4	3	6	9	1	8	7	5	2
2	5	9	7	6	3	1	4	8
6	2	3	1	9	5	8	7	4
1	4	7	8	2	6	5	9	3
8	9	5	4	3	7	6	2	1
3	7	1	5	4	2	9	8	6
9	8	4	6	7	1	2	3	5
5	6	2	3	8	9	4	1	7

932

5	4	1	6	7	3	2	8	9
6	2	9	5	4	8	3	1	7
3	7	8	9	2	1	4	5	6
1	9	7	8	3	2	5	6	4
2	3	6	4	9	5	8	7	1
4	8	5	7	1	6	9	2	3
9	6	2	3	5	7	1	4	8
8	5	3	1	6	4	7	9	2
7	1	4	2	8	9	6	3	5

933

			7		2		6	
						4		
					6	7		
	5						4	
					5			9
	1						8	3
		2		3			1	5
		7		1			9	
	3	9	6					

934

	8				4			2
	5			8	9			
3	9		1					
		8			2	6	4	
	6		5	7				
1					8			
5								9
					1	2		
			7					3

935

				9		5		
					7			
7		8						1
2		1			4		3	
6	4		7		5			
						9		
	7		8	4			1	
	9	3	6	5			8	

936

		7	5					
	1	5		4				2
3	9						1	
					6			
				3	2	1		4
2	7				8			
9						2		
	4							6
				7			3	8

933

3	4	5	7	8	2	9	6	1
6	7	8	1	9	3	4	5	2
2	9	1	5	4	6	7	3	8
9	5	3	8	7	1	2	4	6
8	2	4	3	6	5	1	7	9
7	1	6	4	2	9	5	8	3
4	8	2	9	3	7	6	1	5
5	6	7	2	1	8	3	9	4
1	3	9	6	5	4	8	2	7

934

6	8	1	3	5	4	7	9	2
4	5	7	2	8	9	3	6	1
3	9	2	1	6	7	5	8	4
7	3	8	9	1	2	6	4	5
9	6	4	5	7	3	1	2	8
1	2	5	6	4	8	9	3	7
5	1	3	8	2	6	4	7	9
8	7	9	4	3	1	2	5	6
2	4	6	7	9	5	8	1	3

935

1	6	4	3	9	8	5	7	2
9	2	5	4	1	7	8	6	3
7	3	8	5	2	6	4	9	1
2	8	1	9	6	4	7	3	5
3	5	7	1	8	2	6	4	9
6	4	9	7	3	5	1	2	8
8	1	6	2	7	3	9	5	4
5	7	2	8	4	9	3	1	6
4	9	3	6	5	1	2	8	7

936

8	2	7	5	6	1	3	4	9
6	1	5	3	4	9	7	8	2
3	9	4	8	2	7	6	1	5
4	3	9	1	5	6	8	2	7
5	8	6	7	3	2	1	9	4
2	7	1	4	9	8	5	6	3
9	5	3	6	8	4	2	7	1
7	4	8	2	1	3	9	5	6
1	6	2	9	7	5	4	3	8

937

		1		5	4	3		7
					9			
9		4					6	1
		7		8	3			
	6						2	
2						7		
		3						6
7	1							5
4	5			6			7	

938

								3
2			6				9	
4				7	8		6	
	6			2		3		
8					3			
		2	4	8		5		
9			3	6			1	
	7	6						
	8		1					

939

		4				6	8	1
		2						
7					5			
			9	1	3	7		
			8	7				
2								
		8			7	3		
	3			6		5		
			2				4	7

940

		6		4				8
3	9							
5						6		2
			4		7		9	1
	2				3	4		7
4		9	7	5		2		3
	3		2		6			
			3					6

937

6	2	1	8	5	4	3	9	7
3	7	5	6	1	9	4	8	2
9	8	4	7	3	2	5	6	1
5	4	7	2	8	3	6	1	9
1	6	9	4	7	5	8	2	3
2	3	8	1	9	6	7	5	4
8	9	3	5	2	7	1	4	6
7	1	6	9	4	8	2	3	5
4	5	2	3	6	1	9	7	8

938

6	1	8	2	4	9	7	5	3
2	5	7	6	3	1	4	9	8
4	3	9	5	7	8	1	6	2
7	6	1	9	2	5	3	8	4
8	4	5	7	1	3	9	2	6
3	9	2	4	8	6	5	7	1
9	2	4	3	6	7	8	1	5
1	7	6	8	5	4	2	3	9
5	8	3	1	9	2	6	4	7

939

3	5	4	7	2	9	6	8	1
9	1	2	3	8	6	4	7	5
7	8	6	1	4	5	2	9	3
8	4	5	9	1	3	7	6	2
6	9	3	8	7	2	1	5	4
2	7	1	6	5	4	9	3	8
4	2	8	5	9	7	3	1	6
1	3	7	4	6	8	5	2	9
5	6	9	2	3	1	8	4	7

940

2	7	6	1	4	5	9	3	8
3	9	8	6	7	2	1	5	4
5	1	4	8	3	9	6	7	2
7	4	3	9	6	1	8	2	5
6	8	5	4	2	7	3	9	1
9	2	1	5	8	3	4	6	7
4	6	9	7	5	8	2	1	3
8	3	7	2	1	6	5	4	9
1	5	2	3	9	4	7	8	6

941

	6	8	9			5		
					3			6
				8		4		
	7				4	8		
				1				
1					6	7		
		7				1		
6	4		3		5			
		3	4				5	

942

		4	8					
6				7	9			
		5					9	
9			4		2			
7						9	1	
		2					3	6
	5							
			5				7	
	2	8	1				4	

943

	5	1				4	2	8
		7						
							1	
			8	6			9	
	3	6			1	7		
2					3	8		4
	6	2			5	1		
								5
4				7				

944

	3	9	8				7	
4				3		8		5
	7				4	1		
				6			1	7
	6						4	
9					8		2	
			2				9	
					1	3		2
7	8							

941

3	6	8	9	4	2	5	7	1
7	9	4	1	5	3	2	8	6
5	1	2	6	8	7	4	9	3
2	7	6	5	3	4	8	1	9
4	8	5	7	1	9	3	6	2
1	3	9	8	2	6	7	4	5
9	5	7	2	6	8	1	3	4
6	4	1	3	7	5	9	2	8
8	2	3	4	9	1	6	5	7

942

2	9	4	8	1	5	3	6	7
6	3	1	2	7	9	8	5	4
8	7	5	3	4	6	2	9	1
9	1	6	4	3	2	7	8	5
7	4	3	6	5	8	9	1	2
5	8	2	7	9	1	4	3	6
1	5	7	9	8	4	6	2	3
4	6	9	5	2	3	1	7	8
3	2	8	1	6	7	5	4	9

943

3	5	1	6	9	7	4	2	8
9	4	7	2	1	8	5	3	6
6	2	8	5	3	4	9	1	7
5	7	4	8	6	2	3	9	1
8	3	6	9	4	1	7	5	2
2	1	9	7	5	3	8	6	4
7	6	2	3	8	5	1	4	9
1	8	3	4	2	9	6	7	5
4	9	5	1	7	6	2	8	3

944

5	3	9	8	1	6	2	7	4
4	2	1	9	3	7	8	6	5
8	7	6	5	2	4	1	3	9
2	4	8	3	6	9	5	1	7
1	6	3	7	5	2	9	4	8
9	5	7	1	4	8	6	2	3
3	1	4	2	8	5	7	9	6
6	9	5	4	7	1	3	8	2
7	8	2	6	9	3	4	5	1

945

			2			6		
3		2			6			4
				4	3			5
	5		8				2	
			3					1
6						9		
	7	4						
	2	6		5	8			
		9				8	7	

946

4		5	2			9		7
			6	7		1		
							3	
2	3			1		8		
		1						
	8			9				
	2	3	7					8
		9		6	8		4	
			1			5		

947

7			8		1			
9	3	4						
	1							
6					4	8		3
8		7	9					
			6					2
			3				9	1
	4							6
		9		4		3		8

948

	3					8		7
			8				4	
	8		2	1	7			
				3	9			8
	6							1
	4		6			9	3	
9	2	4		6				
		1						
	7		9		2			

945

4	9	5	2	7	1	6	3	8
3	1	2	5	8	6	7	9	4
7	6	8	9	4	3	2	1	5
9	5	1	8	6	7	4	2	3
2	8	7	3	9	4	5	6	1
6	4	3	1	2	5	9	8	7
8	7	4	6	3	9	1	5	2
1	2	6	7	5	8	3	4	9
5	3	9	4	1	2	8	7	6

946

4	1	5	2	8	3	9	6	7
3	9	2	6	7	4	1	8	5
8	6	7	9	5	1	4	3	2
2	3	6	4	1	7	8	5	9
9	5	1	8	3	6	7	2	4
7	8	4	5	9	2	3	1	6
1	2	3	7	4	5	6	9	8
5	7	9	3	6	8	2	4	1
6	4	8	1	2	9	5	7	3

947

7	6	5	8	3	1	2	4	9
9	3	4	7	6	2	1	8	5
2	1	8	4	9	5	6	3	7
6	9	1	2	5	4	8	7	3
8	2	7	9	1	3	5	6	4
4	5	3	6	7	8	9	1	2
5	8	6	3	2	7	4	9	1
3	4	2	1	8	9	7	5	6
1	7	9	5	4	6	3	2	8

948

1	3	5	4	9	6	8	2	7
2	9	7	8	5	3	1	4	6
4	8	6	2	1	7	3	5	9
5	1	2	7	3	9	4	6	8
3	6	9	5	4	8	2	7	1
7	4	8	6	2	1	9	3	5
9	2	4	1	6	5	7	8	3
8	5	1	3	7	4	6	9	2
6	7	3	9	8	2	5	1	4

949

1						4		
			5			3	8	
						5	6	1
		3			8			
6				3		8		
	5		2	1		9		
8		9		7			4	
	1				3			
		6		8			2	

950

		5			7	8		1
			1					
				2	9			7
			8	5				3
3	4					5		
		8	9					
2	7		5		4	9		
	9	4						
	5	1				6		

951

	3	4						6
	1						5	9
	6		2			8		
				9	3		6	8
4					7			
								5
7	9			1				3
		3		8				
			7		4			1

952

	3				9		4	
					1			
2		6	7		5	3		
5							7	3
1						2		
	7	4	2			1	6	
4			5			6		
6	2		8	9				4

949

1	8	5	3	9	6	4	7	2
2	6	7	5	4	1	3	8	9
3	9	4	8	2	7	5	6	1
9	4	3	6	5	8	2	1	7
6	2	1	7	3	9	8	5	4
7	5	8	2	1	4	9	3	6
8	3	9	1	7	2	6	4	5
5	1	2	4	6	3	7	9	8
4	7	6	9	8	5	1	2	3

950

9	2	5	6	3	7	8	4	1
4	3	7	1	8	5	2	6	9
1	8	6	4	2	9	3	5	7
7	1	2	8	5	6	4	9	3
3	4	9	2	7	1	5	8	6
5	6	8	9	4	3	1	7	2
2	7	3	5	6	4	9	1	8
6	9	4	3	1	8	7	2	5
8	5	1	7	9	2	6	3	4

951

2	3	4	8	5	9	1	7	6
8	1	7	3	4	6	2	5	9
9	6	5	2	7	1	8	3	4
5	2	1	4	9	3	7	6	8
4	8	9	5	6	7	3	1	2
3	7	6	1	2	8	4	9	5
7	9	8	6	1	2	5	4	3
1	4	3	9	8	5	6	2	7
6	5	2	7	3	4	9	8	1

952

8	3	1	6	2	9	7	4	5
7	4	5	3	8	1	9	2	6
2	9	6	7	4	5	3	8	1
5	8	2	9	1	6	4	7	3
1	6	9	4	7	3	2	5	8
3	7	4	2	5	8	1	6	9
9	5	7	1	6	4	8	3	2
4	1	8	5	3	2	6	9	7
6	2	3	8	9	7	5	1	4

953

		9					3	
1	2		9			8		
	4				3	6	9	
3				6				
		2		4				5
		1						
	3					4	8	
7		6		8				
			5					1

954

				6			1	
4			7	1	2			
	9						2	
					1			3
						7		
		2			5		8	
	1				3	5	9	
2		5		8				
	4					2		1

955

	5	1				6		
			4					
9		8	2	1				
		4				2		7
3			7		4			
	8							6
2	7		1		9			3
								2
			3			8	9	

956

								5
				6	4		1	
	6				7			
2	8	4						7
			7					
		7		3	2			1
1	3							
7			6		9		8	
	5	6		2		1		9

953

6	7	9	8	5	4	1	3	2
1	2	3	9	7	6	8	5	4
5	4	8	1	2	3	6	9	7
3	5	7	2	6	1	9	4	8
9	6	2	7	4	8	3	1	5
4	8	1	3	9	5	2	7	6
2	3	5	6	1	7	4	8	9
7	1	6	4	8	9	5	2	3
8	9	4	5	3	2	7	6	1

954

5	2	7	9	6	8	3	1	4
4	8	3	7	1	2	9	6	5
6	9	1	5	3	4	8	2	7
9	7	4	8	2	1	6	5	3
1	5	8	3	9	6	7	4	2
3	6	2	4	7	5	1	8	9
7	1	6	2	4	3	5	9	8
2	3	5	1	8	9	4	7	6
8	4	9	6	5	7	2	3	1

955

4	5	1	9	3	7	6	2	8
6	2	7	4	5	8	9	3	1
9	3	8	2	1	6	7	5	4
5	6	4	8	9	3	2	1	7
3	1	2	7	6	4	5	8	9
7	8	9	5	2	1	3	4	6
2	7	5	1	8	9	4	6	3
8	9	3	6	4	5	1	7	2
1	4	6	3	7	2	8	9	5

956

4	2	3	9	8	1	7	6	5
5	7	8	3	6	4	9	1	2
9	6	1	2	5	7	4	3	8
2	8	4	1	9	6	3	5	7
3	1	5	7	4	8	2	9	6
6	9	7	5	3	2	8	4	1
1	3	9	8	7	5	6	2	4
7	4	2	6	1	9	5	8	3
8	5	6	4	2	3	1	7	9

957

			1				2	6
				8				
	3			6			9	
3	5	6		1	4			
7								
						5		9
1				5	7			8
4					3		7	
	7			2		6		

958

	9		2			7		5
	6							
		2			1		9	
3				5				4
		4			6			
		6	9	4				
		8		6			1	3
1								
	3			8		9		

959

		1		8		3		9
								6
4	6		3			8		5
2	3		6					
		6		4	7			2
		9		3			1	
			2					
9	2			5				4
		4						

960

1		9	4				3	
4			6	9	2	1		
	2	6						
		8						
			8			7	9	
	5	1						
6		4		3	8			5
				6				
			9		7		4	3

957

5	8	7	1	4	9	3	2	6
6	4	9	3	8	2	7	1	5
2	3	1	7	6	5	8	9	4
3	5	6	9	1	4	2	8	7
7	9	2	5	3	8	4	6	1
8	1	4	2	7	6	5	3	9
1	2	3	6	5	7	9	4	8
4	6	5	8	9	3	1	7	2
9	7	8	4	2	1	6	5	3

958

8	9	1	2	3	4	7	6	5
7	6	3	5	9	8	4	2	1
4	5	2	6	7	1	3	9	8
3	1	9	7	5	2	6	8	4
5	7	4	8	1	6	2	3	9
2	8	6	9	4	3	1	5	7
9	2	8	4	6	7	5	1	3
1	4	5	3	2	9	8	7	6
6	3	7	1	8	5	9	4	2

959

5	7	1	4	8	6	3	2	9
8	9	3	7	2	5	1	4	6
4	6	2	3	9	1	8	7	5
2	3	5	6	1	8	4	9	7
1	8	6	9	4	7	5	3	2
7	4	9	5	3	2	6	1	8
3	5	7	2	6	4	9	8	1
9	2	8	1	5	3	7	6	4
6	1	4	8	7	9	2	5	3

960

1	7	9	4	8	5	2	3	6
4	3	5	6	9	2	1	8	7
8	2	6	1	7	3	4	5	9
7	4	8	3	2	9	5	6	1
2	6	3	8	5	1	7	9	4
9	5	1	7	4	6	3	2	8
6	1	4	2	3	8	9	7	5
3	9	7	5	6	4	8	1	2
5	8	2	9	1	7	6	4	3

961

	2				6	3	4	
		9		4	1			7
4			5		8			2
						6		5
	3					1		
		6						
3	1		2		7	5		
			8				7	

962

		4				5	6	
						3		7
		6	5		2		1	
						6	3	4
	2		3					
					9	1		
	9			7			8	
	5	3			1	2		

963

				4				
	8				7			
	6	7			2		3	9
2		4	9		3			5
		8						
9	7		4				6	
	5					7		
		2				1		8
			7	1	5			

964

4	9		7			1		5
			5					
	6		9					2
7			4	5				
8	5			6	3		9	
9					8			6
		5	2					1
				7		2		

961

1	2	5	7	8	6	3	4	9
7	4	3	9	5	2	8	1	6
6	8	9	3	4	1	2	5	7
4	6	1	5	3	8	7	9	2
2	9	8	1	7	4	6	3	5
5	3	7	6	2	9	1	8	4
8	7	6	4	1	5	9	2	3
3	1	4	2	9	7	5	6	8
9	5	2	8	6	3	4	7	1

962

9	8	4	7	1	3	5	6	2
2	1	5	8	9	6	3	4	7
7	3	6	5	4	2	9	1	8
3	6	8	9	5	4	7	2	1
5	7	9	1	2	8	6	3	4
4	2	1	3	6	7	8	9	5
8	4	7	2	3	9	1	5	6
1	9	2	6	7	5	4	8	3
6	5	3	4	8	1	2	7	9

963

5	2	3	1	4	9	6	8	7
4	8	9	6	3	7	5	1	2
1	6	7	8	5	2	4	3	9
2	1	4	9	6	3	8	7	5
6	3	8	5	7	1	9	2	4
9	7	5	4	2	8	3	6	1
3	5	1	2	8	4	7	9	6
7	4	2	3	9	6	1	5	8
8	9	6	7	1	5	2	4	3

964

4	9	3	7	2	6	1	8	5
2	8	7	5	3	1	9	6	4
5	6	1	9	8	4	3	7	2
7	3	9	4	5	2	6	1	8
1	4	6	8	9	7	5	2	3
8	5	2	1	6	3	4	9	7
9	2	4	3	1	8	7	5	6
6	7	5	2	4	9	8	3	1
3	1	8	6	7	5	2	4	9

965

			1			6		
	9						1	
	7	4	8					9
		9		6	3	5		8
			2		9	3		
3							4	1
						8		
2			9					5
					8	4		2

966

	7				5	9		
		1	6			7		
	9	2	8		3			
	3			8	1			
5				4	6			3
		7						
							8	
		4	9	5				
8				6			4	

967

		5				7		
	3	4		9		8		
					3			
						9		
4		6		7		5		3
		3			1	2		
	8			5			1	9
				3				7
	5			6				

968

							6	
3		7				9	2	
	5		7		1			8
				2			9	
1					6			2
	3	9			7			
			4			3	7	
	4	8						6
7	2							

965

5	2	3	1	9	7	6	8	4
6	9	8	5	4	2	7	1	3
1	7	4	8	3	6	2	5	9
7	1	9	4	6	3	5	2	8
8	4	5	2	1	9	3	6	7
3	6	2	7	8	5	9	4	1
4	5	7	3	2	1	8	9	6
2	8	6	9	7	4	1	3	5
9	3	1	6	5	8	4	7	2

966

6	7	8	1	2	5	9	3	4
3	5	1	6	9	4	7	2	8
4	9	2	8	7	3	6	5	1
2	3	6	7	8	1	4	9	5
5	8	9	2	4	6	1	7	3
1	4	7	5	3	9	8	6	2
9	6	3	4	1	2	5	8	7
7	2	4	9	5	8	3	1	6
8	1	5	3	6	7	2	4	9

967

9	2	5	6	1	8	7	3	4
1	3	4	7	9	5	8	6	2
7	6	8	4	2	3	1	9	5
5	7	2	3	8	6	9	4	1
4	1	6	9	7	2	5	8	3
8	9	3	5	4	1	2	7	6
6	8	7	2	5	4	3	1	9
2	4	1	8	3	9	6	5	7
3	5	9	1	6	7	4	2	8

968

8	9	4	2	5	3	1	6	7
3	1	7	8	6	4	9	2	5
6	5	2	7	9	1	4	3	8
4	7	6	1	2	8	5	9	3
1	8	5	9	3	6	7	4	2
2	3	9	5	4	7	6	8	1
5	6	1	4	8	2	3	7	9
9	4	8	3	7	5	2	1	6
7	2	3	6	1	9	8	5	4

969

	5	8			7			
		1					6	3
2	8		9			7		
		5	4	3				
			7			1		8
	3		5	1		2		9
	2							
					3		1	4

970

							4	
9								2
6			4		1	9	5	7
			6				3	8
		1		2				4
			5				6	
	4				6			
5							2	
2		9						1

971

	9	7			3			6
	6		9		1		3	
		2	5					
	8			4	6			
2			1			9		
						8		
	4				7		9	
7						5	1	
3								4

972

		9			7			
							5	
	4		5		2	8		1
	6				8			
					5		3	
						9	6	
	2	6	1					
	1	7		2	9		4	
				7		3		

969

6	5	8	3	4	7	9	2	1
9	7	1	2	8	5	4	6	3
3	4	2	1	9	6	5	8	7
2	8	3	9	6	1	7	4	5
7	1	5	4	3	8	6	9	2
4	6	9	7	5	2	1	3	8
8	3	6	5	1	4	2	7	9
1	2	4	8	7	9	3	5	6
5	9	7	6	2	3	8	1	4

970

8	1	7	9	5	2	3	4	6
9	5	4	3	6	7	8	1	2
6	2	3	4	8	1	9	5	7
7	9	5	6	1	4	2	3	8
3	6	1	8	2	9	5	7	4
4	8	2	5	7	3	1	6	9
1	4	8	2	3	6	7	9	5
5	7	6	1	9	8	4	2	3
2	3	9	7	4	5	6	8	1

971

1	9	7	8	2	3	4	5	6
4	6	5	9	7	1	2	3	8
8	3	2	5	6	4	1	7	9
9	8	1	7	4	6	3	2	5
2	5	4	1	3	8	9	6	7
6	7	3	2	9	5	8	4	1
5	4	8	3	1	7	6	9	2
7	2	6	4	8	9	5	1	3
3	1	9	6	5	2	7	8	4

972

1	5	9	4	8	7	6	2	3
6	8	2	9	1	3	4	5	7
7	4	3	5	6	2	8	9	1
9	6	5	2	3	8	1	7	4
4	7	1	6	9	5	2	3	8
2	3	8	7	4	1	9	6	5
3	2	6	1	5	4	7	8	9
8	1	7	3	2	9	5	4	6
5	9	4	8	7	6	3	1	2

973

	3					5	8	
			2					
			8		9	3		
2				1				
4		5		6		2		
1								
								2
			7		3	8	5	
	7				4		1	

974

		5	8					
	2	6		9	5		4	
								8
							9	1
4			1		6		8	
			2			6		
9		7					2	
		1			8		7	5
	4		5					

975

			1	8				
			2					
	3		4			9	5	8
	9	6		3				1
					6			3
	8	7						5
					5		3	
2	7			4		1		
8								

976

					1		9	
	2		6					8
	7	8						
2		6			3		8	
						5		1
				6	7			2
		3	9		5	8		
6			1	2				
								7

976

3	6	5	7	8	1	2	9	4
4	2	1	6	5	9	3	7	8
9	7	8	3	4	2	6	1	5
2	5	6	4	1	3	7	8	9
7	3	4	2	9	8	5	6	1
8	1	9	5	6	7	4	3	2
1	4	3	9	7	5	8	2	6
6	8	7	1	2	4	9	5	3
5	9	2	8	3	6	1	4	7

975

6	5	9	1	8	3	2	7	4
7	4	8	2	5	9	3	1	6
1	3	2	4	6	7	9	5	8
4	9	6	5	3	2	7	8	1
5	2	1	8	7	6	4	9	3
3	8	7	9	1	4	6	2	5
9	1	4	6	2	5	8	3	7
2	7	5	3	4	8	1	6	9
8	6	3	7	9	1	5	4	2

974

7	1	5	8	6	4	2	3	9
8	2	6	3	9	5	1	4	7
3	9	4	7	1	2	5	6	8
5	6	2	4	8	3	7	9	1
4	7	9	1	5	6	3	8	2
1	8	3	2	7	9	6	5	4
9	5	7	6	4	1	8	2	3
6	3	1	9	2	8	4	7	5
2	4	8	5	3	7	9	1	6

973

9	3	2	1	4	6	5	8	7
8	5	6	2	3	7	1	4	9
7	1	4	8	5	9	3	2	6
2	6	7	9	1	5	4	3	8
4	9	5	3	6	8	2	7	1
1	8	3	4	7	2	6	9	5
3	4	9	5	8	1	7	6	2
6	2	1	7	9	3	8	5	4
5	7	8	6	2	4	9	1	3

977

1		7		3	4			
			5					
	4				8			
	6						4	
								8
3		8				9		1
	7		6	4				
	1				2			7
6	5			7		3		2

978

						7		5
2			9					
6		5				4		
9							8	2
3					2	9		
					4	5		
		8	7					
4	3							
	9			1			3	6

979

1		4					7	
2	3	9	6		7			
						9	6	
	1		4			3		
					3		2	1
	2		1					
			7		2			5
	4	8	3		6			9

980

8								
	4						7	9
				5			6	
3	9	5						6
		4		8				
	1				2		9	
					1			
						6	1	
7			6	4		3	2	

980

8	5	6	1	9	7	4	3	2
1	4	3	2	6	8	5	7	9
9	2	7	4	5	3	8	6	1
3	9	5	7	1	4	2	8	6
2	7	4	9	8	6	1	5	3
6	1	8	5	3	2	7	9	4
5	6	2	3	7	1	9	4	8
4	3	9	8	2	5	6	1	7
7	8	1	6	4	9	3	2	5

979

1	6	4	5	3	9	8	7	2
2	3	9	6	8	7	1	5	4
8	7	5	2	1	4	9	6	3
5	1	7	4	2	8	3	9	6
4	8	6	9	7	3	5	2	1
9	2	3	1	6	5	7	4	8
3	9	1	7	4	2	6	8	5
6	5	2	8	9	1	4	3	7
7	4	8	3	5	6	2	1	9

978

1	8	9	6	4	3	7	2	5
2	4	3	9	5	7	6	1	8
6	7	5	1	2	8	4	9	3
9	6	4	5	7	1	3	8	2
3	5	1	8	6	2	9	7	4
8	2	7	3	9	4	5	6	1
5	1	8	7	3	6	2	4	9
4	3	6	2	8	9	1	5	7
7	9	2	4	1	5	8	3	6

977

1	8	7	2	3	4	5	9	6
9	3	2	5	1	6	7	8	4
5	4	6	7	9	8	1	2	3
7	6	1	9	8	3	2	4	5
4	9	5	1	2	7	6	3	8
3	2	8	4	6	5	9	7	1
2	7	3	6	4	1	8	5	9
8	1	9	3	5	2	4	6	7
6	5	4	8	7	9	3	1	2

981

					7			
7	3			2		9	8	
		2	5					
4			2			5		3
				6		1		2
		5						
	1	6	9					4
9		4		5			6	
					1	8		

982

			4	3		6		
							5	
	2	7		8				
				6	1		4	
	7	1	9			2	8	3
3	5						2	7
	1						9	
7	8				6			

983

	7		4					
	4			1	6			
		2		3				
		9					6	7
				4		9		
2		6		8				1
		1				6		
						8		2
		3		5			4	

984

5								3
			5	7		9	1	2
8				6				5
	9	3			2		6	
						8	3	
6					4			
						1	5	
	1		9		5			
		4				7		

981

8	5	9	1	3	7	4	2	6
7	3	1	4	2	6	9	8	5
6	4	2	5	9	8	3	1	7
4	6	8	2	1	9	5	7	3
3	9	7	8	6	5	1	4	2
1	2	5	3	7	4	6	9	8
5	1	6	9	8	2	7	3	4
9	8	4	7	5	3	2	6	1
2	7	3	6	4	1	8	5	9

982

1	9	8	4	3	5	6	7	2
4	6	3	7	1	2	9	5	8
5	2	7	6	8	9	3	1	4
9	3	2	8	6	1	7	4	5
8	4	5	3	2	7	1	6	9
6	7	1	9	5	4	2	8	3
3	5	6	1	9	8	4	2	7
2	1	4	5	7	3	8	9	6
7	8	9	2	4	6	5	3	1

983

3	7	5	4	9	2	1	8	6
9	4	8	5	1	6	2	7	3
1	6	2	7	3	8	5	9	4
4	8	9	1	2	5	3	6	7
5	1	7	6	4	3	9	2	8
2	3	6	9	8	7	4	5	1
8	9	1	2	7	4	6	3	5
7	5	4	3	6	9	8	1	2
6	2	3	8	5	1	7	4	9

984

5	7	1	2	4	9	6	8	3
4	3	6	5	7	8	9	1	2
8	2	9	1	6	3	4	7	5
1	9	3	7	8	2	5	6	4
2	4	5	6	9	1	8	3	7
6	8	7	3	5	4	2	9	1
9	6	2	4	3	7	1	5	8
7	1	8	9	2	5	3	4	6
3	5	4	8	1	6	7	2	9

985

					2	1	5	
	5	6						
2						8		
	4						9	
5				6	8	7		
			4		7	6		3
		2	7	9		3		
9					4		7	
			6		5			

986

		8			9	2		6
	3	2						
			3					
				7	3	4		8
	2			5				
1					8			
	4					6		1
			6		2		8	
7								4

987

		7	9					
			8	5				
					6	4		
5				8		6		2
	8	6	5				4	
						7		
	3						2	
	6		7	3	2		1	
	2			6			8	

988

			2	4				9
7								3
	9	6					7	
8							3	
	1	9		8		4		2
				1		7	5	
	7			5				
4		2			9			
	6	3						

985

7	9	8	3	4	2	1	5	6
3	5	6	1	8	9	4	2	7
2	1	4	5	7	6	8	3	9
6	4	7	2	1	3	5	9	8
5	3	1	9	6	8	7	4	2
8	2	9	4	5	7	6	1	3
4	8	2	7	9	1	3	6	5
9	6	5	8	3	4	2	7	1
1	7	3	6	2	5	9	8	4

986

4	5	8	7	1	9	2	3	6
6	3	2	5	8	4	1	7	9
9	1	7	3	2	6	8	4	5
5	6	9	2	7	3	4	1	8
8	2	4	9	5	1	7	6	3
1	7	3	4	6	8	9	5	2
2	4	5	8	3	7	6	9	1
3	9	1	6	4	2	5	8	7
7	8	6	1	9	5	3	2	4

987

2	4	7	9	1	3	8	6	5
6	9	3	8	5	4	2	7	1
1	5	8	2	7	6	4	3	9
5	7	4	3	8	1	6	9	2
9	8	6	5	2	7	1	4	3
3	1	2	6	4	9	7	5	8
7	3	1	4	9	8	5	2	6
8	6	5	7	3	2	9	1	4
4	2	9	1	6	5	3	8	7

988

1	3	5	2	4	7	6	8	9
7	4	8	5	9	6	1	2	3
2	9	6	8	3	1	5	7	4
8	5	7	4	6	2	9	3	1
3	1	9	7	8	5	4	6	2
6	2	4	9	1	3	7	5	8
9	7	1	3	5	8	2	4	6
4	8	2	6	7	9	3	1	5
5	6	3	1	2	4	8	9	7

989

				9		6	8	3
		3		4	6	5		7
				7				
6		8	7					
	4				5	9		8
		2	1					
						7		
1				3				4
5				1			9	

990

	5	4				7		1
	3			2				
		6	3	1				2
9			7			8		
7		2		5	8			
	6							
					6		9	
			9	3		2		
			4		5			

991

1	5		7	6	4	3		
		7						
	9				1		2	
				4				
9	3	4						
			8		5	1		
					2		5	8
	7		3					
						4		

992

9	4							
5	3	6	1					
1		2			7	3	6	
				2	3			
	6			8			4	
						1		
								8
	5			1				4
	9				4	6	1	7

989

4	7	5	2	9	1	6	8	3
9	2	3	8	4	6	5	1	7
8	1	6	5	7	3	2	4	9
6	9	8	7	2	4	1	3	5
7	4	1	3	6	5	9	2	8
3	5	2	1	8	9	4	7	6
2	3	9	4	5	8	7	6	1
1	6	7	9	3	2	8	5	4
5	8	4	6	1	7	3	9	2

990

2	5	4	8	6	9	7	3	1
1	3	7	5	2	4	6	8	9
8	9	6	3	1	7	5	4	2
9	1	3	7	4	2	8	5	6
7	4	2	6	5	8	9	1	3
5	6	8	1	9	3	4	2	7
4	7	1	2	8	6	3	9	5
6	8	5	9	3	1	2	7	4
3	2	9	4	7	5	1	6	8

991

1	5	2	7	6	4	3	8	9
8	4	7	2	3	9	5	1	6
6	9	3	5	8	1	7	2	4
5	8	1	6	4	3	9	7	2
9	3	4	1	2	7	8	6	5
7	2	6	8	9	5	1	4	3
3	1	9	4	7	2	6	5	8
4	7	8	3	5	6	2	9	1
2	6	5	9	1	8	4	3	7

992

9	4	7	2	3	6	8	5	1
5	3	6	1	9	8	4	7	2
1	8	2	5	4	7	3	6	9
8	1	4	6	2	3	7	9	5
7	6	5	9	8	1	2	4	3
3	2	9	4	7	5	1	8	6
4	7	1	3	6	9	5	2	8
6	5	8	7	1	2	9	3	4
2	9	3	8	5	4	6	1	7

993

						9		
6			7	8		5	2	
			1					4
		3				2		
8					7			
		2	4				3	9
				2				
	3			5		7		1
9		6						

994

1					5			
3	4				8	7		
9			3					
	9	8		2			1	
			1			8		
5		1		6			2	
	6							
			6	8		1	4	
			4			9		2

995

			9			4		
9	3							
					3	5	7	
				7				
8		5	4			3	2	
			1		8			
2		8		9	4	1		5
			6					8
	9			1			4	

996

			2	6	1			
				3	8	4		
2	7							3
3			6					
9				4		5	8	
					2		4	1
						8	3	
	6							2
		1	4					

993

7	2	8	5	4	3	9	1	6
6	4	1	7	8	9	5	2	3
3	9	5	1	6	2	8	7	4
4	1	3	6	9	5	2	8	7
8	6	9	2	3	7	1	4	5
5	7	2	4	1	8	6	3	9
1	5	7	9	2	4	3	6	8
2	3	4	8	5	6	7	9	1
9	8	6	3	7	1	4	5	2

994

1	8	2	9	7	5	6	3	4
3	4	6	2	1	8	7	5	9
9	5	7	3	4	6	2	8	1
4	9	8	7	2	3	5	1	6
6	2	3	1	5	4	8	9	7
5	7	1	8	6	9	4	2	3
2	6	4	5	9	1	3	7	8
7	3	9	6	8	2	1	4	5
8	1	5	4	3	7	9	6	2

995

7	5	2	9	8	6	4	3	1
9	3	4	7	5	1	6	8	2
6	8	1	2	4	3	5	7	9
3	6	9	5	7	2	8	1	4
8	1	5	4	6	9	3	2	7
4	2	7	1	3	8	9	5	6
2	7	8	3	9	4	1	6	5
1	4	3	6	2	5	7	9	8
5	9	6	8	1	7	2	4	3

996

5	4	3	2	6	1	7	9	8
1	9	6	7	3	8	4	2	5
2	7	8	5	9	4	1	6	3
3	8	4	6	1	5	2	7	9
9	1	2	3	4	7	5	8	6
6	5	7	9	8	2	3	4	1
7	2	9	1	5	6	8	3	4
4	6	5	8	7	3	9	1	2
8	3	1	4	2	9	6	5	7

997

	4			1				
		9			8		7	
		3	9				4	
6	5				7	2		
8	9							
		7			5	6	2	
	6				2	1	3	
			1			7		

998

1				2	9			
2	8		4	3				
			5				9	
		4	8				7	
	2			7			4	
	5					3		6
		3			4			9
		2		9		1		
	6				7			

999

		3						
5		8	1					
7				5	9			
			5				4	9
4				3		6		1
								3
		2			4		3	
					5	7	8	2
	5			9	8		1	

1000

				8	2			
9			3		1			6
	2		6					
		5						9
		6		9			1	
	7		2		5	4		
	6							1
	8						9	3
7			1				2	

997

5	4	6	7	1	3	8	9	2
1	2	9	5	4	8	3	7	6
7	8	3	9	2	6	5	4	1
6	5	4	8	9	7	2	1	3
3	7	1	2	5	4	9	6	8
8	9	2	6	3	1	4	5	7
4	1	7	3	8	5	6	2	9
9	6	8	4	7	2	1	3	5
2	3	5	1	6	9	7	8	4

998

1	3	5	7	2	9	8	6	4
2	8	9	4	3	6	7	1	5
4	7	6	5	1	8	2	9	3
3	9	4	8	6	2	5	7	1
6	2	1	3	7	5	9	4	8
8	5	7	9	4	1	3	2	6
7	1	3	2	8	4	6	5	9
5	4	2	6	9	3	1	8	7
9	6	8	1	5	7	4	3	2

999

9	4	3	6	2	7	1	5	8
5	6	8	1	4	3	2	9	7
7	2	1	8	5	9	3	6	4
2	3	6	5	7	1	8	4	9
4	8	5	9	3	2	6	7	1
1	7	9	4	8	6	5	2	3
8	1	2	7	6	4	9	3	5
6	9	4	3	1	5	7	8	2
3	5	7	2	9	8	4	1	6

1000

6	3	7	9	8	2	1	5	4
9	5	4	3	7	1	2	8	6
1	2	8	6	5	4	9	3	7
2	1	5	4	6	8	3	7	9
8	4	6	7	9	3	5	1	2
3	7	9	2	1	5	4	6	8
5	6	2	8	3	9	7	4	1
4	8	1	5	2	7	6	9	3
7	9	3	1	4	6	8	2	5